W0229874

Inhalt

WIR ERLEBTEN
RUDOLF STEINER

Erinnerungen seiner Schüler

VERLAG FREIES GEISTESLEBEN

Herausgeber: M. J. Krück v. Poturzyn

6. Auflage 1980

© 1967 Verlag Freies Geistesleben GmbH, Stuttgart

Herstellung: Greiserdruck Rastatt

ISBN 3 7725 0541 4

Vorwort des Herausgebers zur 3. Auflage

In diesem Sammelband, der nun in 3. Auflage erscheint – und zusätzlich in englischer Übersetzung herauskam –, haben vierzehn unmittelbare Schüler Rudolf Steiners ihre persönlich-sachlichen Erinnerungen niedergelegt. Sie konnten noch mit ihm und unter seinen Augen an den Kultur-erneuernden Impulsen der Anthroposophie teilnehmen. Acht von den Autoren sind seit der Erstausgabe des Buches im Jahre 1956 über die Todesschwelle gegangen und mögen heute in anderen Bereichen an den immer stürmischer drängenden Aufgaben mitwirken.

Vor und nach dem hundertjährigen Geburtstag Rudolf Steiners im Jahre 1961 sind zahlreiche Bücher von anderen, ebenfalls noch unmittelbaren Schülern sowie von einigen der hier zu Wort kommenden Autoren erschienen, die ausführlicher auf sein Leben und Wirken eingingen. Dennoch wurde die Neuausgabe dieser skizzenhaften Aufsätze – nunmehr in Taschenbuch-Form – gewünscht. Damit wird einer Bitte entsprochen, die von jüngeren Menschen, denen das Studium der Anthroposophie Lebensfundament und Herzensanliegen ist, die aber Rudolf Steiner nicht mehr begegnen konnten, immer wieder herangetragen wird: das menschliche Bild des großen Lehrers von möglichst vielen Seiten zu sehen und mit dem Blick jedes einzelnen, der es wahrgenommen und in seiner Erinnerung bewahrt hat.

M. J. Krück v. Poturzyn

GEORGE ADAMS

Rudolf Steiner in England

Rudolf Steiners Lebenswerk hat auch das Geistesleben der englisch-sprechenden Menschheit in bedeutsamer Weise umspannt. Dies ergab sich naturgemäß aus dem Umfassenden seiner inneren Verpflichtung gegenüber dem wesenhaften Zeitgeist. Sind doch in der kulturhisto-rischen Phase, die mit dem fünfzehnten Jahrhundert beginnt, die germanisch-keltischen Völker in erster Linie aufgerufen, Träger der impulsierenden Kräfte einer sich fortentwickelnden Menschheit zu sein, so wie einst die griechisch-lateinischen Völkerschaften für den vorangegangenen Zeitraum. Die Veranlagungen dieser Völker offen-baren sich aber nach zwei polarisch verschiedenen Richtungen, welche zunächst im deutschen, beziehungsweise im englischen Wesen ihren prägnantesten Ausdruck finden. Gerade weil Rudolf Steiner so tief im deutschen Geistesleben wurzelte, mußte er in dieser Polarität real darinnen stehen. So vertieft er sich in seiner allerersten wissenschaft-lichen Arbeit — in den Einleitungen zu Goethes naturwissenschaft-lichen Schriften — in das grundsätzliche Ringen des deutschen Dich-tergenius mit jener Art von Weltbetrachtung, welche durch Newton und dann durch Darwin die neuere Entwicklung so weitgehend be-einflußt hat.

Doch hatte Rudolf Steiner weit über diesen wissenschaftlichen Fra-genkomplex hinaus ein tiefes inneres Verhältnis zu dem, was un-offenbar, aber dafür umso mehr richtunggebend und lebenspendend, dem geistigen und sozialen Leben der englisch-sprechenden Welt zu-grunde liegt. Bezeichnend ist, daß in seinen frühen Wiener Jahren zu seinem nächsten Freundeskreis Menschen wie Friedrich Eckstein und Marie Lang gehörten, welche durch ihr ganzes Leben hindurch die innere Beziehung zum englischen Geistesleben pflegten. Schon damals in Wien wurde veranlagt, daß Rudolf Steiner fast zwei Jahrzehnte später — zur größten Überraschung seines Berliner Umkreises — seine Arbeit mit einer Geistesströmung verband, welche bei allem orientalischen Einschlag ihr Gepräge dennoch aus der Seelenstimmung der englisch sprechenden Menschheit erhielt: der „Theosophical Society". Gerade von den englischen Angehörigen dieser Richtung schreibt er in seinem „Lebensgang", daß er bei ihnen, obwohl er selber nie in deren Stil hätte wirken können, ein geistiges Zentrum gefunden, „an das man würdig anknüpfen konnte, wenn man die Verbreitung der Geist-Erkenntnis im tiefsten Sinne ernst nahm". Im Jahre 1913 erzählte er in einem autobiographischen Vortrag, daß er bereits in den 80er Jahren in Wien zu den allerersten gehörte, welche das berühmt gewordene, von der englischen Theosophin Mabel Collins niedergeschriebene Büchlein „Licht auf den Weg" erwarben, und daß er es damals auch anderen Menschen vermittelt habe.

In Rudolf Steiners Seele hat das Ringen seiner Zeit in allen Nuancierungen gelebt. Seine zugleich denkerisch-klare und innerlich herzliche Teilnahme an allen Geistesströmungen der Zeit lebte wieder auf im persönlichen Verhältnis zu seinen Schülern, die aus allen Winkeln des Zeitenschicksals ihren Weg zu ihm fanden. Jeden bekräftigte er auf seinem Schicksalswege, mochten sich dabei in seinen Ratschlägen noch so große scheinbare Widersprüche ergeben. Jeder wird daher etwas völlig anderes aus dem Umgang mit ihm erzählen können.

Auch diese Seite seines Wesens, die sich in uns, und sei es in noch so unvollkommener Art, spiegelte, — ich meine nicht nur, was wir von ihm erzählen können, sondern wie wir an ihm geworden sind, ist Offenbarung des neuzeitlichen Menschenbildes. Es enthüllt sich dieses ersehnte umfassende Menschenbild aus der mit-wollenden Einsicht, aus der Ermutigung, welchem er jedem Einzelnen seiner Schüler zuteil werden ließ.

Diese Worte schicke ich voraus, weil ja in dem vorliegenden Buche möglichst aus dem unmittelbaren Verkehr mit Rudolf Steiner erzählt werden soll, und ich diesen Bericht — vor allem was meine erste Begegnung mit ihm anbelangt — nur geben kann, indem auch manches aus den eigenen Schicksalen erwähnt wird.

Ich bin im slawischen Osteuropa geboren, an dessen Grenze auch der Geburtsort Dr. Steiners liegt; gleich ihm ohne slawischen Einschlag von den Eltern aus. Doch mag ich daher jene innere Beweglichkeit und Ungebundenheit im Sprachlichen mitbekommen haben, die man durch die sozialen Verhältnisse und die ätherisch-seelische Atmosphäre jener Länder einatmet. Mein in Australien geborener Vater war kurze Zeit vor meiner Geburt nach Europa zurückgekehrt und betätigte sich als Pionier in der damals noch jungen Erdölindustrie im polnisch-ruthenischen Karpathenlande. Da das Land damals noch zur alten Habsburger-Monarchie gehörte, lernte ich auch österreichisches Wesen kennen. Meine Erziehung aber verlief im Sinne meiner englischen Muttersprache und meiner britischen Staatsangehörigkeit; das Deutsche lernte ich so nebenbei.

Beim Ausbruch des ersten Weltkrieges befand ich mich — ziemlich auf mich selbst gestellt und auf die eigenen Entschlüsse angewiesen — als Student an der Universität Cambridge. Damals habe ich während einer unvergeßlichen Ferienzeit am Meere in einem Zuge Rudolf Steiners „Geheimwissenschaft" durchgelesen. Das Werk beeindruckte mich, weil es im Gegensatz zu anderen Büchern, die mir von theosophischer Seite zukamen, garnicht den Anspruch erhob, mit der naturwissenschaftlichen Lehrmeinung in Einklang zu stehen; doch umriß der Autor bei jeder neuen Wendung mit voller wissenschaftlicher Klarheit den Boden, auf dem er stand. Man wußte, woran man war, und fühlte: der Autor erlebt den naturwissenschaftlichen Geist von innen und respektiert ihn. Was den spirituellen Gehalt des Buches anbelangte, — es war die englische Ausgabe mit jenem Bilde, wo er mit verschränkten Händen dasitzt, dem Betrachter tief in die Augen und zugleich in die Ferne blickt —, so machte es auf mich einen überzeitlichen Eindruck. Es schien von jenseits aller präzisierbaren

Zeit zu sprechen. — 1916 trat ich in London in die „Emerson-Gruppe" der Anthroposophischen Gesellschaft ein. Die Versammlung begann immer mit dem Spruch „Aus des Geistes lichten Höhen", den Rudolf Steiner kurz vor dem Kriege eigens für diesen Zweig gegeben hatte.

Sowohl das Schicksal meiner Geburt als auch der eigene, gewiß etwas weltfremd fortschrittlich-sein-wollende Idealismus brachte mich während des Krieges an religiös-pazifistische und sozial-revolutionäre Kreise heran. Ich lernte führende Persönlichkeiten der Labour-Bewegung kennen und fühlte mich hingezogen zu den Quäkern, vor allem ihrer Einstellung dem Kriege gegenüber, — sie verweigerten den Heeresdienst. Ich erwähne diese Dinge, weil sie in meine ersten Gespräche mit Rudolf Steiner hineinspielten.

Trotz meines deutschen Namens (der Vater meines Vaters war Hannoveraner gewesen, die übrigen Großeltern Engländer) beteiligte ich mich unbefangen an allen möglichen Veranstaltungen, die auch ins politische Leben hineinspielten. Überall begegnete ich der Toleranz und dem guten Glauben, die ich aus innerster Seele erwartete, — einer der guten Seiten des englischen öffentlichen Lebens. Stand man der maßgebenden Strömung oppositionell gegenüber — mitten in einem Kriege, der ja als Kampf auf Leben und Tod empfunden wurde, — so hatte man zwar Prüfungen zu bestehen, aber es wurde doch die innerste menschliche Überzeugung respektiert und geachtet. Noch lebte die echte liberale Tradition als Nachklang des neunzehnten Jahrhunderts, und so wurde die Art des Kriegsausbruchs 1914 von manchen Trägern des öffentlichen Lebens als problematisch angesehen. Der berühmte Lord Morley war aus der Regierung ausgetreten, weil er die in den Krieg einmündende Politik Asquith's und Grey's nicht für berechtigt hielt; in manchen Kreisen wurde der Entschluß gefaßt, das internationale Leben künftig anders zu gestalten, damit es nicht noch einmal über die Köpfe der Völker hinweg zu solchen Katastrophen komme.

Durch Mitstudenten in Cambridge lernte ich damals die Familie Josiah Wedgwood kennen. Commander Wedgwood war Abgeordneter im Parlament und bereits zu Kriegsbeginn im Gallipoli-

Feldzug schwer verwundet worden. Seine Frau lebte bereits getrennt von ihm; ich wurde von beiden Seiten der Familie mit großer Freundlichkeit aufgenommen. Gleich Rudolf Steiners Dichterfreund John Henry Mackay gehörten die Wedgwoods der von Henry George in Amerika ausgehenden sozialen Richtung an. Auch Tolstoi standen sie nahe. Mrs. Wedgwood lernte im letzten Kriegsjahr durch mich Rudolf Steiners Werke kennen. Mit dem ganzen Enthusiasmus ihres cholerischen Temperamentes ging sie darauf ein, besonders als Anfang 1919 die „Kernpunkte der sozialen Frage" erschienen. Von Jugend auf hatte sie am öffentlichen Leben teilgenommen, hatte Gladstone noch gekannt und späterhin an der Seite ihres Mannes aktiv im politischen Leben gestanden.

Wir schrieben nun an Rudolf Steiner, es wäre dringend nötig, daß die „Kernpunkte" auch dem englischen Publikum zugänglich gemacht würden und boten uns an, das Buch zu übersetzen. In seiner Antwort verwies uns Dr. Steiner an die englische Bildhauerin Edith Maryon, die ihm in Dornach bei der Ausführung seiner großen Holzplastik, der Christus-Statue, half, und überhaupt zu seinen engsten Mitarbeitern gehörte. Sie hatte in jener Zeit nach dem Kriege, weil sich sonst niemand dazu erbot und Rudolf Steiner sehr an einer englischen Ausgabe des Buches lag, eine Übersetzung entworfen, die wir nun zugeschickt bekamen, die aber in der Art ihrer Stilisierung für die breite Öffentlichkeit nicht geeignet war. Wir ließen es Dr. Steiner wissen und daraufhin wurden wir aufgefordert, nach Dornach zu kommen.

Ende September 1919 fuhren wir in die Schweiz. Dr. Steiner befand sich gerade in Stuttgart, — vor kurzem war dort die Waldorfschule eröffnet worden. Die Dornacher Mitglieder, vor allem Miss Maryon selbst, nahmen uns freundschaftlich auf; wir durften ihr helfen, das überschüssige Holz an Teilen der plastischen „Gruppe" zu entfernen, eine Arbeit, bei der wir keinen Schaden anrichten konnten. Eines Tages wurden wir bei dieser Tätigkeit von Rudolf Steiner überrascht, der die steilen Stufen des rohen Holzgerüstes hinanstieg und, nachdem Miss Maryon uns vorgestellt hatte, sich in natürlichster Weise, zuvorkommend und freundschaftlich, mit uns unterhielt.

Man sah ihm an, daß er glücklich war. Die Freude über die Waldorfschule und ihre Kinder, die er zum Ausdruck brachte, war das allererste, was ich im Gedächtnis behielt. „Die Kinder toben. Wenn ein
Kind nicht toblustig ist, wird es nachher kein tüchtiger Mensch." (Ich
dachte reuevoll an meine eigene, eher melancholische Kindheit!)

Schon in jenen ersten Tagen hatte ich einen unerhört vielfältigen
Eindruck von Rudolf Steiner. Einfach und freundschaftlich wie er
uns begrüßt hatte, bekam man ihn künftighin bei mancherlei Zusammenkünften zu sehen; er ließ mich dann an die Erzählungen von
großen Eingeweihten denken, die völlig schlicht und unerkannt unter
den Menschen herumgegangen seien. Als Vortragenden erlebten wir
ihn tief eindrucksvoll und ernst, zwischendurch hinüberwechselnd zu
übersprudelndem Humor. Dann Dr. Steiner in esoterischer Versammlung: sehr ähnlich jenem Bilde, das der englischen Ausgabe der „Geheimwissenschaft" beigegeben ist, — der Eingeweihte aus zeitlosen
Bereichen. Darüber hinaus gab es den Menschen Rudolf Steiner, den
man persönlich und privat sprechen konnte, dem man von eigenen
Schwierigkeiten und Idealen erzählen durfte und der die gestellten
Fragen beantwortete. Dann kam ein tiefer, stiller Blick aus seinen
Augen, Wärme und Ermunterung aus seiner ganzen Art, — oder
auch nur die absoluteste Ruhe, so daß es völlig an einem selbst lag,
was man vorbrachte und wie man es sagte; er gewährte dem An-
schein nach keine weitere Hilfe als das stillschweigende Abwarten.
Späterhin erlebte ich Rudolf Steiner auch bei großen Versammlungen in Deutschland, 1921 und 1922, oft vor einer Zuhörerschaft von
zwei- bis dreitausend Menschen, die teilweise gleichgültig, bloß neugierig oder auch feindlich gestimmt waren. Die Art, wie er sie im
Zaum hielt, die Festigkeit und Spannkraft seiner Haltung, der Ver-
zicht auf jede Nachgiebigkeit, aber auch auf jedes Beeinflussenwol-
len, machte einen unvergeßlichen Eindruck.

Mrs. Wedgwood und ich mußten Dr. Steiner nun erklären, warum
wir Miss Maryons Übersetzung nicht für möglich hielten. Sie selber
war im Atelier anwesend, mit anderen Dingen beschäftigt. Mrs.
Wedgwood sagte ihre Meinung so taktvoll sie konnte, und ich

stimmte zu. Darauf sagte Dr. Steiner sachlich und gütig: „Das ist Ihre Überzeugung." In dem ganzen Satz war kein Wort betont, es bedeutete kein Für und Dagegen, lediglich die Feststellung: von hier haben wir auszugehen. Dann bat er um Beispiele, wir führten sie an. „Maryon, kommen Sie einmal her", rief er jetzt und legte der Bildhauerin unsere Einwendungen vor. Sie erwiderte schließlich in ihrer großzügigen und selbstlosen Art, sie habe sich zu der Übersetzung nur erboten, weil niemand anderer zur Hand gewesen sei, im Grunde fühle sie sich in diesen Dingen nicht kompetent und ziehe ihre Arbeit gern zurück. — Im Jahre 1920 erschien dann in einem bekannten Londoner Verlag jene Übersetzung, die Mrs. Wedgwood und ich gemacht hatten; das Buch erhielt beachtliche Pressebesprechungen.

Jeder von uns beiden hat in jenen Herbsttagen 1919 auch allein mit Rudolf Steiner gesprochen. Wie er da vor mir saß unter der großen Christusstatue, an der er arbeitete, umgeben von Regalen mit den verschiedensten Skulpturen, Modellen und Büchern, las ich auch Titel englischer Bücher, die mir vom Kriege her vertraut waren, wie die von E. D. Morel, C. H. Norman u. a. über den Kriegsausbruch und seine Vorgeschichte. Wiewohl er manche Ereignisse von der geistigen Seite aus ungleich tiefer durchschaute, war ihm doch keine Mühe zuviel, sich über alle Einzelheiten äußerer Tatsachen zu unterrichten. So sprachen wir denn auch über meine eigenen Erlebnisse im Kriege und ich erlebte, wie er die Zusammenhänge, in denen ich gestanden hatte, ernst nahm und für mich bejahte. Er schätzte es, daß es auch Menschen gab, die den moralischen Mut hatten, in letzter Entscheidung ihr individuelles Gewissen in die Waagschale zu legen, und daß es ein Land gab, in dem man auch auf diese Weise ehrlich und fruchtbar im öffentlichen Leben stehen konnte. Die von den napoleonischen Zeiten herrührende Form der Nationalstaaten mit ihrer allgemeinen Wehrpflicht, so beruhigend sie für das bürgerliche Ehrgefühl des neunzehnten Jahrhunderts war, wird nicht in alle Zeiten hinein dauern. Gegenüber den furchtbaren Gewalten, die die moderne Technik entfesselt hat, sah Rudolf Steiner eine nahe Zukunft aufsteigen, in der der Geist der Zeit einzelne Menschen noch zu ganz anderen, weittragenden Entschlüssen aufrufen wird.

Als ich Dr. Steiner um seine geistige Führung bat, gab er mir eine Abend- und Morgenmeditation, aufgebaut auf den ersten Worten des Johannes-Evangeliums, die er mir eingehend erklärte. Dann sprach er weiter: Das ist nun die erste Hälfte. Die andere ist die, daß Sie sich bewußt werden, Ihr Meditieren abends und morgens ist die *eine* gänzlich freie Handlung, die Sie im Tageslauf vollführen. Alles andere, was Sie im Leben tun, so sehr es auch aus Ihrer eigenen Entscheidung hervorgehen mag, ist durch Ihre Schicksalslage in diesem Leben mitbedingt. Daß Sie die Meditation regelmäßig machen, dazu nötigt Sie nichts. Das geht restlos aus Ihrem eigenen Entschluß hervor.

Gleich in jener ersten Unterredung ging Rudolf Steiner in seiner gütigen Weise auch auf meine weitere Lebensgestaltung ein. Von Anfang an hatte ich mich naturwissenschaftlicher Forschung widmen wollen, 1919 jedoch, unter dem unmittelbaren Eindruck der Kriegs-erlebnisse und des sozialen Umbruchs in Mittel- und Osteuropa, stan-den die sozialen Fragen im Brennpunkt des Interesses. Und Ru-dolf Steiner antwortete auf meine diesbezügliche Frage, letztere seien im Moment viel dringlicher als das rein wissenschaftliche Forschen. Nun war mir in Berlin eine Stellung angeboten worden, die in un-mittelbarem Zusammenhang mit den sozialen Ereignissen stand. Der jüdisch-russische Journalist Michael Farbman, dem ich in den letz-ten Kriegsjahren in London bei literarischen Arbeiten geholfen hatte, — ich liebte die russische Sprache sehr und nahm immer Anteil an allem Geschehen in Rußland — wollte mich als seinen Sekretär nach Berlin mitnehmen, wo er russischer Korrespondent einer der füh-renden englischen Zeitungen werden sollte. Hiervon erzählte ich Ru-dolf Steiner und dadurch kam unser Gespräch auf die Sowjets. „Le-nin selbst", antwortete er auf meine Frage, „halte ich für einen ehr-lichen und geistig nicht unbedeutenden Menschen; aber . . .". Das Folgende habe ich nur dem Sinn, nicht dem exakten Wortlaut nach behalten: . . . aber was er treibt, ist „Raubbau" an der Zivilisation. Die alte Kultur wird unweigerlich zugrunde gehen, einschließlich der

Konfessionen. Doch sollte man nicht mit ihr Raubbau treiben, sie nicht von sich aus dem Untergang näher bringen, sondern inmitten ihres Niedergangs die Samen des Neuen, des wirklich Zukunftsträchtigen, pflanzen. — Als wir von der Möglichkeit meiner Tätigkeit in Berlin sprachen, nahm er Papier und Bleistift und zeichnete einen Hohlraum. — Natürlich können Sie nach Berlin gehen, sagte er, aber glauben Sie nicht, daß dort die Zukunft liegt. Es wuchs im neunzehnten Jahrhundert zu seiner Größe an, in einer leeren Zeit, da die alte Spiritualität dahin und eine neue noch nicht geboren war. Wien mag heute darniederliegen in schrecklicher Not, aber da sind die Wurzeln tiefer, das wird wieder aufblühen.

*

Im Spätherbst 1919 fuhr ich von Dornach nach Deutschland und im Januar nach dem südöstlichen Polen in die Gegend meiner früheren Heimat, wo überall nur Zerstörung zu sehen war und die Bevölkerung unter schwerer Hungersnot und Typhus litt; meine Frau und ich schlossen uns einer Hilfsaktion der englischen und amerikanischen Quäker an, um dort zu arbeiten. — Im Herbst 1920 nahmen wir dann an der Eröffnungstagung des ersten Goetheanums teil. Wir saßen gerade in der Mitte des großen Saales, als Dr. Steiner vor einem Vortrag durch die Menge hindurchschritt, auf uns zukam und mir ein Telegramm übergab. „Sie sind ja gar nicht wiederzuerkennen", sagte er lächelnd im Hinblick auf den Bart, den ich mir inzwischen hatte wachsen lassen. Das Telegramm war von einem nicht sehr respektvollen Jugendfreund, der kurz und bündig adressiert hatte: p. A. Dr. Steiner, Dornach.

Nach unserer Rückkehr nach England schlossen wir uns anderen, insbesondere jüngeren anthroposophischen Freunden an und versuchten, in Anknüpfung an das inzwischen erschienene Buch eine Dreigliederungsbewegung ins Leben zu rufen. Geblieben ist hiervon eigentlich nur die Schulbewegung, denn gerade unter jenen, die sich damals für die soziale Frage interessierten, befanden sich die ersten Lehrer für die Rudolf Steiner-Schulen. Inzwischen hatten sich die

Londoner anthroposophischen Zweige zu einer losen Vereinigung zusammengetan, welche drei Jahre später in Rudolf Steiners Gegenwart zur Begründung einer eigenen Landesgesellschaft führen sollte. Die Menschen, die sich in England zur anthroposophischen Bewegung zusammenfanden, entstammten den allerverschiedensten gesellschaftlichen Kreisen und Geistesrichtungen. Da gab es vornehme, in ihren sozialen Anschauungen ganz selbstverständlich konservative Damen und Herren, die sich für einen ernst zu nehmenden Okkultismus interessierten und vor allem auch das esoterische Christentum suchten; darunter waren Angehörige manch anderer okkulter Strömung, und auch Freimaurer, für die die Anthroposophie die ersehnte Vertiefung brachte. Schließlich gab es Menschen, welche in wirtschaftlich-sozialer und internationaler Richtung neue Ideale hegten, auch solche die — wiewohl meist aus bürgerlichen und höheren Gesellschaftsschichten — der Arbeiterbewegung nahestanden. Sie haben in unserer Bewegung eine wesentliche Rolle gespielt.

Rudolf Steiner hat öfters auf die enormen Unterschiede hingewiesen, welche das soziale und geistige Leben Englands gegenüber allen kontinentalen Ländern aufweist. Die geistigen Richtungen durchdringen und überkreuzen sich hier in ganz anderer Weise; auch die seelischen Motive, wie z. B. nationales Selbstgefühl und kindlichste Empfänglichkeit für Fremdes, heftige Streitbarkeit und höchste Toleranz. Es gibt ein Element, das man nennen möchte „kindliche Freude am Gegensatz". So hatten auch wir in den Nachkriegsjahren Freude daran, uns über sonst weit auseinanderklaffende Gegensätze hinweg dennoch zu begegnen. Doch das zutiefst Vereinigende war jener Zug des „spirituellen Realismus", mit dem Rudolf Steiner bei seiner Wirksamkeit in England immer gerechnet hat. Engländer, welche einmal ihren Agnostizismus, ihren intellektuellen Stolz genügend überwunden haben, nehmen dann sehr erwartungsvoll und ohne viel Problematik die Kunde von der geistigen Welt entgegen. Der Engländer sagt sich dann: es gibt eine geistige Welt; der Sehende, der Kundige, wird uns erzählen können, wie es darin aussieht. Es handelt sich nur um gut begründetes Vertrauen.

Tatsächlich hat Rudolf Steiner manche von den wesentlichsten Offenbarungen zum ersten Mal in England vorgebracht, so im Mai 1913, als er im Zweigraum in Süd-West-London vom Michaelmysterium und von der ,Erneuerung' des Mysteriums von Golgatha im 19. und 20. Jahrhundert gesprochen hat; dann wieder zu Ostern 1922, als er im gleichen Raum zu einer kleinen Gruppe von Menschen von den geistigen Hintergründen des Zeitalters und den drohenden Gefahren sprach. Ich sehe noch seine dunklen Augen vor mir. Es war, wie wenn sie in weite Perspektiven, nicht des Raumes, sondern der Zeit blickten, — in die Jahrtausende hinein.

Unser führendes Mitglied war Mr. Harry Collison, der durch Jahrzehnte als englischer Herausgeber der Werke Rudolf Steiners wirkte. Er war der „Graduierte der Oxforder Universität in Talar und Barett", von dem Dr. Steiner im „Pädagogischen Jugendkurs" in Stuttgart sprach, wenige Wochen nachdem er an einer Konferenz in Oxford in altehrwürdiger Umgebung teilgenommen hatte. Mr. Collison war ein sehr vielseitiger Mensch, Rechtsanwalt und Kunstmaler zugleich. Er war Freimaurer, gehörte zur vornehmen Gesellschaft und war in seinen sozialen Anschauungen ganz und gar konservativ. Manchmal schien es, als säße ihm ein lustiger Kobold auf der Schulter, bereit, im unerwarteten Augenblick einen Schabernack zu spielen. Rudolf Steiner liebte die Beweglichkeit und Gewandtheit dieses Menschen, sein unbefangenes und weltmännisches Auftreten. Im Shakespeare-Theater zu Stratford sah man die beiden vergnügt in „Was ihr wollt" nebeneinander sitzen, Dr. Steiner herzlich auflachend ob der Possen des Sir Toby Belch. Folgende Anekdote erzählte mir Mr. Collison selbst: Während des Weltkrieges war ausgiebig über das ,preußische Junkertum' hergezogen worden, ungeachtet dessen, daß wohl die wenigsten eine klare Vorstellung hatten, worum es sich dabei handelte. Collison frug nun Dr. Steiner während einer Autofahrt: „Dr. Steiner, was ist eigentlich ein Junker?" Rudolf Steiner sah ihn lächelnd an. „Sie, Mr. Collison, Sie sind ein Junker." Die völlig unerwartete Wendung machte dem alten Herrn Spaß; er lachte vergnügt, da die Pointe sich gegen ihn selbst wandte.

Ich komme nun zu jenen unvergeßlichen drei letzten Jahren, da
Dr. Steiner fünfmal und meist auf längere Zeit in England war. Der
sich verbreitende Ruf der Waldorfschule brachte ihn zunächst im
Jahr 1922 zu uns; dieses Jahr stand unter dem Zeichen der Pädagogik. Die Einladung hatte folgende Vorgeschichte. Die Bildhauerin
Edith Maryon hatte von Dornach aus an eine ihr befreundete Persönlichkeit, Mrs. Millicent Mackenzie, Professor der Pädagogik an
der Universität Cardiff, über die Stuttgarter Waldorfschule berichtet. Mrs. Mackenzie kam daraufhin mit einer Gruppe englischer Lehrer und Pädagogen zur Weihnachts- und Neujahrszeit 1921/22 nach
Dornach, wo dann Rudolf Steiner — in erster Linie für die englischen Gäste — seinen bekannten „Lehrerkurs am Goetheanum" hielt,
im „Weißen Saal" des ersten Goetheanums, in dem die Christengemeinschaft ihre Gründung erlebte und wo ein Jahr darauf die
ersten Rauchwolken des Brandes bemerkt wurden.

Bei dieser Gelegenheit fiel mir zum erstenmal die Aufgabe zu,
seine Vorträge ins Englische zu übersetzen, und von da an bis zu
seinem Tode habe ich im ganzen etwa 110 Vorträge verdolmetscht,
abgesehen von zahlreichen Besprechungen, Fragenbeantwortungen
und ähnlichem. — Dr. Steiner teilte seine Vorträge, wenn ich sie
übersetzen sollte, fast immer in drei Teile ein. Er begann und sprach
etwa 20 bis 25 Minuten lang, nicht langsamer als sonst, während ich
seitwärts saß und mit ganzer Kraft Notizen machte, aber niemals
stenographierte; letzteres habe ich absichtlich nicht gelernt. Mein
Grundsatz war, den Vortrag als Zuhörer aufzunehmen und, trotz
gespanntester Aufmerksamkeit, mich zwischendurch wenn nötig zu
entspannen. Je heißer es zuging, desto mehr tat ich dies; nur ja nicht
hastig, unruhig werden! Ich war begeistert dabei, entschlossen, ge-
treu und lebendig wiederzugeben, was er sagte. Ich erfand Zeichen,
etwa in Anlehnung an die „symbolische Logik" von Bertrand Russell und Whitehead oder auch eigene, die ich von Augenblick zu
Augenblick ersann. Im übrigen kritzelte ich deutsche oder englische
Worte hin oder ganz einfach einen großen Buchstaben und verband
damit schnell eine Gedankenassoziation. Es war dann, als hielte ein

begeisterter und ungenierter Schüler den Vortrag noch einmal. Rudolf Steiner saß dabei, wenige Meter entfernt, oft auf dem Sessel, von dem ich aufgestanden war.

Wenn ich heute darauf zurückblicke, so scheint mir, daß Kindheits- und Jugendkräfte mir zu Hilfe kamen, Kräfte, die ich in reichlichem Maße mitbekommen hatte. Sonst war ich immer scheu gegenüber Dr. Steiner. Ich stand ihm weniger nahe als andere seiner Schüler, die erfahrener waren, selbstbewußter oder weiter fortgeschritten auf dem inneren Weg. Er suchte mir dann aus der Verlegenheit zu helfen und tat dies auch auf unerwartete Weise. So ging ich z. B. an einem warmen, friedlichen Sommernachmittag in Oxford im Jahre 1922 über den Hof des College, als Dr. Steiner mit etlichen Begleitern in entgegengesetzter Richtung daherkam. Wir blieben einen Augenblick stehen. Dann bückte er sich, pflückte aus einem der Blumenbeete ein Löwenmaul und stülpte es mir freundlich lächelnd auf die Nase. . . Jedoch beim Übersetzen war ich nie verlegen. Es war etwas Abenteuerlich-Erregendes daran, und seine Gegenwart — ob er sprach oder zuhörte — war stillschweigende, selbstverständliche Ermutigung. Manchmal, am Ende einer Tagung oder Sommerschule, fand er warme Worte der Anerkennung, und einmal, als ich von ihm Abschied nahm, sagte er gar: „Es ist ein großes Opfer". — „O nein, Dr. Steiner, ich tu es so gern", erwiderte ich. Aber er blieb dabei und wiederholte nachdrücklich: „Es ist ein Opfer".

Sowohl in den Vorträgen als auch in freier Aussprache ergab es sich von selbst, daß sprachliche Nuancierungen — das Wirken des Volksgeistes im Genius der englischen und deutschen Sprache — behandelt wurden. Dr. Steiner sagte, nach dem Lexikon könne man eigentlich nie wahrhaft übersetzen. So stellte er z. B. in einem Vortrag die Begriffe Pflicht und duty nebeneinander. Pflicht hängt mit Pflegen zusammen: die Welt ist pflegebedürftig, der gute Mensch pflegt sie; duty hingegen mit Deus, mit dem Göttlichen, als dessen Repräsentant der Mensch auf Erden sich verhalten soll. Auf mich, der ich schicksalhaft an beiden Völkern teilhatte und dem die Verantwortung in diesem Leben zufiel, eine Brücke des Verständnisses

George Adams

zu schlagen, wirkten solche Charakteristiken erlösend. Denn sie versuchten nicht, die Unterschiede in farbloses Einerlei aufzulösen, sondern hoben sie geradezu hervor und offenbarten eben hierdurch das Göttliche, das Gute, welches in jeder Volksseele lebt.

In Anknüpfung an sprachliche Fragen habe ich auch sonst an Dr. Steiner Wesentliches erlebt, vor allem während seiner Vorträge, wenn ich immer wieder davor stand, die entsprechenden Wendungen finden zu müssen. Dann und wann kam es auch dazu, daß wir uns über Probleme der Sprachen unterhielten. Oft war ich zugegen, als einzelne Menschen Rat suchend zu ihm kamen. In Ilkley im Jahre 1923 hatte ihn einer unserer Freunde um eine Meditation gebeten; Rudolf Steiner bestellte ihn und mich auf einen der nächsten Tage. Da hatte er die Meditation bereits handschriftlich auf englisch niedergeschrieben und frug mich, ob es richtig sei. Den allermeisten seiner englischen Schüler gab er die Meditationen wohl auf deutsch. Es hat sich überhaupt bewährt, daß viele seiner Schüler, wiewohl sie deutsch für den alltäglich-philiströsen Verkehr niemals meistern, die Sprache dennoch so kennen lernen, daß sie im Geistigen, vor allem im Meditativen, wie selbstverständlich darin leben können. Und dies entspricht auch dem, was Rudolf Steiner voraussah: die Möglichkeit eines gewissen Universalwerdens der deutschen Sprache, nicht für den äußeren Verkehr, sondern als Ausdrucksmittel geistigen Lebens, wie es in früheren Zeiten z. B. mit Sanskrit, Hebräisch, Griechisch oder Lateinisch der Fall war. Hierüber hörte ich ihn einmal bei einer nächtlichen Konferenz in der Zeit der Dreigliederungsbewegung in Dornach sprechen. Allerdings hängt diese Möglichkeit, wenn ich ihn richtig verstanden habe, mit Menschheitsschicksalen zusammen, die vielleicht heute noch nicht entschieden sind; und sie bedeuten für das deutsche Volk eher ein Opfer als ein äußeres Sichgeltend-machen.

Im Zusammenhang mit sprachlichen Problemen habe ich Rudolf Steiner einmal im Zorn erlebt, wobei er dann, — da ich mich sehr betroffen zeigte, — hinzufügte: ich meine ja nicht Sie persönlich. In England ist es Sitte geworden, den Namen Michael — nicht aber die der anderen Erzengel — gekürzt auszusprechen. Die beiden letzten

Silben werden ganz oder teilweise verschluckt, so etwa wie man im Deutschen Michel sagt. Während der Vorträge des Jahres 1924 sprach nun Rudolf Steiner im besonderen über die Wesenheit des Erzengels Michael. Ich hatte bei der Übersetzung den Namen so ausgesprochen, wie es in England üblich ist. Abends, als ich ihn im Hotel besuchte, tadelte er dies scharf. Die Endung -el sei der Name Gottes, deshalb dürfe man sie nicht verschlucken. Auch wir im Deutschen, sagte er, haben den Vornamen Michel, — das darf natürlich sein. Sprechen wir aber von jener göttlichen Wesenheit, so heißt sie Micha-el. Die Vokale mögen Sie in Ihrer Art aussprechen, wie es Ihnen gutdünkt; nicht aber die Silben verschlucken. Und weil er anzunehmen schien, ich hielte diese ungewöhnliche Aussprache für unmöglich, fügte er hinzu: Sie unterbinden allen geistigen Fortschritt, wenn Sie darauf bestehen, Ihre Muttersprache dürfe nur so gesprochen werden, wie es heute Konvention ist. Das Wort Weltanschauung z. B., — von dem man doch glaubt, es sei das ur-deutscheste aller Worte — sei kurz vor der Goethezeit nicht im Lexikon zu finden gewesen. Die geistigen Lebensströme helfen mit, die Sprache zu formen; dem solle man sich nicht widersetzen.

Er kannte uns nur zu gut! Wie oft haben sich die Freunde bemüht, den Namen Michael ebenso artikuliert auszusprechen wie z. B. Raphael; aber leicht fällt man in die alte Gewohnheit zurück. Rudolf Steiner wußte um diese Macht der Gewohnheit und Konvention im englischen Sprachgebrauch, darüber hinaus aber wußte er noch viel mehr und viel Tieferes. Das kommt in seinen Vorträgen zum Ausdruck, welche das Wesen der Volksseelen charakterisieren*. Er erkannte die englische Eigenart des Sprechens, dieses Ruckhafte, die merkwürdigen Pausen des Schweigens, die Vermeidung des gewandten Redeflusses. Er nannte das, was hier als Ideal, als Urbild zugrundeliegt, den wirksamen *Ethos* der Sprache, welcher im Grunde mehr im Schweigen als im Sprechen liegt, so daß man eigentlich —

---

* „Die Mission einzelner Volksseelen im Zusammenhang mit der germanisch-nordischen Mythologie". Dornach 1950.

um es paradox zu sagen — nur spricht, damit die Intervalle des Schweigens das Nicht-Aussprechbare zum gemeinsamen Erlebnis bringen. Sogar die Schattenseiten der immer weniger bildsamen, immer mehr in die spröde Form gehenden englischen Sprache wandelte er in seiner Zukunftserkenntnis zum Guten. Gerade indem der Englisch-Sprechende unfähig wird, die Feinheiten des Geistigen, die er als voller Mensch erlebt, in seiner Sprache zum Ausdruck zu bringen, lernt er darauf verzichten, sie auszudrücken und sucht sie rein im Geiste zu erlauschen.

*

Aus jenem Lehrerkurs am Goetheanum gingen Entschlüsse hervor, die Dr. Steiner im Jahre 1922 an die berühmtesten Stätten englischen Geisteslebens brachten, Stratford-on-Avon, den Geburtsort Shakespeares, und Oxford. Unter den Lehrern, die damals in Dornach an jenem Kurse teilgenommen hatten, war Miss M. Cross, Leiterin einer Reformschule unweit von London. Ihr ist die pädagogische Bewegung in England in ihren Anfängen zu großem Dank verpflichtet. Durch ihr Befürworten wurde Rudolf Steiner als Vortragender zu einer größeren Tagung unter dem Gesamtthema „Drama und Erziehung" nach Stratford, um Ostern 1922, eingeladen. Die Vortragenden setzten sich aus besten Vertretern des englischen Geisteslebens zusammen. Da war der Dichter John Masefield, ein Mann von rauhem Schlag und warmem Herzen, der Dichter und Dramatiker John Drinkwater, der sich einmal eingehend mit mir über Rudolf Steiner unterhielt; an einem der Vormittage sprachen hintereinander der Cambridger Professor Cornford, Kulturhistoriker und Philosoph, der einen sehr gelehrten Vortrag hielt; dann der Dichter Sir Henry Newbolt, in seiner Art formvollendet, das Urbild des englischen Gentleman. Da ich Tag für Tag im gleichen Hause zu Mittag aß wie Dr. Steiner, Frau Marie Steiner und ein paar führende englische Anthroposophen, hörte ich, wie sich an jenem Tag Rudolf Steiner über die Redner äußerte. Im Stile Prof. Cornfords könne man auch in Deutschland reden hören; nie aber in der Art, wie Sir

Henry Newbolt gesprochen. Dann bedachte er sich einen Augenblick. Wohl aber in Österreich, fügte er hinzu und sagte weiter: Diese besondere Stil- und Formvollendung hätten beide Länder — Österreich und England — ursprünglich von spanischen Einflüssen her in sich aufgenommen.

Ein zweites Tischgespräch ist mir in lebhafter Erinnerung geblieben. Zu den dort anwesenden englischen Anthroposophen — es waren lauter ältere Menschen — sagte Dr. Steiner: sie würden nicht sehr lange nach ihrem Tode in deutschen Landen wiedergeboren werden „zu einer Zeit, da man in Mitteleuropa barfuß gehen wird". Und dann, über den eigentlichen Charakter des deutschen Volkes sich äußernd: „Die Deutschen sind nicht national." Es gab einiges Erstaunen, denn durch die Zeit des Krieges hindurch hatte man das Gegenteil hiervon in sich eingesogen. Er aber wiederholte die Worte und erzählte mit einem lächelnden Seitenblick auf Frau Marie Steiner, die sich etwas kritisch-ironisch dazu geäußert haben mochte, daß in den ersten Wochen der Waldorfschule, 1919, nach kaum beendetem Krieg, die Kinder während der Pausen nicht etwa deutsche Lieder, sondern mit Vorliebe das schottische Volkslied „My heart's in the Highlands" gesungen hätten. — Wie oft habe ich während der tragischen Jahrzehnte, die folgten, inmitten unzähliger Erlebnisse und Gespräche bestätigt gefunden, aus welch tiefen Einsichten heraus Rudolf Steiner gesprochen hat.

Das instinktiv Nationale, das in der neueren Zeit die allermeisten europäischen Völker beseelt, das sie in ihre guten wie schlimmen Schicksale hineintreibt und sie dennoch gleichsam naturhaft hegt und schützt, eignet den Deutschen nicht. Wenn sie sich dem Nationalen hingeben, so tun sie es der Weltanschauung wegen, man möchte sagen, aus Theorie. Sie sind dabei nicht durch ihre Natur geschützt und treiben es mitunter eben deshalb ins Extrem; dieses hat dann ein häßliches Gesicht. Ein weitsichtiger Mensch, Angehöriger eines Volkes, das gegen Deutschland kämpfte, sagte mir einmal während des ersten Weltkrieges: Die Deutschen sind idealistisch. Als ich ihn

fragend anblickte, fuhr er erklärend fort: Darin sind sie durchaus
ehrlich; sie *suchen* nach Idealen, sie geben sich Idealen hin.

Im Spätherbst 1923 hatte ich hierüber ein besonders ernstes Gespräch
mit Rudolf Steiner, da er an unserer Haltung bei einem bestimmten
Vorfall mangelndes Verständnis erlebte. Ich habe ihn fast nie so betrübt gesehen. Er sagte mir: Es ist von größter Wichtigkeit, daß die
im Esoterischen wurzelnden Wahrheiten über das deutsche Wesen in
England bekannt werden und Verständnis finden. (Derartige Wahrheiten hatte er ja durch die Jahre hindurch von den verschiedensten
Gesichtspunkten aus immer wieder verkündet und erläutert.) — Aus
eigener Erfahrung begreife ich, was er sagten wollte. Ohne spirituellen Hintergrund ist das deutsche Volk — ich spreche hier nicht vom
einzelnen Menschen — dem Engländer nicht verständlich. Was der
individuelle Deutsche geistig — und sei es in noch so bescheidenem
Maße — zu vertreten hat, das nimmt der Engländer mit Dankbarkeit, ja sogar mit Ehrfurcht entgegen. Das Volk als Ganzes versteht er nicht. Das hängt mit dem Schicksal zusammen, welches dem
deutschen Volk eine in sich geschlossene nationale Prägung nicht ge-
währt.

*

Inzwischen wurde für die Sommerferien in Oxford unter dem
Titel „Geistige Werte in der Erziehung und im sozialen Leben" eine
großzügige öffentliche Tagung vorbereitet. Wir wollten verwirklichen, wonach Rudolf Steiner gerade in jenen Jahren strebte: angesichts der großen Zeitfragen und sozialen Nöte sollten sich im Zeichen des „Freien Geisteslebens" Persönlichkeiten mit uns zusammen-
finden, welche dafür Verständnis hatten. Die Veranstalter waren
Prof. Millicent Mackenzie und Mr. Arnold Freeman, denen es auch
gelang, namhafte Persönlichkeiten des öffentlichen Lebens zu interessieren.

Die Tagung fand zum größten Teil in „Manchester College" statt,
einem theologischen Seminar, das mit seinen Wohngelegenheiten für
Professoren wie Studenten, dem gemeinsamen Refektorium, Wan-

delgängen und umliegenden Gärten den alten Oxforder Colleges nachgebildet war. Der damalige Rektor, Dr. L. P. Jacks, Herausgeber einer bekannten philosophischen Zeitschrift, die auch einen Artikel Dr. Steiners über die Dreigliederung des sozialen Organismus gebracht hatte, hieß uns am ersten Abend willkommen. Auf seinen Wunsch hielt Dr. Steiner einen Sonntag-Abend-Vortrag in der Kapelle des College. Es wurde eine besonders stimmungsvolle Stunde, als in dem vornehm-schlichten Raum, während die Abendsonne durch die hohen Fenster hereinschien, Rudolf Steiner ganz aus der modernen Bewußtseinslage heraus über die Geheimnisse der Trinität und des Mysteriums von Golgatha sprach.

Es wurde, trotz mancher Schwierigkeiten, ein glückliches Beisammensein. Dr. Steiner hielt einen längeren Vortragskurs über Pädagogik und soziale Dreigliederung; bekannte Waldorflehrer, darunter Dr. Caroline v. Heydebrand, waren bei uns, und ihre Vorträge wurden von der englischen Zuhörerschaft mit besonderer Liebe und, je nach dem Inhalt, mit dankbarem, übermütigem Humor aufgenommen. Die besten Dornacher Künstler gaben im Keble College Eurythmie-Aufführungen. Wieder war es interessant zu hören, was Rudolf Steiner bei Tisch über die einzelnen Vortragenden sagte. Da war z. B. ein in der Labour-Bewegung prominenter junger Mann von scharfem, selbstzufriedenem Intellekt, der zu uns „Geistsuchern" mit merklicher Herablassung sprach. „Diese Art Leute", hörte ich Dr. Steiner sagen, „richten die Arbeiterbewegung zugrunde". Dagegen fand er einen ebenfalls freidenkerischen Historiker und Soziologen, der aber mit innerer Bescheidenheit und aus gediegenem Wissen vortrug, „sehr liebenswürdig".

Die großen Ziele, die wir uns in Oxford im Hinblick auf die Dreigliederungsbewegung stellten, haben sich ja nur zum geringsten Teil erfüllt. Dennoch war der Versuch nicht umsonst, denn die Tagung gab klar zu erkennen, in welchen weltweiten Zusammenhängen die Anthroposophische Bewegung von ihrem Urheber konzipiert war; auch wurde sie ein Ansatzpunkt für unsere Schulbewegung, denn manche von ihren künftigen Trägern fanden damals zu uns, ich

denke z. B. an Daphne Olivier, die spätere, 1950 verstorbene Mrs.
Harwood, die aus der Tradition der „Fabian Society" kam, zu
deren Gründern ihr Vater, ein führender Kolonialbeamter und späterer Minister, sowie Bernard Shaw zählten. Durch sie fanden eine
Reihe sehr begabter junger Menschen ihren Weg zu Rudolf Steiner,
welche in ihrem seitherigen Wirken es verstanden haben, echte Oxforder Tradition mit anthroposophischer Geistigkeit zu vereinen.

In diesen Jahren war es, daß Rudolf Steiner Margaret Macmillan
begegnete, einer der bedeutendsten Persönlichkeiten im öffentlichen
Leben Englands. In den 90er Jahren hatte sie, die mit den ärmsten
und einfachsten Menschen am tiefsten verbunden war, der kleinen
Gruppe willensstarker, geistig regsamer Männer und Frauen ange-
hört, welche die „Independent Labour Party" begründeten. Später
wurde sie berühmt durch ihre Pionierarbeit auf dem Gebiet der
Kleinkinderschulen, der „Nursery School Movement". Im nordeng-
lischen Industriegebiet hatte sie diese Arbeit begonnen, und eben
hier wurde im Städtchen Ilkley, wo eine wilde, elementarische Landschaft unmittelbar an die ödesten, ins Riesenhafte gewachsenen In-
dustriestädte grenzt, im Sommer 1923 einer der wesentlichsten pädagogischen Kurse Rudolf Steiners gehalten. Das Städtchen Ilkley
ist von jenen melancholischen, mit Torf und Heide bewachsenen An-
höhen umgeben, die aus den Romanen der Schwestern Brontë berühmt geworden sind. Überall Kieselgestein, rieselnde Gewässer;
auch Cromlechs und Druidenstätten liegen über die Landschaft ver-
streut.

Um Dr. Steiner dahin zu begleiten, holte ich ihn früh morgens
am 4. August bei seiner Landung in Harwich ab. Der Zug fuhr quer
durch England nach Nordwesten. Die Gegend von Cambridge und
Ely zog vorüber, jenes ebene, sumpfige Gelände, in dem man von
weitem einen Hügel inselartig emporragen sieht; in der Morgensonne
leuchtete dann die gewaltige, in normannischem Stil erbaute Kathedrale. Anknüpfend an Cambridge erzählte mir Rudolf Steiner von
seinem alten Freunde Bertram Keightley, welcher gleich mir an der
dortigen Universität graduiert war. Als hoher Beamter im indischen

Erziehungswesen tätig, hatte er noch die Begründer der Theosophischen Bewegung gut gekannt. Bei seinem ersten Besuch in London, im Jahre 1902, war Rudolf Steiner bei ihm zu Gast. Sie blieben immer herzlich verbunden, und Keightley wurde schließlich sein Schüler. Kurz vor Ilkley fuhren wir durch Leeds, die Industriestadt mit Ruß-geschwärzten, einförmigen Reihen armseliger Häuser, die sich nicht nur Wand an Wand, sondern auch Rücken an Rücken aneinanderreihten, so daß nirgends Raum für die Himmelsluft blieb, nur auf einer einzigen Seite hatten die Häuser Türen und Fenster. In dieser Gegend kann es vorkommen, daß man kilometerweit nichts Grünes sieht, und man kann erwachsenen Menschen begegnen, die nie freies Land gesehen haben. Tief erschüttert sah Dr. Steiner zum Waggonfenster hinaus. „Sehen Sie diese Gedankenformen", sagte er, „das ist doch die Hölle auf Erden." — Mir ging an seinen Worten auf, daß wir in England, bei all unserem Gefühl für politische Freiheit, bei aller Achtung vor dem Gegner im Lebenskampf, dennoch relativ gedankenlos sind in Bezug auf soziale Zustände, die man in manchen Ländern auf dem Kontinent kaum tolerieren würde. In sozialer Hinsicht war England nicht demokratisch! Freilich gab es gesegnete Ausnahmen, zu denen Margaret Macmillan gehörte, die uns an jenem Abend in Ilkley willkommen hieß.

Sie hatte damals ihre Kleinkinderschulen bereits nach der elendesten Hafengegend im Londoner East-end verpflanzt und konnte nur wenige Tage bei uns bleiben. Nach Dr. Steiners Tode schilderte sie mir, wie er sie in ihrer dortigen Schule und Pflanzstätte besucht und in ganz konkreter Art von der Geistgegenwart ihrer verstorbenen Schwester und Mitarbeiterin gesprochen hatte. „Es ist ein wunderbarer, herrlicher Mensch", schrieb sie damals an eine Freundin, „alles erschien wie neu und verklärt, als er in den Raum trat. . . . Die ganze Welt flüstert ihm zu, und Schwingungen erreichen ihn, für die wir nicht einmal Namen haben." Rudolf Steiner seinerseits hat dann in Dornach und Stuttgart mit wärmster Anerkennung, ja mit Begeisterung von ihr gesprochen und soll geäußert haben, hätte er Margaret Macmillan ein oder zwei Jahrzehnte früher ge-

troffen, so hätten sie zusammen eine pädagogische Weltbewegung
machen können.

*

Es bleibt nicht mehr viel Raum, um von den großen anthroposophischen „Sommerschulen" zu erzählen, die in den beiden letzten
Jahren, 1923 und 1924, die erste in Penmaenmawr unmittelbar nach
der Ilkleytagung, stattfanden. Penmaenmawr liegt an der felsigen
Küste von Nordwales, gegenüber der Insel Anglesey, einer der Über-
fahrtstellen nach Irland; Torquay, der Ort der zweiten Sommerschule, wo wir 1924 zusammenkamen, liegt im Südwesten, unweit
von „Cornwalls grünem Strand", bekannt durch die Tristansage;
nicht fern auch von dem Artusschloß Tintagel. Bei diesen Tagungen
kam Rudolf Steiner sowohl durch den Genius des Ortes als auch
durch die Menschen, die ihn aus spiritueller Einsicht in jene Gegenden geladen hatten, mit der keltischen Strömung in Berührung, über
die er seit langen Jahrzehnten aus geistiger Überschau gesprochen
hatte. Gegen Ende des 19. Jahrhunderts gab es eine Bewegung, die
in ähnlicher Art wie in Deutschland die Werke Richard Wagners,
der neu erwachenden Sehnsucht nach Spiritualität entgegenkam, die
sogenannte „Celtic Revival". Daß die nach neuer Spiritualität, nach
esoterisch vertieftem Christentum suchenden Menschen sich zu den
geistigen Quellen des alten Keltentums hingezogen fühlten, lag in
der Natur der Sache; auch daß wesentliche Menschen aus jenen Kreisen mittelbar oder unmittelbar in Beziehung zur anthroposophischen
Bewegung kamen. Ich denke z. B. an den schottischen Dichter Wil-
liam Sharp — Fiona Macleod —, dessen Werke in der Eurythmie
auflebten. Seine Witwe fand dann den Weg zu uns.

Diesen Kreisen hatte in seinen jüngeren Jahren auch Mr. D. N. Dunlop nahegestanden. Dunlops Begegnung mit Rudolf Steiner gehört mit zu den bedeutendsten Ereignissen jener letzten Jahre. Er
war Schotte, in einsamer Gegend an der Westküste aufgewachsen;
tiefe Religiosität und geistige Erlebnisse durchzogen seine entbeh-
rungsreiche Jugend. Gemeinsam mit seinem Freund, dem irischen

Dichter George Russell („A. E."), führte er in Dublin eine theosophische Loge. Mit reifenden Jahren fand er immer mehr seinen Weg ins praktische Leben, und in der Zeit, als Rudolf Steiner ihn kennen lernte, stand er in großen weltwirtschaftlichen Zusammenhängen. Das war in London im Frühjahr 1922. Rudolf Steiner begegnete ihm mit besonderer Liebe und sprach mit ihm über die weltweiten Ziele, die fortan auch Dunlops Handeln bestimmen sollten. Seiner Initiative verdanken wir die beiden letzten „Sommerschulen", die nach Rudolf Steiners Worten in das „goldene Buch" der anthroposophischen Bewegung geschrieben wurden; zwei der inhaltsreichsten Vortragszyklen wurden gehalten, in Penmaenmawr: „Initiations-Erkenntnis", in Torquay: „Initiaten-Bewußtsein". Vor allem hier kam er jenem Bedürfnis nach konkretem spirituellem Wissen, nach großangelegter geistiger Kosmologie als Grundlage irdischer Menschheitsziele entgegen, die er als tiefste Sehnsucht der westlichen Geistesart gekennzeichnet hatte. — Als Rudolf Steiner in London von D. N. Dunlop Abschied nahm, hielt er seine Hand in beiden Händen und sagte: „Wir sind Brüder."

An Rudolf Steiners Begegnungen mit Menschen verschiedenster Geistesart und mannigfachster Schicksalsherkunft, gerade auch des Westens, konnte man das Weltweite seines Wirkens in des Wortes wahrer Bedeutung erleben. Er war Vertreter einer bestimmten, im mitteleuropäischen Geistesleben wurzelnden Methodik; daß sie ihre Pflege finde, davon hängt die wahre, gediegene, freiheitliche Entwicklung der Menschheit in die nächste Zukunft hinein ab. Doch anerkannte er die mitunter auch ganz verschiedene Art, wie Menschen anderer Kulturkreise im spirituellen Leben darinnenstanden. Sein Erdenschicksal war tief verbunden mit Geistesträgern anderer Länder und Erdteile. Die geistige Führung der Menschheit wirkt auf dem physischen Plan nach den Verhältnissen von Weltenzeit und Erdenraum, aber auf allen Ebenen findet sie sich wieder; sie urständet in Regionen, die auch die größten Polaritäten umspannen. Über die Grenzen bestimmter Schulungswege hinaus finden sich geistunmittelbar die Träger des wahren Fortschritts. Von jenen ewigen

Quellen aus, die Rudolf Steiner für seine Lebensarbeit inspirierten,
wirkt die Menschheitsführung weiter; überall auf der Erde, wo immer Herzen bereit sind, wird sie zu ihnen den Zugang finden. Nicht
zuletzt könnte durch die Anthroposophie jener gegenseitig befruch-
tende Austausch zwischen deutsch und englisch-sprechender Geistigkeit sich entfalten, der den tiefsten Forderungen unserer Zeit entspricht.

EMIL BOCK

Religiöse Erneuerung

In der strahlenden Helle eines frühen Sonntagmorgens im August
1916 wanderte ich von Tegel nach Berlin. Zwei Jahre lang schon
tobte der Krieg. Ich tat nach Ausheilung einer schweren Verwun-
dung Dolmetscherdienste und war zu einer überraschenden Visitation
auf morgens 5 Uhr in eines der großen Tegeler Industrie-Werke
bestellt worden, wo französische Kriegsgefangene, die dort arbeiteten, Werk-Sabotage betrieben hatten. Die Verhöre waren bald beendet, und ich dachte, den frühen Tag am besten zu nützen, indem
ich den weiten Heimweg zu Fuß zurücklegte. Das Rätsel des Kon-
trastes empfindend zwischen der golden-feierlichen Hochsommer-
Natur und dem tragischen Zeitgeschehen, war ich in das Innere der
Stadt gelangt. Da sah ich am Gendarmenmarkt überraschend große
Scharen in die „Neue Kirche", den sogenannten „Deutschen Dom",
strömen. Ich erkannte eine Anzahl von Universitätsprofessoren; mir
mußte scheinen, als ob sich hier aus allen Himmelsrichtungen eine
Auslese des geistigen Berlin träfe. Mit gespannter Erwartung, aber
auch nicht ganz ohne Skepsis, die davon herrührte, daß ich von Zeit
zu Zeit die Predigten bekannter Berliner Kanzelredner besucht hatte,
ging ich mit hinein. Ich konnte nicht ahnen, daß mir durch das, was
ich nun zu hören bekam, der Vorhang vor einer neuen Welt aufgehen würde. In eine Sphäre staunte ich hinein, die mir zugleich sehr
fremd und doch aus einer tieferen Schicht heraus ganz vertraut war.
Nie hatte ich so predigen hören. Der süddeutsche Sprachklang ließ
die Töne der echten Herzenswärme voll ausschwingen. Aber was

noch wichtiger war: die lichte Klarheit eines umfassenden Erkennt-
nislebens breitete sich aus. Glauben und Wissen waren eins. Die
weltanschaulichen Ausblicke, die ja eigentlich nur zu ahnen waren,
konkretisierten sich an einigen Stellen in deutlich geprägten Sätzen
über Christus und die geistige Welt. Es wurde nämlich nicht über
einen speziellen Text, sondern mehr programmatisch über das Johannesevangelium als solches gepredigt.

Beim Ausgang erfuhr ich, daß das Schicksal mich in die Antritts-
predigt von Dr. Friedrich Rittelmeyer geführt hatte, der eben den
Schauplatz seines Wirkens von Nürnberg nach Berlin verlegte.

Mit einer rätselhaft großen Zukunfts-Empfindung meldete sich in
mir die Frage: Sollte es etwa doch die Möglichkeit einer religiösen
Verkündigung und Wirksamkeit geben, die ehrlich unserem Zeitalter
angemessen und zugleich kraftvoll krisen-heilend ist? — Meine Her-
kunft aus Arbeiterkreisen und mein Durchgang durch eine Ober-
realschule, die in erster Linie mathematisch-naturwissenschaftliche
und neusprachliche Bildung vermittelte, hatten mir alles andere eher
nahegelegt als das Theologie-Studium. Ich war zwar schon in der
Schulzeit mit zahlreichen Gymnasiasten befreundet gewesen, für die
es als eine Selbstverständlichkeit feststand, daß sie Pfarrer werden
würden. Und es hatte auch nicht an wohlgemeintem Zuspruch gefehlt, durch den man mich überreden wollte, auf den gleichen Beruf
hinzuarbeiten. Aber mir kam es je länger je mehr als das Unnatür-
lichste von der Welt vor, eines Tages den Talar eines protestantischen Pfarrers anziehen zu sollen. Einen bestimmten Beruf hatte ich
nicht im Auge. Ich war aber von früh auf darauf bedacht gewesen,
mir durch Stundengeben die Mittel zum Universitätsstudium zu ver-
schaffen. Irgendwo hoffte ich im geistigen Leben des Zeitalters einen
Platz zu finden, wo es möglich sein würde, in einer sich schnell veräußerlichenden Welt wirksam für die inneren Werte einzutreten.
Unbestimmt schwebte mir eine aufs Ganze gehende Kulturerneue-
rung vor.

*

Bald wurde ich mit Rittelmeyer persönlich bekannt. Das Herankommen des 21-jährigen Studenten im feldgrauen Rock gab ihm, wie er es öfters ausgesprochen hat, einen Blick in die eigene Zukunft: die jüngere Generation meldete sich, mit der er ein *neues* Wirken würde beginnen können. Ich fühlte, hinter Rittelmeyer müsse noch etwas anderes oder ein anderer stehen, und ich wartete mit Spannung auf den Augenblick, da sich mir im Gespräch und Umgang mit ihm dies Rätsel lösen würde. Und dann sprach Rittelmeyer von Dr. Rudolf Steiner als von dem, den er für den größten, gottgesandten Zeitgenossen hielt. Im ersten Augenblick sagte mir das nicht so viel, daß mir jetzt schon die Zusammenhänge hätten klar werden können. Ich stand vor einer Summe von Fragen.

Geradezu aufregend war es aber für mich, als mir einfiel, daß ich dem Namen Rudolf Steiners schon einmal, und zwar auf eine recht merkwürdige Art, begegnet war. Ungefähr ein Jahr vorher hatte ich bei der damaligen Post-Zensur-Stelle am Schlesischen Bahnhof den Drucksachen-Verkehr mit der Schweiz zu prüfen. Dabei waren mir unter den Sendungen des Berliner Philosophisch-Anthroposophischen Verlages nach Dornach, wo das erste Goetheanum im Entstehen war, die ungezählten Bücher und Vortragszyklen aufgefallen, die alle den Namen des gleichen Verfassers trugen: Dr. Rudolf Steiner. Es war klar, daß dienstlich kein Grund zur genaueren Prüfung oder Beanstandung dieser Sendungen vorlag. Mich reizte jedoch die nichtenden-wollende Fülle von Schriften dieses mehr als fruchtbaren Schriftstellers. Auch wiesen die Titel durchweg auf Fragen hin, die sich keineswegs im Lebensvordergrund erschöpften. So nahm ich mehrmals solche Bücher und Zyklen von einem Tag bis zum andern mit in mein Quartier und las bis tief in die Nacht darin. Es wehte mich daraus ein Wind an, von dem ich fühlte, er würde mir neue freie Weiten aufschließen können. Jedoch mußte ich mir gleichzeitig sagen: es ist dafür noch nicht ganz die rechte Zeit.

Als mir jetzt der Name Rudolf Steiner aus Rittelmeyers Munde aufs neue entgegentönte, tauchten die damaligen Empfindungen wie-

der auf. Nur: wie sollte ich die warme Herzenssprache der Predigten in der „Neuen Kirche" mit der beinahe mehr als nüchternen philosophischen Erkenntnissprache jener Schriften zusammenbringen?
Mein verehrungsvolles Vertrauen zu Rittelmeyer konnte allerdings
nur noch größer werden, wenn ich mir klarmachte, daß er, der doch
in seiner Weise längst Meister war, sich als Schüler eines so ganz anders geprägten Genius fühlte.

Ich mußte — und so wird es ja im Grunde jedem gehen — meinen
eigenen Zugang zu den durch Rudolf Steiner erschlossenen Erkennt-
nis-Ausblicken finden. Rittelmeyer versuchte, mir in religiöser Sprache
Zugänge zu bestimmten anthroposophischen Grund-Erkenntnissen zu
vermitteln. Ich verstand ihn nur mit Mühe. Mir ging es nicht um
einzelne religiöse Probleme. Entweder wurde das weltanschauliche
Feld für das christlich-religiöse Leben im Ganzen frei, oder es war
doch alles umsonst. Der weltanschauliche Total-Durchblick ergab
sich aber in ungeahnter Klarheit. Das erlebte ich, als ich im Frühjahr
und Sommer 1917 Dr. Steiner selber hören konnte. Rittelmeyer
machte von der ihm gegebenen Erlaubnis, Gäste in die intimen Vorträge Dr. Steiners einzuführen, Gebrauch und nahm Eberhard Kurras, mit dem er schon von Nürnberg aus im Briefwechsel gestanden
hatte, und mich, — wir waren beide im feldgrauen Rock — in die
Vorträge mit, die in dem aus drei Zimmern bestehenden Zweigraum der Anthroposophischen Gesellschaft in der Geisburgstraße
(nicht weit vom Nollendorfplatz) vor etwa 100—150 Mitgliedern
gehalten wurden. Nichts war mir schwer oder gar fremd von dem,
was Dr. Steiner entwickelte. Eine Verkrampfung nach der anderen
löste sich in meinem Denken und in meiner Seele. Wie atmete ich
auf, als Dr. Steiner in dem ersten Zweig-Vortrag, den wir hörten,
das neue, wahre Denken beschrieb!

Der Vortragszyklus, der damals gehalten wurde, trug den Titel
„Karma des Materialismus". Es war gerade die Zeit der Reforma-
tionsjubiläen; und Rittelmeyer hielt die großen Vorträge, die in dem
Büchlein „Luther unter uns" zusammengefaßt sind. Wie oft zog damals der Gedanke durch die Seelen von uns Jüngeren, daß eine neue

Reformation, mitten in den Kriegswirren der Zeit, fällig sei. Und mit uns hielt ja auch Rittelmeyer Ausschau nach einer neuen Stufe der christlichen Geschichte. Zu den Höhepunkten in Dr. Steiners Zyklus gehörten die Vorträge, in denen er in das Innere von Luthers Wesen und Schicksal hineinleuchtete. Wir ahnten die Kultur-Erneuerungs-Impulse, die von der Anthroposophie würden ausgehen können.

An einem jener Zweigabende konnte ich mich von dem Büchertisch nicht trennen, auf dem nun in noch größerer Fülle die Vortragszyklen lagen, von denen ich eine Anzahl vor zwei Jahren als Zensor hatte prüfen müssen. Einem inneren Drange folgend, erstand ich mir, obwohl mein letztes Geld dafür nur eben reichte, den Hamburger Zyklus über das „Johannesevangelium". Ich habe nie ein Buch mit einem so fiebernd-heißen Herzen verschlungen wie dieses. Mit einem Male fand ich die Brücke zwischen Rudolf Steiners Vorträgen und Friedrich Rittelmeyers Predigten. In warm-goldenem Licht lag plötzlich das Feld des religiösen Lebens und Erkennens vor meiner Seele. Eigentlich war von nun an kein Zweifel mehr an dem Inhalt meines künftigen beruflichen Wirkens. Erst mit der Zeit lernte ich überschauen, welch unerhört reiche und breitfundamentierte Grundlegung einer kosmisch-menschlichen Christuserkenntnis und christlichen Kosmos- und Menschenerkenntnis Rudolf Steiner damals schon gegeben hatte.

Nach den Vorträgen, die er im Mitglieder-Kreise hielt, blieb Dr. Steiner gerne noch zu Gesprächen im Raum. Der Kreis war damals noch so klein, daß dies möglich war. Er setzte sich dann meist neben Dr. Rittelmeyer, und bald war das Gespräch vom Inhalt des Vortrages auf die erregenden Probleme der Tagesereignisse übergegangen. Zu der kleinen Gruppe, die zuhörend dabeisitzen durfte, gehörten auch Eberhard Kurras und ich. Worte aus schwerster Menschheitssorge und schonungslose Charakterisierungen von Persönlichkeiten, die in der Welt als ganz groß galten, prägten sich uns tief ein. In dieser Zeit durften wir auch zu ersten persönlichen Gesprächen zu Dr. Steiner kommen und empfingen Rat für unser Studium und Anleitung für unser innerstes Streben.

Von 1917 an erlebte man Rudolf Steiner nur noch in der vorder-
sten Linie eines heftigen Kampfes. Bis zum Ausbruch des Krieges
hatte er die vorläufige Windstille der äußeren Weltverhältnisse zum
Aufbau einer neuzeitlichen, ganz durch den Blick auf die Christus-
wesenheit orientierten „Theosophie", einer umfassenden Weisheits-
erkenntnis vom Übersinnlichen, genützt. In aller Stille war mitten
im Zeitalter triumphierender Naturwissenschaft in schöpferischer
Fülle eine moderne Geisteswissenschaft im eigentlichsten Sinne des
Wortes entstanden. Licht verbreitete sich über die gesamte mythisch-
religiöse Menschheitsvergangenheit mit all ihren Dokumenten. Und
zugleich wurde auf unerhörte gegenwärtige Vorgänge im Geistgebiet
hingedeutet, die mit dem Näherkommen des Christus und seiner sich
langsam enthüllenden neuen Offenbarung im Ätherischen zusammenhingen. — Der Ausbruch des Krieges hatte dem ruhevollen esoterischen Schöpfertum ein Ende gesetzt. Rudolf Steiner vollzog in
klarer Entschlossenheit die Wendung von innen nach außen, vom
Esoterischen zum Exoterischen. Das wurde ganz deutlich, als 1917,
nach der russischen Revolution und dem Eintritt Amerikas in die
aktive Kriegsführung, der Krieg in das eigentlich tragische, für die
ganze Menschheit verhängnisvolle Stadium eingetreten war. Nun
war aber auch im Lebenswerk Rudolf Steiners der Punkt erreicht,
an welchem die volle Umsetzung der „Theosophie" in „Anthroposophie", der Geisteswissenschaft in eine erneuerte Naturwissenschaft,
möglich war. Jetzt ging es um praktische Anwendung und Frucht-
barmachung der Anthroposophie auf den verschiedensten Feldern
des äußeren Lebens. Eben erst Mitglieder der Anthroposophischen
Gesellschaft geworden, durften wir Jüngeren nun als Mitkämpfer in
die Arena des kulturellen Ringens miteintreten. Rudolf Steiner trat
mit dem Impuls der „Dreigliederung des sozialen Organismus" hervor*, nicht zuletzt, um dem kriegerisch zu Boden geworfenen Mitteleuropa seine ureigenste Mission zu retten, die darin bestand, der

---

* siehe „Die Kernpunkte der sozialen Frage in den Lebensnotwendigkeiten
der Gegenwart und Zukunft". Stuttgart, 1919.

Menschheit durch geistgeschöpfte und doch irdisch-realisierbare Ideen ihre Zukunftswege zu zeigen. Wir wurden Zeugen der unermüdlichen opfervollen Bemühungen, mit denen Rudolf Steiner in den Kreisen, die in Mitteleuropa für die Führung verantwortlich waren, Wachsamkeit und Ideen-Mut zu erwecken versuchte. Und dann, als die Kriegshandlungen beendet waren, nahm er die übermenschlichen Anstrengungen auf sich, die die Dreigliederungsbewegung mit sich brachte.

Die Idee der Dreigliederung selbst vermochte damals auf dem Felde der praktischen Verwirklichung nicht Fuß zu fassen. Aber aus der Anspannung aller Kräfte ging mit der Stuttgarter Waldorfschule die neue pädagogische Bewegung hervor, und bald gab es auf naturwissenschaftlichem, medizinischem und manchem anderen Teilgebiet begeisternde Anfänge völlig neuer Erkenntnisse und Wirkensmöglichkeiten. Ich selbst ließ mich am Tage nach der November-Revolution 1918 in die theologische Fakultät inskribieren. Zusammen mit einigen befreundeten Theologiestudenten gab ich mich der Hoffnung hin, daß nunmehr die evangelischen Kirchen den Mut zu einem wirklich freien Geistesleben, d. h. beispielsweise zur Trennung von Kirche und Staat, aufbringen würden, so daß dadurch der Weg frei würde für eine neue, freie Art der religiösen Wirksamkeit. Wir konnten es damals einrichten, daß Dr. Rittelmeyer häufig vor großen und kleineren studentischen Zuhörerschaften sprach. Nur allzubald zeigte sich, daß in den Kirchen alles beim Alten bleiben würde. Umso lebhafter hielten wir, die wir mit Rittelmeyer deutlich eine andere, durch die Anthroposophie befruchtete christliche Ära heraufsteigen sahen, nach den Möglichkeiten einer neuen Reformation Ausschau.

Unabhängig voneinander sind in jener Zeit verschiedene Gruppen und Einzelpersönlichkeiten an Rudolf Steiner herangetreten mit Fragen, die sich auf eine Erneuerung des religiösen Lebens bezogen. Schicksalhaft wurden jedoch weniger die Pläne einer Gruppe von protestantischen Pfarrern, als vielmehr Gespräche, die im Jahre 1920 zwei junge Menschen mit Dr. Steiner hatten. Ein deutscher Student, der im Kriege Offizier gewesen war und den der Verlauf der europäischen Schicksale in große Seelennöte gebracht hatte, fragte (Februar 1920), ob nicht über die petrinische und paulinische Gestalt des Christentums hinaus jetzt die johanneische verwirklicht werden könne. Dr. Steiners Antwort war: er habe die Geisteswissenschaft zu bringen und könne nicht irgendwie religionsbegründend auftreten. Aber „wenn Sie — mit einer Schar von 30-40 Gleichgesinnten — das durchführen, was Sie vorhaben, so bedeutet das etwas ganz Großes für die Menschheit". Zwei Monate später — als gerade der erste große von Rudolf Steiner gegebene Ärztekurs lief — erhielt eine Schweizer Theologiestudentin, die ähnliche Fragen gestellt hatte, die Antwort: „Es wäre wohl möglich, sogar innerhalb der Kirchen etwas zu erreichen, wenn sich eine größere Anzahl junger Theologen der Kanzeln bemächtigte." Rudolf Steiners Hilfsbereitschaft war eine lebendig aktive, und so wurde sogleich von der Möglichkeit eines Kursus für junge Theologen gesprochen: „In einer noch viel intimeren Art, als es mit den Ärzten jetzt möglich ist, könnte in einem solchen Kurs gesprochen werden."

Obwohl Dr. Steiner deutlich hatte erkennen lassen, daß er mit tatkräftiger Aktivität rechnete — so hatte er im zweiten Gespräch geraten, Fühlung mit dem Fragesteller des ersten Gespräches aufzunehmen — dachten die beiden, von der Größe der vor ihnen auftauchenden Möglichkeiten fast überwältigt, doch erst ein Jahr später, als sie sich in Dornach trafen, daran, praktische Schritte zu tun. Als die Schweizerin Ostern 1921 nach Berlin kam, um dort weiterzustudieren, zündete dort in unserem Kreise, was sie von den beiden Gesprächen des Vorjahres berichtete, so, daß wir darauf drängten, nun aber keinen einzigen Tag mehr ungenützt vorübergehen zu lassen. Es gab in Marburg, Tübingen und Berlin Gruppen von jungen Menschen, die längst auf das brannten, was sich nun anzubahnen schien. Im Namen von etwa 20 Freunden wurde in der Pfingstzeit Dr. Steiner gebeten, uns in einem Kursus Rat und Wegweisung zu erteilen. Er ging, als käme nun endlich greifbar an ihn heran, worauf er längst gewartet hatte, mit größter Bereitschaft auf unsere Bitte ein und lud

uns nach Stuttgart zu einem Kursus ein, der bereits nach wenig mehr
als zwei Wochen beginnen sollte.

*

Von jetzt an fuhr ein Wind in unsere Segel, der das Schifflein
mächtig vorwärtstrieb. Wir mußten Rudolf Steiners Wort und Haltung so verstehen, als gelte es, viel verlorene Zeit einzuholen und
als könne es bald schon für unser Beginnen zu spät sein. Es war uns
wichtig und im objektiven Schicksalsgang wohl nicht ohne Bedeutung, daß wir den Anfang des gemeinsamen Tätigseins unter uns
Jüngeren zu finden hatten. Von den 18, mit denen Dr. Steiner im
Juni achtmal zusammenkam, war einer 30, alle anderen waren zwischen 19 und 27 Jahren alt, die Hälfte war jünger als 23. Erst jetzt,
als es galt, in wenig mehr als zwei Monaten eine etwa zehnmal größere Zahl von Gesinnungsgenossen zu finden und zu sammeln, traten wir auch an ältere Menschen heran. Es versteht sich von selbst,
daß wir in allem mit Dr. Rittelmeyer in engster Fühlung waren und,
wenn es so weit sein würde, mit seiner führenden Mitwirkung rechneten.

Trotz der schier unübersteiglichen Devisenschwierigkeiten, die damals in der Inflationszeit vorlagen, hatte Dr. Steiner, im Vertrauen
auf die Hilfsbereitschaft der Freunde, den bis dahin so wesentlich
zu vergrößernden Kreis für September ans Goetheanum nach Dornach eingeladen. Nun fing eine rastlose Tätigkeit an. Unser kleiner
Kreis bewegte sich in alle Himmelsrichtungen auseinander, um überall, bis hinauf nach Mecklenburg, diejenigen aufzuspüren, die sich
gleich uns für eine religiöse Erneuerung einzusetzen bereit waren.
Tatsächlich trafen sich bei dem Septemberkurs — Rudolf Steiner
hielt uns 29 Vorträge — in buntester Zusammensetzung etwa 110
Teilnehmer.

Es versteht sich ja eigentlich von selbst, daß der Übergang in die
inneren Gesetzmäßigkeiten einer neuen christlichen Ära, wie er uns
vorschwebte, nicht ohne große Schwierigkeiten zu vollziehen war.
Und so galt es denn schon bald, mit Hindernissen geistesgeschicht-

lichen Formates fertig zu werden. Es war ja nicht damit getan, daß sich jetzt eine Reihe von Theologen die in der Anthroposophie dargebotenen Möglichkeiten zunutze machten, die biblischen Schriften und die Christus-Geheimnisse neu zu verstehen. Rudolf Steiner hatte uns den Ausblick eröffnet, daß nach der Einmündung des christlichen Lebens in ein intellektuelles Theologisieren eine Wiederbelebung der eigentlichen religiösen Substanz nur durch ein gegenwartsgemäß erneuertes kultisches Lebenselement und also nur durch den Mut zur Begründung eines neuen Priestertums möglich sei.

Nun waren unter die Teilnehmerschaft im September doch eine Reihe solcher protestantischer Theologen geraten, die kein Gefühl dafür hatten, daß das intellektuelle Diskutieren, wie es ihnen zum Lebenselement geworden war, den Tod der Religion bedeutet. Sie okkupierten durch ihre Fragen, die gar keine echten Fragen, sondern Diskussionsthesen waren, das ganze Feld unseres Zusammenseins; und so fühlten wir mit Beklemmung die Gefahr heraufziehen, daß wir, statt zum Aufbau eines neuen priesterlich-kultischen Wirkens vorzuschreiten, im intellektuellen Vorfelde festgehalten würden. Wir kämpften einen verzweifelten Kampf in den Zwischenbesprechungen, in denen die an Dr. Steiner zu richtenden Fragen herausgearbeitet wurden.

Uns stand als Raum für unseren Kursus der „weiße Saal" zur Verfügung, ein Eurythmie-Übungssaal ganz hoch oben unter dem Dach des Südflügels im alten Goetheanum. Ich holte vor jeder Stunde Dr. Steiner von seinem in der „Schreinerei" gelegenen Atelier ab und begleitete ihn hinüber zum Goetheanum und dort die vielen Treppen hinauf zum „weißen Saal". Vom dritten Tage an bat ich ihn inständig, statt der sogenannten „Diskussionsstunden" — diese wechselten mit den Vorträgen ab — Vorträge zu halten. Er aber sagte: „Haben Sie Geduld; wir müssen durch das alles hindurch!" Als gelte es, über den persönlichen Anteil der Beteiligten hinaus eine ganze Menschheitsströmung umzuschmelzen, ging er mit der größten Ruhe auf die Fragen ein, die uns Jüngere ungeduldig und ärgerlich machten. Aber wir atmeten doch auf, als er nach einigen Tagen unserer Bitte nachgab und, an die Fragen, die ich ihm auf dem Hinweg übermittelt hatte, anknüpfend, statt der Diskussion Vorträge hielt. Gerade so kam eine Reihe von umfassend-grundlegenden Vorträgen, unerschöpflich in ihren Perspektiven, zustande.

In der zweiten Hälfte jener 15 Tage war, was Rudolf Steiner uns gab, — obwohl sich deutlich zeigte, daß bei weitem nicht alle Teilnehmer des Kursus den Mut haben würden, Träger der zu begründenden religiösen Bewegung zu sein, — unmittelbare Vorbereitung und Ausrüstung zum priesterlichen Wirken mit den für unsere Zeit erneuerten Sakramenten. Die Zukunft war wichtiger als die Gegenwart, und so wurde nunmehr über die Köpfe der in Tradition und Diskussion Verstrickten hinweg — diesen war genügend Tribut entrichtet worden — so gesprochen, als wären nur solche Menschen anwesend, die dann auch wirklich das von der geistigen Welt Gewollte voll in ihren Willen aufnehmen und in Erdentatsachen umsetzen würden. Das heißt nicht, daß nicht auch Antwort auf theologische Fragen gegeben worden wäre. Der alte Dr. Geyer, Rittelmeyers engverbundener Nürnberger Kampfgenosse und Freund — Dr. Rittelmeyer selbst konnte, weil er krank war, nicht in Dornach dabei sein — sagte: er habe immer schon darüber gestaunt, in welchem Maße Dr. Steiner auf den mathematischen, naturwissenschaftlichen und historischen Gebieten des akademischen Wissens beschlagen sei, nun sehe er, daß er auch das Feld der Theologie bis in alle Einzelheiten hinein beherrsche; er sei wahrlich eine ganze Universität für sich.

⁕

Für den Kreis der Entschlossenen — wir waren zunächst nicht einmal 40 — kam nun ein Jahr intensivster Vorbereitung. Rudolf Steiner stand uns jederzeit mit seinem Rat zur Verfügung. Nicht ganz leicht war es, den Ausgleich zu finden zwischen dem vorwärtsstürmenden Willen der Jüngeren und dem Dringen auf solide Grundlegung, wie es hauptsächlich von den Älteren ausging. Dr. Steiner

half auch hierin. Er gab beiden Einstellungen recht, ließ uns aber
doch auch deutlich erkennen, daß keine Zeit zu verlieren sei.

Zu den Unternehmungen, durch die wir noch weitere tatbereite
Gefährten zu finden und zu gewinnen hofften, gehörte eine in erster
Linie für Theologen bestimmte Tagung, die auf Rittelmeyers und
Geyers Initiative Ostern 1922 in Nürnberg gehalten wurde. Und in
der Tat fand damals noch eine Reihe von wichtigen Persönlichkeiten
den Anschluß an unsere Impulse. Durch alles, was wir unternahmen,
ging das Brausen eines begeisterten Schwunges hindurch, den wir
selbst als Geschenk empfanden. Dr. Rittelmeyer nahm in der Pfingstzeit Abschied von seiner Berliner Gemeinde. Wir stellten uns vor,
daß er, der zehn Jahre ältere Dr. Geyer und ich, der ich mehr als
zwei Jahrzehnte jünger war, unsere Bewegung würden zu führen
haben. Und so versuchten wir zu Dritt das endgültige Hervortreten
im Besonderen vorzubereiten. Viele von den jüngeren Freunden hatten sich bereits auf die Städte verteilt, in denen wir Gemeinden zu
begründen gedachten, und hielten Ausschau nach den Menschen, die
das, was wir zu bringen hatten, suchten.

Im September erwartete Dr. Steiner den ganzen Kreis zur letzten
Vorbereitung und Ausrüstung in Dornach. Im August wollten wir
uns, um die rechte Gemeinsamkeit des Fühlens und Wollens unter
uns herzustellen, für einige Zeit an einem stillen Platz treffen und
uns über die Ergebnisse der individuellen Vorbereitung verständigen.
Vor diesen letzten Schritten durften wir drei, Geyer, Rittelmeyer
und ich, zwei Wochen lang in Dornach sein, um Dr. Steiner die Fragen vorzulegen, die jetzt, vor dem gemeinsamen Arbeitsbeginn, noch
zu stellen waren. Es traf sich, daß dies die Zeit Ende Juli und Anfang
August war, in der der „Nationalökonomische Kurs" gehalten wurde.
Wir durften an diesem Kursus als Gäste teilnehmen. Selten war es so
wie in diesen Tagen möglich, die weltmännische Weite zu erleben, mit
welcher Dr. Steiner für die modernsten Probleme des Geldes und
der Weltwirtschaft neue Wege wies. Achtmal konnten wir je eine
Stunde lang mit ihm sprechen. Er beantwortete unsere Fragen in
konzentriertester Art, so daß es schließlich war, als habe er uns einen

ganzen überaus inhaltsvollen weiteren Kursus gehalten. Jetzt bezog sich bereits alles auf die praktische Gemeinde-bildende religiöse Wirksamkeit, an deren Schwelle wir standen.

Es war eine besondere Gunst des Schicksals, die unseren Kreis im August 1922 nach Breitbrunn an das damals noch ganz stille Gestade des Ammersees in Oberbayern führte. Dort lebten Michael Bauer, durch den Rittelmeyer vor mehr als einem Jahrzehnt den Weg zu Rudolf Steiner gefunden hatte, und Margareta Morgenstern, die Witwe des Dichters. Zusammen mit anderen Freunden hatten sie, die einen besonderen Herzensanteil an unserem Vorhaben nahmen, alles für uns vorbereitet. In einem ausgeräumten Kuhstall war ein Raum für unsere Zusammenkünfte eingerichtet und geschmückt.

Eine feierlich-freudige Erwartungsstimmung erfüllte und verband uns so elementar, daß auch die Absage von Dr. Geyer nur wie eine Wolke sein konnte, die vor einer hellen Sonne vorüberzieht. Es kam etwas auf uns zu, so wie es wohl von einer Frau empfunden wird, die ein Kind erwartet. War nicht der Stall ein rechtes Bethlehem-Motiv? Wesenhaft überschwebte uns das Geistige, dem wir uns anschickten eine irdische Wohnstatt und Leiblichkeit zuzubereiten. Es schien sich uns in den Urbildlichkeiten zu spiegeln, von denen die Landschaft durchwoben war: der blaue See in der Nähe und in der Ferne die Berge mit ihren weißen Häuptern. Wie in ein allgegenwärtiges Galiläa waren wir versetzt. Dazu fühlten wir, wie durch Christian Morgenstern, der uns als Genius und durch die Gattin auch als Mensch nahe war, sowie durch Michael Bauer, durch dessen fast schon zerbrechende Leiblichkeit das warme Gold durchchristeter Seele hindurchleuchtete, ganze Geist- und Christus-sehnsüchtige Strömungen der Menschheitsgeschichte ihre Patengaben an der Krippe eines neuen Weihnachtsgeschehens niederlegen wollten. —

Auf die Breitbrunner Erwartung folgte in Dornach in den Tagen vom 6. bis zum 22. September die Erfüllung. Was da in aller Stille, von der Umwelt unbemerkt, geschah, hob uns so über uns hinaus, daß es kaum möglich ist, von dem Kern des Erlebten in Worten zu berichten. Unser Kreis — er bestand aus 45 Persönlichkeiten, darunter

3 Frauen — war täglich zweimal mit Dr. Steiner zusammen und zwar oft durch Stunden hindurch. Wieder war uns der hochgelegene „weiße Saal" zugewiesen worden. Aber diesmal war nicht das Wesentliche, daß wir Belehrung empfingen. Es war kein „Theologenkurs", was Rudolf Steiner uns gab. In unserer Mitte wurde der christliche Kultus und Sakramentalismus geboren in der Gestalt, die unserer Gegenwart als dem Zeitalter der Bewußtseinsseele entspricht. Rudolf Steiner war in stiller Demut und Frömmigkeit und zugleich in höchster Geistes-Vollmacht in unserer Mitte. Die Zeit war reif und unsere Herzen waren offen; und so konnte er für uns vom Himmel herunterholen, was die mit Christus verbundenen und Ihm dienenden geistigen Mächte der zukünftigen Menschheit als Gabe des Segens zugedacht hatten. Als Träger eines neuen Priester-Auftrags sollten wir in die Welt hinausziehen.

In den gleichen Tagen hielt Dr. Steiner abends im großen Saal des Goetheanums die Vorträge des sogenannten „Französischen Kursus": „Philosophie, Kosmologie und Religion". Eine große Zuhörerschaft versammelte sich da. Unter den zahlreichen Französisch-Sprechenden war der greise Edouard Schuré, den man am Tage öfters mit Dr. Steiner vor dem Goetheanum im Freundes-Gespräch auf- und abschreiten sah. Die Vorträge wurden in je drei Abschnitten durch den bekannten Journalisten Jules Sauerwein in ein elegantes Französisch übersetzt. Es beeindruckte uns sehr, daß ihm Dr. Steiner immer bereits vormittags auf sauber geschriebenen Blättern eine ausführliche Skizze des am Abend zu haltenden Vortrags gab. Wir waren ja nun wirklich Zeugen davon, wie ausgefüllt jeder Tag für ihn war.

Für uns lag etwas Symbolhaftes darin, zwischen dem „weißen Saal" hoch oben unter dem Dach, wo wir die Tage verbrachten, und dem großen Saal, wo wir abends unter den Zuhörern saßen, hin- und herzuwechseln. Innerlich mußten wir damals in der Tat auf verschiedenen Ebenen heimisch sein.

Der Wunderbau des ersten Goetheanums war nach siebenjähriger Bauzeit zwischen seiner Einweihung im Herbst 1920 und seiner

Zerstörung durch die Flammen der Sylvesternacht 1922/23 nur
2¼ Jahre in Gebrauch. Ein Vierteljahr nach unseren großen Ta-
gen wurde der vernichtende Brand im „weißen Saal" zuerst bemerkt.
Das Schicksal hat es uns vergönnt, daß zwei wichtige Stationen im
Werden unseres Auftrages in diese 2¼ Jahre fielen. Als Dr. Steiner
nach der Brandkatastrophe die rückschauenden Betrachtungen „Das
Goetheanum in seinen zehn Jahren" schrieb, erwähnte er auch diese
Stationen unseres Werdens: „Ende September und Anfang Oktober
(1921) versammelten sich im Goetheanum eine Anzahl deutscher
Theologen, die den Impuls zu einer christlich-religiösen Erneuerung
in sich trugen. Was hier erarbeitet wurde, fand einen Abschluß im
September 1922. Ich selbst muß, was ich mit diesen Theologen in dem
kleinen Saale des Südflügels, in dem später der Brand zuerst entdeckt
worden ist, im September 1922 erlebt habe, zu den Festen meines
Lebens rechnen." („Goetheanum" 2. Jhrg. Nr. 32; 18. 3. 1923).

*

Wenn es uns heute wie ein Wunder anmutet, daß die Inauguration
des neuen geistgeschöpften Kultus, die zugleich die Begründung der
„Christengemeinschaft" bedeutete, in die kurze Lebenszeit des ersten
Goetheanums fiel: erst recht war es eine nicht hoch genug einzuschät-
zende Gnade des Schicksals, daß Rudolf Steiner, bevor im März 1925
der Tod seinem reichen Erdenwirken ein Ende setzte, noch zweieinhalb Jahre lang unsere Wirksamkeit mit Rat und Hilfe begleiten
konnte. Nie versagte er sich uns, auch wenn die Arbeitslast, die er
z. B. während seiner Stuttgart-Aufenthalte zu bewältigen hatte, noch
so groß war, und so konnten wir, einer oder zwei oder drei von
denen, die für die Leitung der Christengemeinschaft verantwortlich
waren, ihm in vielen Gesprächen von den Fortschritten der Ge-
meindegründung berichten und ihn in den Problemen, die sich aus
der Arbeit ergaben, um Rat fragen. Vor allem ist jene Zeit durch-
flochten von der goldenen Kette der Augenblicke, in denen er uns als
Gabe der Geistwelt die Wortlaute vermittelte, die unseren Sakra-

mentalismus, wie wir ihn bisher schon empfangen hatten, vervoll-
ständigten und uns im Jahreslauf eines der großen Feste nach dem
anderen neu zu feiern und auszugestalten ermöglichten. Als ich so
im Frühjahr 1923 das Kinderbegräbnis-Ritual von ihm entgegen-
nehmen durfte, strahlte er selbst vor Beglückung über diese besondere
Art des Schöpfertums, das zugleich die höchste Kunst des Empfan-
gens war. Zweimal trat er an jenem Tage — es war bei Gelegenheit
einer Tagung — auf mich zu mit den Worten: „*Ist* der Text nicht
schön!" Mitten im hohen Wogengang des Geschehens bei der Weihnachtstagung in den letzten Tagen des Jahres 1923 gab er uns den
Wortlaut für eine Neugestaltung des Epiphaniasfestes; während des
landwirtschaftlichen Kursus in Koberwitz in der Pfingstzeit 1924
denjenigen, der die Begründung eines christlichen Sommersonnen-
wend-Festes möglich machte.

In den vier Zusammenkünften, die unser Mitarbeiterkreis im Sommer 1923 in Stuttgart mit Dr. Steiner hatte, war er vor allem bemüht, uns bei der Bewältigung der Krise behilflich zu sein, die sich
für unsere Arbeit durch die Notwendigkeit einer klaren Differenzierung gegenüber der spezifischen Arbeit der Anthroposophischen Gesellschaft ergeben hatte.

Dann kam, ein Jahr nach dem Goetheanum-Brand, der große spi-
rituelle Durchbruch, den Rudolf Steiner im Dienst und in der Kraft
des michaelischen Zeitgeistes errang und den man mit dem Wort
„Weihnachtstagung" nur wie durch eine Hindeutung bezeichnet. Ein
neuer Zug sollte in alle Zweige der von der Anthroposophie ausgehenden Kultur-Erneuerungsbestrebungen hineinkommen. Auch unserer Wirksamkeit gegenüber bekundete Dr. Steiner eine noch einmal gesteigerte Hilfsbereitschaft. Er wollte uns zu einem größtmög-
lichen Anschluß an den neufließenden Strom verhelfen. Er sagte, am
liebsten möchte er es einrichten, unseren Mitarbeiterkreis fortan nicht
wie bisher einmal, sondern zweimal im Jahre zu einem Kursus nach
Dornach einzuladen. Mit spontaner Begeisterung sagte er uns, als wir
danach fragten, einen Kursus über die Apokalypse des Johannes zu.
Auch das Ideal eines konkreten Zusammenarbeitens zwischen den

einzelnen Spezialbewegungen, vor allem zwischen Lehrern, Ärzten und Priestern, leuchtete neu auf. Dr. Steiner gab einen unmittelbaren Beitrag dazu, indem er einzelne Mitglieder unserer Priesterschaft gastweise an medizinischen und anderen Kursen teilnehmen ließ. So durfte ich an dem Kursus teilnehmen, der zur Begründung der heilpädagogischen Arbeit gehalten wurde. Und zusammen mit einem anderen Freunde war ich auch Gast bei dem großen Lauteurythmie-Kurs, in dem das auf diesem Felde bis dahin Erarbeitete zusammengefaßt und erweitert wurde.

Aus solchen Zusammenhängen heraus ergab es sich zu Ostern bei einem Jungmediziner-Kurs, daß von unserer Seite an Dr. Steiner die Bitte gerichtet wurde, er möchte uns Hilfen für solche schwierigen Seelsorge-Aufgaben geben, bei denen ein Zusammenwirken mit dem Arzt als ratsam erscheine. Damals sagte er sogleich zu, im Rahmen der medizinischen Sektion für Ärzte und Priester einen pastoralmedizinischen Kursus zu halten. Er fügte hinzu: sicherlich werde es daneben auch noch zu einigen, etwa zwei oder drei, Vorträgen über die Apokalypse reichen, wie er es uns versprochen habe.

Es lag etwas Unerhörtes, fast Atemberaubendes in der Fülle und Art der Wirksamkeit Rudolf Steiners in den Monaten des Jahres 1924, in denen er noch Vorträge halten konnte. Dabei sah man, wie schwer er bereits körperlich zu leiden und zu kämpfen hatte. Oft drohten ihn die Kräfte so zu verlassen, daß die Freunde, wie z. B. im Juli in Arnheim, erschraken und um ihn zitterten. Wer davon wußte, war von der michaelisch-kämpferischen Kühnheit bis ins Innerste getroffen, mit der er in den Karma-Vorträgen solche fortschreitenden Enthüllungen vor uns ausbreitete.

Als er Anfang September aus England zurückkehrte, hatte sich in Dornach voll hochgespannter Erwartung eine große, interessant zusammengesetzte Zuhörerschaft eingefunden. Eine Vielzahl besonderer Kurse war angesagt, die nun alle in der gleichen Zeit stattfinden sollten. Mehrere der Bewegung nahestehende Schauspieler-Gruppen warteten samt den um die „Sprachgestaltung" Bemühten auf den „Dramatischen Kurs". Fast alle anthroposophischen Ärzte

waren da, um zusammen mit der vollständig anwesenden Priesterschaft der Christengemeinschaft den „Pastoralmedizinischen Kursus"
zu hören. Außerdem waren von überallher viele Freunde zusammengeströmt, weil sie die für die Abende zu erwartenden Karmavorträge
und die besonderen Stunden für die Mitglieder der Hochschule am
Goetheanum miterleben wollten. Und nun begannen die drei Wochen,
die wohl nicht nur in der Geschichte der anthroposophischen Bewegung, sondern in der Geistesgeschichte überhaupt ein einmaliges Ereignis darstellen. Dr. Steiner, der uns gleich am ersten Tage, als müsse er
sich deswegen entschuldigen, sagte, er sei leider sehr krank von der
Englandreise zurückgekommen — er konnte sich nur mit größter
körperlicher Anstrengung jeweils vom Auto zum Rednerpult hin-
bewegen —, hielt täglich vier, wenn nicht fünf Vorträge. Zuletzt
waren es, einschließlich der Stunden, die er in der Morgenfrühe den
Bau-Arbeitern gab, 70 Vorträge, die er in der kurzen Zeit gehalten
hatte; und jeder einzelne brachte in äußerster Konzentration soviel
unerhört Neues, Inaugurierendes, daß allein das in diesen Tagen Gegebene für viele Jahrzehnte Stoff und Aufgaben zum Verarbeiten
enthielt.

Das geradezu Bestürzende im hochgespannten Weiterschreiten von
einem Tag zum andern erlebten wir Mitarbeiter der Christengemeinschaft wohl auf eine besonders deutliche Weise. Und zwar nicht nur,
weil wir an sämtlichen Kursen und Abendvorträgen teilnehmen durften. Wir mußten ja die Vorstellung haben, daß Dr. Steiner uns neben dem Kursus, den wir gemeinsam mit den Ärzten empfingen, nur
in kurzgedrängter Form etwas über die Apokalypse sagen würde.
Nun fing aber unser Apokalypse-Kurs sogleich am ersten Tage mit
an und wurde Tag für Tag fortgesetzt, auch als die pastoralmedizinischen Vorträge bereits abgeschlossen waren. Als wir nun schon
annähernd zwei Wochen so überreich beschenkt worden waren, hatte
ich mich der nicht gerade angenehmen Aufgabe zu unterziehen,
Dr. Steiner zu fragen, wie lange wohl die Kurse noch gehen würden.
Wir hatten ja damals schon überall Gemeinden, die auf die sonn-
täglichen Gottesdienste rechneten und denen wir schon einmal tele-

graphisch von der Verschiebung unserer Heimkunft Nachricht hatten geben müssen. Die Antwort war: „Haben Sie noch einige Tage Geduld, dann wird sich absehen lassen, wie lange wir noch weitermachen werden." Schließlich war der Dramatische Kurs auf 19, der Pastoralmedizinische auf 11 und unser Apokalypse-Kurs auf 18 Vorträge angewachsen. Konnten wir uns da wohl gegen die bange Frage verschließen, ob dies etwa der Abschied sei, so daß Dr. Steiner noch so viel zu geben trachtete, als irgend möglich war?

*

Dr. Steiner ließ es sich trotz seiner großen körperlichen Schwäche nicht nehmen, viele einzelne von uns persönlich zu empfangen, um ihnen in den inneren und auch in den gesundheitlichen Fragen, mit denen sie zu tun hatten, Rat und Hilfe zu geben. Wir konnten aber auch noch mehrere Male ausführlich mit ihm über Fragen sprechen, die sich auf die Führung unserer Bewegung bezogen. Er empfahl uns damals, unsere Einrichtungen durch die Einsetzung des Erzoberlenker-Amtes zu vervollständigen. Und als wir ihn baten, bei dieser Einsetzung selber mitzuwirken, sagte er: er habe sich zwar bisher konsequent darauf beschränkt, unser Rater und Helfer zu sein, ohne aktiv in das einzugreifen, was eben doch ganz und gar von uns selbst getan und verantwortet werden müsse; aber da wir ihn so ausdrücklich darum bäten, wolle er diesmal eine Ausnahme machen und unmittelbar mitwirken. Und so konnten wir Zeit und Ort der Feier mit ihm verabreden.

Aber es war ja wirklich die Abschieds-Fülle gewesen, an der wir hatten Anteil nehmen dürfen. Unmittelbar nach der vermächtnishaften letzten Ansprache, die halten zu können er am Vorabend des Michaelis-Tages noch einmal seine körperlichen Kräfte zusammenraffte, zwang ihn die Krankheit auf das Leidenslager, das ein halbes Jahr darauf sein Sterbelager wurde.

Was die von uns noch zu haltende Feier anbetraf, so ließ er uns sagen, er wolle für uns alles so ordnen, daß wir das Notwendige ohne ihn im Kreise der Priesterschaft vollziehen könnten. Wir aber

erwiderten, da wir doch seine für uns so wichtige Zusage hatten, wir
wollten lieber warten, bis er wieder gesund genug wäre. Einige Monate vergingen, in denen aus der ganzen Welt die bangenden Herzen
ihre Hoffnungsgedanken nach Dornach sandten. Rudolf Steiner setzte
sein Wirken für seine Schüler und die ganze Menschheit durch die
apokalyptisch-führenden Briefe über das „Michael-Mysterium" fort.

Ich konnte in der zweiten Februarhälfte 1925 einige Tage in Dornach sein und durch Dr. Guenther Wachsmuth, der dem Vorstand am
Goetheanum angehörte und Leiter der Naturwissenschaftlichen Sektion dieser Hochschule war, einige Fragen, die sich in unserer Arbeit
ergeben hatten, an Dr. Steiner richten. Als dieser von meiner Anwesenheit erfuhr, ließ er mir sogleich sagen, ich möchte nicht ab-
reisen, ohne entgegengenommen zu haben, was er mir noch mitgeben
wolle. Am übernächsten Tage hielt ich die Blätter in den Händen,
auf die er die Wortlaute für die noch ausstehende Feier geschrieben
hatte. Ich bekam sie zugleich mit dem Vorschlag, wir sollten zu diesem Vollzuge die Priesterschaft nach Berlin zusammenrufen auf den
Tag vor der nahe bevorstehenden Tagung, die wir dort halten wollten.

Ganz mächtig traf uns das Schicksal, das aus dieser letzten Fürsorge Dr. Steiners sprach, zumal wir aus der Festsetzung eines so
unmittelbar vor uns liegenden Datums den Atem der drängenden
Zeit herausspüren mußten.

Am 24. Februar waren in Berlin in Stellvertretung Rudolf Steiners Frau Marie Steiner und Dr. Guenther Wachsmuth bei unserer
Feier anwesend. Die Gedanken, mit denen wir zu dem Leidenslager
nach Dornach hinüberdachten, waren von banger Sorge getragen;
aber indem sich damit die große Dankbarkeit verband für alles, was
wir von und durch Dr. Steiner empfangen hatten und noch fortwäh-
rend empfingen, leuchtete die strahlende Geistgestalt vor uns auf, die
ihn uns als Künder und Beauftragten des Christus selbst erscheinen
ließ. Dr. Wachsmuth erzählt, er habe am nächsten Tage, nach Dornach zurückgekehrt, sogleich berichten müssen, und Dr. Steiner habe
seinen Bericht mit tiefster Erschütterung entgegengenommen.

Wenige Wochen danach kam die unfaßbare Todesnachricht. Niemals können diejenigen den streng-klaren Abglanz des Geistes auf Rudolf Steiners Antlitz vergessen, die in jenen Tagen und Nächten an seinem Lager unter der hochragenden Christus-Statue die Totenwache hielten, und die dabei waren, als am offenen Sarge Dr. Rittelmeyer das Bestattungs-Ritual zelebrierte und Albert Steffen die Worte vom „Gottesfreund und Menschheitsführer" sprach.

Wir erlebten unseren Auftrag und unsere Sendung fortan nur umso stärker als ein fortwährendes Begleitetsein von helfenden höheren Kräften.

Erlebnisse auf dem Gebiet der dramatischen Kunstausübung

Meine Erinnerungen an Rudolf Steiner sind, was seine Anregungen für die Schauspielkunst betrifft, untrennbar damit verbunden, wie sie darstellerisch verwertet werden können. Ein Maler würde vielleicht eine Landschaft malen, um zu zeigen, wie er die Anregungen Rudolf Steiners erlebt; ich kann es am besten in Gebärden und gestalteten Worten ausdrücken. So wie in den Bildern eines Malers schöpferischer Niederschlag werden soll, was Rudolf Steiner über das Wesen der Farben gesagt hat, so wird beim Schauspieler alles im Mimisch-Schöpferischen, im Lebendig-Sprachlichen liegen. Es ist mir nicht möglich, zu sagen: Rudolf Steiner habe sich bei verschiedenen Gelegenheiten auf diese oder jene Art über die schauspielerische Darstellung geäußert, er habe dieses und jenes so oder so gemacht. Wenn trotzdem versucht werden soll, schriftlich niederzulegen, was der Schauspieler, der ihn noch erlebt hat, seinen Impulsen verdankt, so muß der Leser gebeten werden, das eben Gesagte nicht aus dem Sinn zu verlieren. Abgesehen von dieser Einschränkung macht es mir nicht nur Freude, über meine Erlebnisse zu berichten, sondern ich fühle dazu auch eine innere Verpflichtung, weil das, was uns zuteil wurde, für unsere Kultur allzu bedeutsam ist, als daß es verloren gehen dürfte.

Es liegen Fragen vor, die ich im Verlauf vieler Jahre persönlich an Rudolf Steiner richtete, ferner solche, die von mir und verschiedenen Mitgliedern meiner damaligen Schauspielertruppe an ihn gestellt worden sind und deren Beantwortungen noch keineswegs all-

gemein bekannt sind. Die Behandlung der Probleme läßt sich nicht
einfach im Wortlaut wiedergeben, denn alles kommt darauf an, die
angegebenen Übungen durch Anschauung zu verlebendigen, durch
überzeugende Darbietungen zu zeigen, wie das, was gesagt wurde,
in ständiger Übung fruchtbar gemacht werden kann.

Vielleicht muß ich zuerst kurz von mir selber sprechen, damit man
weiß, auf welchen Boden die Saat fiel:

Seit meinem 18. Lebensjahr gehöre ich dem schauspielerischen Beruf an; mein Weg begann in Österreich. Vier Jahre später kam ich,
auf der Suche nach neuen Bildungswegen, in das rhythmisch-gymna-
stische Institut von Jacques Dalcroze in Dresden-Hellerau. Mit dem
Lehrdiplom, das ich mir in der Stimm- und Sprechbildungslehre von
Prof. Eduard Engels in Dresden erworben hatte, ging ich nach Berlin und wurde Lehrer an den Schauspielschulen von Max Reinhardt
und Maria Moissi. Hier hörte ich zum ersten Mal Vorträge von
Dr. Rudolf Steiner und nahm an den ersten Kursen in der von ihm
geschaffenen Eurythmie teil. Im Sommer 1912 sah ich in München die
Aufführung seiner Mysteriendramen. Zu Weihnachten erhielt ich die
Rolle des „Herodes" in den Oberuferer Christgeburts-Spielen, die
er im anthroposophischen Zweig in Berlin einstudierte. Damals waren mittelalterliche Weihnachtsspiele noch nirgendwo zu sehen. Es
ist im Grunde Rudolf Steiner zu danken, daß man wieder auf sie
aufmerksam wurde und sie heute überall aufführt. Als mit Beginn
des Krieges die Schauspielschulen geschlossen wurden, bat ich ihn
um die Einwilligung, selbst diese Spiele aufführen zu dürfen, wor-
aufhin ich die Texte zugesandt erhielt. Mit Göttinger Studenten
übte ich sie zuerst ein, zusammen mit anderen alten Volksschauspie-
len, z. B. dem von mir nach Texten aus dem 15. Jahrhundert gestalteten „Totentanz", der der älteren Generation heute noch in Erinnerung ist. 1919 bildete ich dann eine ständige Truppe, mit der
ich durch viele Jahre, das Repertoire auf klassische Dramen erwei-
ternd, in zahlreichen deutschen Städten und auch im Ausland ga-
stierte; die „Haaß-Berkow-Spiele" wurden von Jung und Alt mit
starker Anteilnahme aufgenommen.

1921 nun stellten wir anläßlich eines Hochschulkursus in Dornach die erwähnten Fragen an Rudolf Steiner; seine darauf erfolgten Antworten liegen heute als Druckwerk „Über die Schauspielkunst" vor. — Drei Jahre später wurde, auch mit auf meine Bitte hin, der Kurs „Sprachgestaltung und dramatische Kunst" von ihm gehalten, der ebenfalls gedruckt vorliegt. Nach Abschluß desselben durften die Mitglieder meiner Truppe und ich einige Proben unserer dramatischen Arbeit zeigen, woran sich noch eine letzte Aussprache vor der Erkrankung Rudolf Steiners anschloß. Dies waren seine letzten Anweisungen an uns.

Späterhin, nach seinem Tode, im Sommer 1925 und ab Sommer 1926, folgte ein intensives mehrjähriges Studium der Sprachgestaltung innerhalb der Sektion für redende Künste am Goetheanum unter der Leitung von Frau Marie Steiner. In dieser Zeit erhielt ich von ihr eine Gruppe zur Ausbildung in der Sprachgestaltung zugewiesen. Ein Großteil meiner Schauspieler blieb dann in Dornach, während ich die mir angebotene Leitung der Württembergischen Landesbühne übernahm.

Soviel von meinem persönlichen Werdegang in direkter Berührung mit Rudolf Steiner und dem Goetheanum.

Wenn man sich nun heute, 30 Jahre nach dem „Dramatischen Kurs" fragt: wie steht es mit der Schauspielkunst?, so möchte ich von einigen Sätzen aus einem im November 1954 in der „Deutschen Zeitung" erschienenen Artikel des Schauspielers Ernst Ginsberg, Zürich, ausgehen: „Das Theater ist heute unleugbar bitter verarmt; allseitig lebendige Werktreue verlangt vom Schauspieler eine Beherrschung des Handwerklichen, wie sie heute auf weite Strecken verloren gegangen ist . . . Es gibt heute wenig künstlerische Maßstäbe . . . Man möchte den jungen Schauspielern zurufen: ‚Sorgt dafür, daß Ihr wieder atmen und sprechen lernt, daß Ihr allen Sprachstilen gewachsen seid; daß Ihr beispielsweise imstande seid, auch physisch langatmige, geistig weitgespannte klassische Passagen sprachlich zu bewältigen, ohne sie in naturalistische Fetzen zerpflücken zu müssen . . . Man sollte die Schauspieler viel mehr zu eigener Phantasiearbeit ermutigen'."

Auf dem Gebiet des Sprachlichen wurde die gegenwärtige Situation zu gleicher Zeit von dem Darmstädter Intendanten Rudolf Sellner, einem der führenden Regisseure, charakterisiert: „Wir müssen ernste Sorgen um die Existenz des Theaters haben. Der Konsolidierung der Bühnen durch geregelte Etat-Verhältnisse steht noch kein geistiger Unterbau gegenüber ... Das Zentrum aller Formprobleme des heutigen Theaters ist das Verhältnis des Schauspielers zur Sprache ... Wir müssen neue eigene Mittel finden, die den Darsteller überhöhen ... Der Antike gegenübergestellt, ist unser Theater ein äußerst ‚persönliches Theater‘, ein Theater der Nachahmung, ein Theater des Typs. Der Schauspieler spielt mit der Rolle zugleich sich selbst ... Indem er naturgetreu zeichnet, verliert er die Genauigkeit des Wortes. Das Theater muß wieder aus der Sprache geboren werden. Wird es ihm gelingen, die ordnende Kraft der Sprache in diesen Alltag zu tragen?"

Rudolf Steiner hat auf diese Fragen Antwort gegeben. Er hat die neuen Wege, nach denen heute überall gesucht wird, die Möglichkeiten geistiger Vertiefung, die gefordert wird, bereits vor drei Jahrzehnten für die schauspielerische Ausbildung aufgezeigt. Freilich muß dazu gesagt werden, daß mit seinen Darlegungen Entwicklungswege gemeint sind, die jeder Einzelne zu suchen, zu gehen und fruchtbar zu machen hat. Auch könnten die Antworten auf die Fragen, die wir 1921 an ihn herangetragen haben, überzeugend erst durch Darbietungen der von ihm angegebenen Übungen veranschaulicht werden; es kann also nur in völlig unzulänglicher Skizzierung versucht werden, schriftlich festzuhalten, wie sich solche Übungen fruchtbar umsetzen lassen, wobei ich zwei Themen herausgreifen möchte: Bewußtsein schöpferischer Gestaltung auf der Bühne und Wechselbeziehung von Gebärde und Wort.

*

Anläßlich des schon erwähnten Hochschulkurses von 1921 richteten wir die Frage an Rudolf Steiner, wie sich das *Bewußtsein* zur schauspielkünstlerischen Tätigkeit verhalte. Er antwortete: „Ganz besonders die Schauspielkunst wird teilnehmen müssen an jener Entwicklung zu starker Bewußtheit, der wir einmal in unserer Zeit entgegengehen. Es wird von den verschiedensten Seiten her immer wieder betont, daß man durch diese Bewußtseinsentwicklung dem künstlerischen Menschen etwas von seiner Naivität, etwas von seinem Instinkt nehme. Durch eine Erkenntnis, wie sie hier angestrebt wird, geht die Anschauungskraft durchaus nicht verloren. Man braucht keine Angst zu haben, daß man unkünstlerisch wird durch eine bewußte Beherrschung der Mittel . . . Für die Menschen schlechthin, wie besonders für die Künstler, ist der Prozeß des Bewußtwerdens eine Notwendigkeit." Dies kann ich mit vielen, die den gleichen Weg gehen, voll und ganz bestätigen. Rudolf Steiner führte dann weiter aus, daß Shakespeare als Dramatiker in erhöhtem Maße die Fähigkeit hatte, seine dichterischen Gestalten als bildhaft-objektives Erlebnis in der Phantasie zu schauen und hinzustellen. Gerade dadurch konnte er in seinen Gestalten unterkriechen. Diese Fähigkeit des Dramatikers müsse auf den Schauspieler übergehen, beziehungsweise bei seiner Ausbildung besonders beachtet werden.

Nun gab er für die Bewußtseinsbildung ein Beispiel an, welches unmittelbar im Nacherleben die schauspielerisch-schöpferischen Kräfte aufruft. Er erzählte von dem früheren Wiener Burgschauspieler Lewinski, einem der bedeutendsten Charakterspieler, etwa Folgendes. Gefragt über das Verhältnis zu seiner Schauspielkunst sagte Lewinski: „Ja, ich würde natürlich gar nicht schauspielern können, wenn ich mich auf den verlassen würde, der sich eben so mal auf die Bühne hinstellt: der kleine Bucklige mit der krächzenden Stimme, mit dem urhäßlichen Gesicht, — der könnte natürlich nicht irgendetwas sein; aber da habe ich mir geholfen: Ich bestehe eigentlich auf der Bühne immer aus drei Menschen: der eine ist der kleine bucklige Mensch, der zweite ist einer, der ganz heraußen ist aus dem Buckligen, ein rein ideeller, — den muß ich immer vor mir haben. Dann krieche ich aus allen beiden heraus und bin der Dritte: der spielt mit dem Zweiten auf dem Ersten — auf dem buckligen Lewinski." Vielleicht anders ausgedrückt: Das künstlerisch gestaltende Ich (Nr. 3) spielt mit der Phantasiegestalt der Rolle (Nr. 2) auf dem Instrument des Körpers (Nr. 1). Diese Dreiteilung, so sagte Rudolf Steiner, sei in der Tat für die Handhabung der schauspielerischen Kunst von außerordentlicher Wichtigkeit.

Fernerhin betonte er: „Für den Schauspieler ist es nötig, daß er seinen Körper gut kennt, damit er auf diesem Instrument spielen kann. Er muß ihn so kennenlernen wie der Violinspieler seine Violine. Er muß gewissermaßen in der Lage sein, seiner eigenen Stimme zuzuhören. Er muß wissen, wie er auftritt mit der Sohle, mit den Füßen, mit den Beinen und so fort." Er wird das Geheimnis des menschlichen Ganges studieren: etwa den Hackengang des Rücksichtslosen — welcher der Lautgebärde des K entspricht —, oder den fließenden Gang eines wendigen Menschen, welcher der Lautgebärde des L entspricht. Man wird etwa den flüchtigen Gang neben dem schlurfenden, den wippenden neben dem voll auftretenden üben: am besten gerade das, was der Natur des Betreffenden ferner liegt. Verwendet man bei einem Darsteller nur das, was er durch seine natürliche Anlage mitbringt, dann hält man ihn im Naturalistischen fest — ein Vorgehen, das besonders im Film praktiziert wird. Ja, viele Bühnenregisseure gehen, angesteckt vom Film, bereits dazu über, Rollen nur in dieser Weise zu besetzen. Ein Schauspieler, der nicht aus seiner naturalistischen Gebundenheit arbeitet, kann eine solche Wandlungsfähigkeit ausbilden, daß er immer wieder ein anderer sein kann. Durch das Eindringen in die verschiedenen Phantasiegestalten eignet er sich einen lebendigen Reichtum an Ausdrucksmöglichkeiten an. Diesen Schauspieler wird man immer wieder von neuem sehen wollen, er bleibt durch seine Variationsmöglichkeiten immer interessant, während einen der andere in kurzer Zeit durch seine Gleichförmigkeit langweilt. Im Naturalistischen ist man gefangengenommen, in der Phantasie wandelt man sich. „Der Schauspieler muß wissen, ob er *sanft* oder *scharf* auftritt, im gewöhnlichen Leben wie auf der Bühne; wie er seine Knie bewegt, seine Hände", sagte Rudolf Steiner und schlug damit schon 1921 das Thema der „Grund-

nuancen" an, das er 1924 im „Dramatischen Kurs" auf der Grundlage der griechischen Gymnastik näher ausführte. „Er muß den Versuch machen, im Leben und während er seine Rollen studiert, sich
selbst anzuschauen. Das möchte ich nennen das Darinnenstehen in
einer Rolle."

Als ich einmal bei einer Regieführung zum Zwecke der besseren
Konzentration die Augen schloß, *hörte* ich — ohne zu sehen — aus
der Art des Sprechens der Schauspieler, welche Bewegungen sie machten, welche Anspannungen und Entspannungen der Muskeln in Erscheinung traten. Je mehr ich mich den Bewegungen einer Rolle an-
gleiche, in ihr Wesen hineinschlüpfe, mich mit ihr identifiziere, desto
mehr erfasse ich, was „mimische" Kunst ist. Lebensbeobachtung ist
für den Schauspieler äußerst wertvoll, Nachahmung des äußerlich
angeschauten Lebens jedoch führt zum Naturalismus; Nachahmen
der Phantasiegestalt dagegen führt zum Stil.

Zwei kleine Beispiele dafür, wie ein „Geschrei", das meist auf der
Bühne naturalistisch wiedergegeben wird, vom Dichter durch die Mit-
tel der Sprache — Rhythmus, Wahl der Laute, Alliteration und
Assonanz, Wiederholung von Worten, Steigerungen usw. — in den
Stil erhoben wird:

Eine Stelle aus dem Chor von Schillers „Braut von Messina":

„Wehe, wehe, dreimal wehe, der sie gesät die tödliche Saat!"

(Unter anderem: siebenmalige Anwendung des Stoßlautes d, beziehungsweise t.)

Aus Goethes „Pandora": (Epimeleia flüchtet sich vor der Axt des
eifersüchtigen Phileros unter den Mantel des Vaters):

$$\text{„} \overline{Ai}!$$

Ai! Weh! Weh mir! Weh weh! Weh! Ai! Ai mir! Weh!"
Viele Schauspieler stehen heute hilflos vor solchen Aufgaben.

Ich fragte einmal Rudolf Steiner, wie man vom geisteswissenschaftlichen Standpunkt aus an die Schauspielkunst näher heran-
komme; er sagte mir — nicht gleich, aber einige Tage später — etwa

Folgendes: Versuchen Sie abends aus einem Drama einen Monolog oder eine kleine Szene in bildmäßige Anschauung zu bringen, vor sich zu sehen. Es braucht nicht länger als fünf Minuten zu sein. Am nächsten Morgen versuchen Sie die Bilder rückwärts zu sehen. Das ist nämlich sehr gut, denn dann sind Sie nicht mehr an den Faden des Gedankens gebunden." — Wir wissen alle um das Wesen eines Traumes: er spricht in Bildern zu uns. So etwa soll sich eine Rolle in Bilder umsetzen durch diese Übung. Es ergibt sich daraus nach und nach ein Heimischwerden in der Rolle, ein in der Phantasie Ergriffenwerden. Gebärde und Wort werden lebendig, Dynamik steigt auf in ihren Gegensatzen, Steigerungen und unterschiedliche Tempi werden bewußt. Kurz, man kommt dazu, aus dem objektiv erfaßten Bild heraus zu agieren. Losgelöst vom eigenen Selbst gelangt man in eine ausgesprochene Spielfreudigkeit. Diese Übung führt vom subjektiven Sich-selbst-Ausspielen, vom Naturalismus, fort in eine objektive Darstellung. Auf solch objektive Weise geformt, wird selbst eine grausame Szene vom Zuschauer mit künstlerischer Bejahung aufgenommen, während derselbe Vorgang, naturalistisch-subjektiv dargestellt, Abscheu erregt.

Über das „Einschnappen" von Bewegung und Ton beziehungsweise umgekehrt, wobei wir die Wechselwirkung von Gebärde und Wort besonders erleben können, äußert sich Rudolf Steiner: „Wenn es sich um künstlerische Menschendarstellung handelt, muß man allmählich durch das Studium merken: sagst du einen Satz, der in der Richtung der Leidenschaft geht oder in der Richtung der Betrübnis, oder aber wenn du einen anderen beschimpfen sollst: immer kannst du fühlen, es hängt eine ganz bestimmte Bewegung der Glieder, eine bestimmte Art der Langsamkeit oder der Schnelligkeit des Sprechens damit zusammen."

Es seien dazu Beispiele gebracht, die freilich in der Niederschrift, ohne die lebendige Darstellung, nur eine blasse Vorstellung vermitteln können: Man hat z. B. den Text: „Kegeln ist meine Leidenschaft!" Gehen wir also einmal herein in die Situation: Wir befinden uns in einer Kegelbahn. Da ist ein passionierter Kegler, er hat die

Kugel in der Hand, hinter ihm stehen seine Kegelbrüder. Er zielt auf die aufgestellten Kegel und schließlich setzt er die Kugel zum Wurf auf. „Alle Neune" hört man den Kegelbuben. Der Kegler freut sich und ruft: „Also Kegeln ist meine Leidenschaft!" und er gerät in eine Fülle von Bewegungen. Die Aufgabe ist vollzogen: aus einem Satz die ihm gemäßen Bewegungen zu finden.

Oder der Satz: „Ich bin tief traurig". Ich lasse mich hinsinken auf den Stuhl, lasse meine Glieder hängen. In dieser Haltung, wie meine Glieder am Körper herabhängen, sage ich: „Ich bin tief traurig." Aus dieser Situation muß ich die Bewegung finden, welche den Worten angemessen ist; und wiederum aus der Haltung heraus finde ich das dynamisch richtig gesprochene Wort.

Ein drittes Beispiel: Eine ältere Frau aus dem Volk hat, laut Text, zu ihrer ungezogenen Göre zu sagen: „Du Rotzneese, dummes Luder, haste ooch was zu sagen? Da haste eene!" Es ergibt sich ganz von selbst, daß die Mutter, wie sie die heulende und freche Tochter ansieht, sagt: „Du Rotzneese!", wie sie antipathisch und hart diesem Mädel gegenüber äußert: „Dummes Luder!" Und wie sie dann mit drohenden Händen und in vibrierendem Ton die Frage an sie richtet: „Haste ooch was zu sagen?" — Pause. — Ihre Fäuste stemmen sich in die Seiten, um dann mit den Worten: „Da haste eene!" der Tochter eine scharfe Ohrfeige zu versetzen. Eine Folge der verschiedensten Bewegungen, welche immer wieder die Worte anders nuancieren, kommt zustande. Und nun geht es weiter, und zwar vom Gegenpol aus: „Man muß eine gewisse Freude haben an Bewegungen mit den Armen und Beinen, die zunächst nicht aus irgend einem Grunde gemacht werden, man muß das Gefühl haben, wenn man studiert: jetzt schnappt eine Bewegung auf *diesen* Ton ein, eine andere auf *jenen*." Ein Übungsbeispiel: Ich trommele mit den Fingern auf dem Tisch, werde nervös, es bildet sich etwa der Satz: „Jetzt kommt der *noch* nicht!" Wir sind mitten drin in der eigenen Bewegung. Oder, ich wippe auf und ab auf den Zehen, ich zucke mit den Schultern. Es ergibt sich, in entsprechendem Tonfall: „Na ja, da kann man nichts machen, der wird schon kommen! Warten wir halt noch ein bißchen!"

Es könnten sich auch andere Sätze bilden. Aber Tonfall und Dynamik entsprechen den Bewegungen. Es läßt sich daraus ein Gesellschaftsspiel entwickeln: der eine macht die Bewegung, der andere hat den Tonfall zu finden. Und so würde man ganz von selbst in das so wichtige und immer wieder von Rudolf Steiner angeführte Rezitieren des Dramatischen durch eine Person gelangen, wozu eine zweite die Bewegungen findet. Man wächst in das Spiel der Bewegungen hinein, um daraus die richtige Art der Satzgestaltung zu finden.

Shakespeare gibt in seinem „Hamlet" den Schauspielern Regeln an für ihren Auftritt am Hofe; es ist interessant, diese mit dem zu vergleichen, was von Rudolf Steiner für das Studium von Wort und Gebärde gegeben wurde. Hamlet spricht an dieser Stelle den Satz: „Paßt die Gebärde dem Wort, das Wort der Gebärde an!" Der erste Teil wird erfüllt, wenn man beim Erzählen mit der Gebärde Erläuterungen und bildhafte Unterstützung für das Wort gibt; der zweite Teil dann, wenn das Dramatische im Vordergrund steht. Ein Beispiel hierfür: Man geht mit scharfem Schritt auf eine geöffnete Türe zu, schließt sie energisch und spricht, dieser Bewegung angepaßt, drohend den Satz: „So! Jetzt ist die Tür zu. Du kannst nicht mehr heraus!" oder: Die Klinke wird sanft in die Hand genommen, die Tür sorgsam abgesperrt und der daraus entstehende Satz lautet beruhigend: „So, die Tür ist zu, jetzt kann dir nichts mehr geschehen!"

Wie man den Anregungen Rudolf Steiners nachkommen kann, mag aus folgenden Übungen zu ersehen sein: Man hält einem Kreis von jungen Darstellern ein Bild vor, zum Beispiel die „Sintflut" von Michelangelo. Die einzelnen Rollen werden verteilt. Jeder sieht seine Gestalt auf das Genaueste an, etwa fünf Minuten lang. Dann wird das Bild fortgenommen, so daß die einzelnen Gestalten nur noch in der Erinnerung leben. Nun beziehen die Schauspieler die Stellung der Menschengruppe des Bildes. Es wird ihnen gesagt: „Jetzt steigt die Flut noch weiter an, die Gefahr wächst, das kleine Eiland, auf dem ihr euch befindet, wird überschwemmt!" Dadurch bildet sich eine

Steigerung ihrer Gebärden und ihrer Mimik. Man stoppt ab: Ein
Bild ist entstanden, welches im Stil Michelangelos so eindrucksvoll
ist, daß es ein neuer Vorwurf für einen Maler oder Bildhauer werden könnte. Die Darsteller empfinden ihre Muskelanspannungen im
Sinne der „Eigenbewegung". Nach kurzer Zeit wird angegeben, daß
die Flut fällt; es geht wie eine Erlösung über die Gruppe, vielleicht
entringt sich da oder dort ein Laut, ein Satz in diesem Sinne; es wird
abgestoppt, und wieder ist ein eindrucksvolles neues Bild entstanden
von überraschender Lebendigkeit. Solche Übungen könnte man mit
Bildern aller möglichen Maler, auch mit Plastiken von Rodin oder
Barlach, ausführen, und die Darsteller werden erfahren, was es heißt,
in Phantasiegestalten, die sie sich aus den Rollen holen müssen, zu
leben und sich selbst in verschiedenen, sich aus den Bildern ergeben-
den Stilarten, zu erfassen. Auch entwickelt sich hierbei das „Imita-
tionstalent für die eigenen Phantasiegestalten", im Gegensatz zu der
Imitation des äußeren Lebens.

Auf eine Frage an Rudolf Steiner: „Können für das Erfassen und
die Art des Eindringens in neue Rollen tieferführende Richtlinien
gegeben werden?", führte er aus, daß für die Ensemble-Bildung die
Interpretation des Dramas in einer vorhergehenden Leseprobe sehr
wichtig sei, damit vor der Phantasie der Darsteller die Gestalten auf
alle mögliche Weise lebendig werden. Er betonte, daß die Darsteller
leichter zu der Erfassung ihrer Rollen kommen, wenn sie gemeinsam
in die Dichtung eindringen, als wenn jeder die Rolle nur für sich
allein studiert — oder gar, wie es früher bei den sogenannten aus-
geschriebenen Rollen der Fall war, der Schauspieler nur bruchstück-
haft über die eigene Rolle Bescheid weiß.

*

Bei allen Übungen — das zeigt sich in der Praxis — kommt es
darauf an, daß sie nach und nach einen neuen Instinkt zeitigen. Die
Äußerungen müssen selbstverständlich, „habituell", zur zweiten Natur werden. Sie dürfen nicht im Schulmäßigen oder in der Manier
verbleiben. — Im Jahre 1909 sprach Rudolf Steiner in einem Vor-

trag über „Das Wesen der Künste" davon, daß die mimische Kunst
vom Eigenbewegungssinn ausgeht; diesen Sinn bezeichnet er als das,
was im Menschen lebt, wenn er seine Glieder bewegt.

Im Jahre 1921 erbat ich Übungen für die Entwicklung dieses
„Eigenbewegungssinnes". Die Antwort war: „Ja, die können so
schnell nicht gegeben werden, ich werde mich aber mit der Sache befassen. Wenn solche Dinge etwas taugen sollen, müssen sie langsam
und sachlich herausgearbeitet werden, auch wenn sie aus geisteswissenschaftlichen Untergründen kommen. Ich werde mir diese Frage
notieren für eine spätere Beantwortung."

Dies geschah drei Jahre darauf im „Dramatischen Kurs". Rudolf
Steiner wies auf die griechische Gymnastik als *erste Grundlage* für
den Schauspieler hin. Da die Erfahrungen und Erlebnisse, die hier
gemacht wurden, „grundlegend" sind, sei darauf besonders eingegangen:

„Im Laufen, Springen, Ringen, Diskus- und Speerwerfen spricht
sich der in den Gliedmaßen liegende Wille in seinem totalen Verhältnis zur Umwelt aus und damit auch die Grundeigenschaften der
Bühnensprache." Die wesentlichsten mimischen Bewegungen beziehungsweise Gebärden auf der Bühne bezeichnete er als „Abschattie-
rungen der fünf gymnastischen Tätigkeiten". Geht man nun von der
Bühnensprache aus, so sollte dieselbe nach seiner Darlegung folgende
Grundeigenschaften haben: „Sie soll wirksam sein können und bedächtig, sie soll vorwärts tasten können gegen Widerstände, Anti-
pathie abfertigen oder Sympathie bekräftigen können, und sie soll
das Zurückziehen auf sich selbst ausdrücken. Solche Eigenschaften
lassen sich studieren an bestimmten Gebärden, und diese bringen entsprechende Nuancen der Sprache hervor"; so daß der Schauspieler in
diesen sechs Grundnuancen Ausgangspunkte für seine künstlerische
Darstellung hat — so wie etwa der Maler in den Grundfarben, der
Musiker in den Tonarten.

Der Eigenbewegungssinn wird heute zu wenig aufgerufen und gebildet. Wie würde durch seine Betätigung dem Leben in aller Man-

nigfaltigkeit nachgespürt werden! Um diese so wichtigen Übungen
von neuem zu verdeutlichen, möchte ich einige Beispiele — sowohl
aus Klassikern wie auch aus dem Leben — vorbringen.

1. „Die *Wirksamkeit* der Sprache ist zu studieren an der *deutenden* Gebärde, sie macht das Wort schneidend." Es liegt der Satz aus
Shakespeares „Julius Caesar" vor: „Mitbürger, Freunde, Römer,
hört mich an!" Aus der ausgeführten deutenden Gebärde, die dem
Satz entspricht, entsteht das schneidende Wort.

2. „Im *Bedächtigen* wollen sich die inneren Seelenvorgänge in der
Sprache offenbaren; die Gebärde wird an sich gehalten und das Wort
voll gestaltet sein." Schillers „Wallenstein": „Solch ein Moment
war's, als ich in der Nacht gedankenvoll an einen Baum gelehnt, hin-
aussah in die Ebene." Man sieht, wie in diesem Satz bereits die ge-
haltene Gebärde — an einen Baum gelehnt — angegeben ist. Es ist ein
Satz, der aus der *Erinnerung* gebracht wird, und es ergibt sich eine
volle, bildhaft-konsonantische Intonation. Oder nehmen wir einen
inneren Seelenvorgang auf dem Gebiet des Gefühls: „Entsetzlich!"
Schon halte ich mir die Augen zu. Ebenfalls ergibt sich aus der Ge-
haltenheit der Gebärde eine volle Intonation. — Die Geladenheit im
Willensbezirk wird sich vielleicht in Fäusten zeigen, die in die Hüfte
gestemmt werden und als Handlung etwa eine Ohrfeige ergeben,
welche dann im Wort voll genossen wird: „So, dem hab' ich es jetzt
aber gegeben!" — Als Neben-Nuance wird die *Entschlußunfähig-
keit* angeführt: „Sie zeigt ein Stillehalten der Glieder und die Sprache
wird langsam gezogen." Wiederholte Fragen, an einen Fassungslosen
herangebracht, werden vielleicht als Antwort nur ein wiederholtes,
langgedehntes: „Tja — tja — tja" ergeben. Es ist dies eine Nuance,
welche vor dreißig Jahren noch nicht so sehr in Erscheinung getreten
ist wie jetzt.

3. „Das *Vorwärtstasten* der Sprache gegen Widerstände ist daran
zu studieren, wie man die Arme und Hände nach vorwärts in rol-
lende Bewegung bringt, wovon das Wort zitternd, vibrierend wird."
Es tritt bei einer *Frage* auf, bei einem *Zweifel* oder einem *Wunsch*
etc. Zum Beispiel: Romeo steht unter dem Balkon Julias; sie hat die

Wange auf ihre Hand gestützt. Romeo: „Wär' ich der Handschuh doch auf dieser Hand und küßte diese Wange!"

4. „Das in *Antipathie-Abfertigende* studiert man am Abschleudern der Glieder, es gibt einen harten Ton." Faust: „Habe nun ach, Philosophie, Juristerei, Medizin und leider auch Theologie durchaus studiert . . ."

5. „Das in *Sympathie-Bekräftigende* zeigt sich im Ausholen der Glieder und Berühren des Objektes, die Sprache wird dabei sanft." — Faust: „O sähst du, voller Mondenschein, zum letzten Mal auf meine Pein!" Wie schön läßt hier Goethe dreimal das dafür charakteristische O assonieren!

6. „Das *Zurückziehen* des Menschen auf sich selbst zeigt sich im Abstoßen der hart am Körper angesetzten Glieder. Daraus entsteht eine kurze, abgesetzte Sprache." — Die letzten Worte eines Dialogs aus dem Gedicht von C. F. Meyer „Die Füße im Feuer": „Mein — ist die Rache — redet Gott."

Alles, was in Sprachoffenbarung gebracht wird, sei in diese Nuancen zu fassen, gab Rudolf Steiner an, und man tue gut, seine Sätze in den typischen Gebärden einzustudieren, um dadurch zu einer selbstverständlichen Gebärdengestaltung zu kommen für das Wort, für den Satz, ja für den ganzen Charakter.

Weitere überraschende Ergebnisse der Gymnastik sind:

„Im *Laufen* übt man den Bühnengang." Man wird bemerken können, daß das Gehen auf der Bühne durchaus kein selbstverständliches Können ist. Beim Laufen wird der Fuß da angesprochen, wo er am beweglichsten ist: im Vorderfuß. Aus dem Vorderfuß heraus ist der ganze Fuß leichter zu führen, der Schritt kann besser angesetzt und abgeschlossen werden. Ferner lernt man das Gehen so, daß es das Wort artikuliert. Beispiel: „Hoch zu Flammen entbrannte die mächtige Lohe noch einmal." Man geht bis in die Zehenspitzen in die Sprache, in die Laute hinein und kommt zu einem deutlichen Herausarbeiten derselben. Es setzt so mancher im Leben seine Füße in Bewegung, um seine Gedanken, seine Sprache, in „Gang" oder „Fluß" zu bringen. Alles Gehen, besonders rhythmisches Laufen, führt so-

wohl in den Vers„fuß" wie in den Sprach„verlauf" hinein. — Eine
Übung, die hierher gehört, ist auch das Schreiben mit den Füßen. Es
ist wahrhaftig so: „man lernt ungeheuer viel für die Seele von der
Erfühlung seines ganzen Organismus."

„Durch das *Springen* lernt man instinktiv das modifizierte Gehen
in Anpassung an den Charakter des Wortes, sei es langsam oder
schnell." Abgesehen davon, daß man den lebendigen Absprung für
den auszusprechenden Gedanken bekommt, daß man ein schnelles
Umschalten, den sprunghaften Einsatz im Dialog sowie im Zuhören
erreicht, gewinnt man die Fähigkeit, durch das Springen schnell von
einer Nuance zur anderen zu wechseln. So zum Beispiel der Übergang vom Bedächtigen zum Antipathischen, zum kurz Abgesetzten
etc. Man wird dadurch viel empfindlicher für die mannigfaltigen
Nuancen innerhalb des Sprechens und kommt ab vom einförmigen,
farblosen, unerlebten Dialog.

„Im *Ringen* lernt man instinktiv, was man für Hand- und Armbewegungen während des Sprechens machen soll." Der Wille geht in
die Armbewegungen, in die Hände bis in die Fingerspitzen hinein.
Man ertastet am Objekt, am Gegner, dessen Absichten und lernt in
der Auseinandersetzung mit ihm, im Zurechttasten, am Spiel der
Kräfte gegeneinander ein Sich-Erfühlen, einerseits bis in die Füße,
anderseits bis in den Kopf, in die Sinne hinein. Wie kann man da
An- und Entspannung, Vorstimmung, erfüllte Pausen, Nachklänge
erfühlen, kurz: dialogisieren lernen!

„Im *Diskuswerfen,* bei dem das Auge sich übt im Anpassen an die
Zielrichtung und an den Weg des geworfenen Objektes (Ball, Kegel-
kugel, Steinchen), im Anpassen auch an die Handbewegung selbst,
lernt man das Mienenspiel, das Beherrschen der Muskeln zum Mienenspiel, auch den Blick des Auges." — „Man wird vom Objekt erfaßt",
so sagt Graf Fritz v. Bothmer, der noch von Rudolf Steiner berufene
erste Gymnastiklehrer der Waldorfschulbewegung. Und so kann
vom Auge, vom Blick aus der ganze Organismus erfühlt werden. Es
ist verständlich, daß auf diese Weise eine innere Durchtrainierung
der Seele und des Körpers erreicht wird. Interessant ist auch, zu er-

leben, wie die Sprache durch den Diskuswurf abgelöst und der Sprecher von der Dynamik des jeweils vorliegenden Satzes erfaßt wird, so daß eigentlich jeder Satz, besonders wenn er im Dialog gesprochen wird, seine Eigenbewegung erhält. Beispiel: „Sieh hin! Da fliegt ein Vogel!" Der Ausrufende wird erfaßt von der dem Vogel eigenen Flugbewegung, er bleibt nicht subjektiv in sich verhaftet. Die Sprache ist draußen im Luftbereich.

„Im *Speerwerfen* lernt man die Grundlage des Sprechens, so daß die Sprache nicht als Ausdruck des Gedankens, sondern als Sprache selbst entsteht; sie wird aus dem Intellekt herausgezogen und läuft hinein in die Sprachorgane und ihre Gestaltung." Fritz von Bothmer formuliert: „Im Speerwurf meistert der Mensch das Objekt." Das Ausholen des Speers wird seine Wirkung haben auf die Einatmung, das Bemessen der Flugbahn auf das Anhalten des Atems, das Bemessen des Atems auf den Satz, auf mehrere Sätze, auf ein ganzes Stück. Der Abwurf des Speers geht mit dem vollen Ausatmen zusammen. Man wird Herr werden über den Atemprozeß und seine Verwendung beim Sprechen und über die Satzverhältnisse zueinander. — Manche Erfahrungen über das Bogenschießen aus der östlichen Zen-Kunst werden bestätigt, obwohl dort von etwas ganz anderem ausgegangen wird.

Als Bühnenfachmann kann man nur immer wieder staunen — und es erfüllt uns mit tiefster Dankbarkeit, — wenn man erlebt, mit welcher Intensität und Liebe Rudolf Steiner unser ganzes Gebiet durchdrungen hat.

Wird in seinem Geiste die Schauspielkunst geübt, getragen und ausgebaut, so kann sich das Zukunftsideal erfüllen, das er selbst für sie aufgestellt hat:

„Notwendige Beigabe zu sein für jedes menschenwürdige Dasein."

HERBERT HAHN

Die Geburt der Waldorfschule aus den Impulsen der Dreigliederung des sozialen Organismus

Die Gründung der Freien Waldorfschule in Stuttgart vollzog sich im Jahre 1919. Sie fiel dadurch in einen Abgrund der mitteleuropäischen Geschichte und sie gab den ersten Morgenschimmer für einen ganz neuen Weg.

Für diese Zeit des Entstehens einer jungen Pädagogik gilt ein Wort, das in Goethes „Märchen" steht: „Ein einzelner hilft nicht, sondern wer sich mit vielen zur rechten Stunde vereinigt." Wenn ich sagte, daß dieses Wort gelte, so muß ich doch gleich eine Einschränkung machen. Es war zwar die rechte Stunde, und viele vereinigten sich miteinander. Die eigentliche Hilfe aber kam doch von einem einzelnen, und dieser hieß Rudolf Steiner. Als er auf Grund der tatkräftigen Initiative eines anderen, von dem wir noch sprechen werden, die Waldorfschule ins Leben rief, vollendete sich in der deutschen Geistesgeschichte ein Bogen, der etwa 150 Jahre umspannte.

Denn Rudolf Steiner gab die Richtlinien dieser jungen Pädagogik inmitten der Stürme und Krisen einer starken sozialen Strömung, die sich „Bewegung zur Dreigliederung des sozialen Organismus" nannte. Und diese Bewegung kann man in ihrer wahren Bedeutung erst würdigen, wenn man sich Gedanken und Impulse ins Bewußtsein ruft, die sich am Ende des 18. Jahrhunderts regten, um dann mit einer winterlichen Schneeschicht bedeckt zu werden.

Wir dürfen da in erster Linie auf den jungen Schiller hinblicken, der seine medizinische Studienzeit an der Hohen Karlsschule in Stuttgart mit zwei Abhandlungen abschließt. Die eine, die nur als Fragment erhalten ist, hat den Titel „Philosophie der Physiologie". Die andere handelt „Über den Zusammenhang der tierischen Natur im Menschen mit seiner geistigen". Beide sind ein bedeutender neuer Keim in der Biographie Schillers, ein Anfang, der sich erst viel später vollenden sollte. Denn inmitten einer zunächst ganz ausgesprochen dualistischen, in Gedankenführung und Stil antithetischen Anlage stellen sie das einmal mehr Tastende, einmal mehr stürmische sich Hinwenden zu einem noch unbekannten Dritten hin. In der zuerst genannten Schrift ist Schiller, mehr unter physiologischen Aspekten, auf der Suche nach einer *Mittelkraft*. In der zweiten Abhandlung bleibt dem Wesen nach unbestimmt, *was* denn eigentlich zwischen der tierischen Natur im Menschen und seiner geistigen vermitteln sollte. Aber es wird doch aufgerufen; es wird mit einer gewissen geistigen Keckheit herausgefordert. Dieses Suchen und Tasten, dieses Herausfordern, sie haben — wie anfänglich auch immer — nicht nur eine präludierende Bedeutung innerhalb der Biographie Schillers: sie sind geistesgeschichtlich interessant.

Denn auch ein wesentlicher Teil der abendländischen Kulturentwicklung, vor den Anfang des zweiten nachchristlichen Jahrtausends noch hinausgreifend, stellt sich durch und durch dualistisch dar. Da ist der Mensch in seiner ganzen Existenz, auf seinem ganzen Schicksalsweg und in all seinem Ringen zwischen Notwendigkeit und Freiheit einbezogen in Gegensätze. Der zwischen Leib und Seele hin und hergerissene Mensch steht immer wieder vor der Kluft, die sich zwischen Welt und Gott, Diesseits und Jenseits auftut. An diesen Gegensätzen entzündet sich zwar das Licht des modernen abendländischen Bewußtseins, aber die Seele verarmt in ihren tieferen schöpferischen Qualitäten. Beim allmählichen Überhandnehmen einer materiellen Kultur wird sie in die Sklaverei hineingezogen. Sie wird eine Gefangene des Leibes.

Es war daher ein Augenblick von nicht zu übersehender Tragweite, als Schiller die Motive, die er als Jüngling nur präludierend ange-

schlagen hatte, im reiferen Alter wieder aufgriff und zu einer klaren
Form durchbildete. Dies geschah, als er seine „Briefe zur ästhetischen
Erziehung des Menschen" schrieb. Ein wunderbares Zusammenwir-
ken verschiedener Schicksalsumstände brachte es zuwege, daß die
Grundgedanken dieser Briefe abermals in Stuttgart konzipiert wur-
den.

In diesem Werk, in dem das Denken Schillers einen Höhepunkt
erreicht, ergibt sich aus zwei Gegensätzen, die sich in einem Dritten
teils aufheben, teils zu neuer Schöpfung durchdringen, eine dreifache
Gliederung des menschlichen Innenlebens. Schiller spricht zunächst
von zwei Trieben: von dem Vernunfttrieb, durch den der Mensch in
die formenden Kräfte der Geisteswelt eingeordnet ist; von dem Sach-
trieb, durch den die Natur in der ganzen Fülle ihres gewaltigen, zugleich aber auch noch blinden Lebens in ihn hineinbricht. Folgt der
Mensch nur einem dieser beiden Triebe, so kann er nicht frei sein.
Ja, zumeist wirft ihn die Übersättigung an dem einen, erschlafft und
willenlos in die Fänge des anderen. Dies gilt sowohl für den Um-
fang des einzelnen Menschenlebens, als auch für die aufeinanderfol-
genden Stufen der Menschheit. Darum strebt Schiller für das, was
der Mensch bildend an sich selbst und erziehend an anderen tun kann,
auf einen dritten Zustand hin. Er nennt ihn den ästhetischen. In ihm
sieht er einen dritten Trieb walten, einen künstlerischen Trieb, den er
„Spieltrieb" nennt. Indem der Spieltrieb sich entfaltet und wirkt,
fährt die warme Fülle des Lebendigen fort, von der Naturseite ein-
zuströmen, aber sie wird ihrer blinden, zudringlichen Gewaltsamkeit
entkleidet; die von Seiten des Geistes sich niedersenkende Ordnung
breitet wohltuend ihre Klarheit aus, aber sie verliert alle Starrheit,
alle Nötigung. So wird der Mensch, indem er sich frei macht, zugleich erst im vollen Sinne des Wortes Mensch. Im spielenden Kinde,
im schaffenden Künstler, in dem das wahre Kunstwerk aufneh-
menden Menschen, konnte Schiller die Züge dieses echten Menschentums erkennen.

So kommt Schiller zu der Erkenntnis: „Denn, um es endlich auf
einmal herauszusagen, der Mensch spielt nur, wo er in wahrer Be-

deutung des Wortes Mensch ist, und er ist nur da ganz Mensch, wo er spielt." Und an anderer Stelle: „Es käme also darauf an, jenen (den natürlichen Charakter) von der Materie etwas weiter zu entfernen, diesen (den sittlichen Charakter) ihr um etwas näher zu bringen — um einen dritten Charakter zu erzeugen, der, mit jenen beiden verwandt, von der Herrschaft bloßer Kräfte zu der Herrschaft der Gesetze einen Übergang bahnte und, ohne den moralischen Charakter an seiner Entwicklung zu verhindern, vielmehr zu einem sinnlichen Pfand der unsichtbaren Göttlichkeit diente." —

Es kann wohl gar nicht genug gewürdigt werden, was alles Schiller durch die klare gedankliche Erfassung dieses dritten Bereiches im Menschen veranlagte. Er legte die wahren Quellkräfte des Seelenlebens frei, indem er die Seele zwischen Natur und Geist nicht hin- und hergeworfen sein läßt, sondern sie in eine fruchtbare Spannung versetzt, innerhalb deren sie sich selbstbewußt schreitend bewegt. Vor den Toren eines Zeitalters, das mit dem Überhang einer veräußerlichenden Zivilisation eine Erschlaffung des Seelenlebens bringen mußte, will er dieser Seele einen Impuls zu starker und reiner Aktivität geben.

Ahnte Schiller auch sonst manches schon voraus, was die kommende Entwicklung bringen mußte? Man möchte es immer wieder meinen, wenn man den Gedankengängen dieser leider in einer nur literarischen Tradition eingesargten herrlichen Briefe folgt. Diese Gedanken erscheinen oft weit mehr für das 20. Jahrhundert ausgesprochen als für das beginnende 19. Jahrhundert.

Indem ich so lange bei Schiller verweilt habe, bin ich vom Grundthema dieser Ausführungen nicht abgewichen. Ich hoffe, es wird deutlich werden, daß ich mich in Wirklichkeit auf es zu bewegt habe, und daß das Tor, durch welches die Erziehungskunst Rudolf Steiners in unsere Zeit eingetreten ist, nur umso deutlicher sich abheben wird.

Denn es darf sich nun zunächst wohl die gewichtige Frage erheben: wie kam es dazu, daß alle diese bedeutenden Gedanken Schillers im großen und ganzen so wirkungslos geblieben sind für die eigentliche Prägung des nachfolgenden Jahrhunderts; mit anderen Worten, wie kam es dazu, daß sie, wie schon gesagt, in einer nur literarischen Tradition eingesargt werden konnten?

Das Zeitalter, vor dessen Tor Schiller seine großen Gedanken verkündete, wandte sich, wie einem mächtigen inneren Gebot folgend, immer stärker, immer einseitiger, den Gegebenheiten der Natur zu. Es wurde entscheidend, daß diese in allen Einzelerscheinungen sinnenfällig erfaßt wurde. Auf den Menschen gebracht, war es so, daß der greifbare Stoff über die unwägbare Seele triumphierte. Es wurde zunächst interessanter, in Einzelheiten der Physiologie einzudringen, anstatt sich nach einer idealistisch gewendeten Psychologie zu orientieren. Diesem Schicksal unterlagen auch die wesentlichen Gedanken, die Schiller in den „Briefen" ausgesprochen hatte. Wohl hatte er in ihnen den Durchbruch zur Dreiheit vollzogen. Aber das war doch nur auf rein psychologischem Felde geschehen. Hätte er die in seiner „Philosophie der Physiologie" nur fragmentarisch ausgesprochenen Gedanken, bereichert durch die neuen psychologischen Einsichten, in einer umfassenderen Physiologie ausgesprochen, wäre hierin das sinnliche Substrat für die in den „Briefen" authentisch entwickelte Dreigliedrigkeit gegeben worden.

Weil Schillers Leben viel zu früh abbrach, weil er nicht zu diesem Werk kommen konnte, blieben seine wichtigsten geistigen Impulse ohne die von der Zeit geforderte leibliche Umhüllung. Und sie wurden dadurch von der Hauptströmung des jungen Jahrhunderts in tragischer Weise an die Seite gedrückt, versanken in einen hundertjährigen Dornröschenschlaf.

Mit ungewöhnlicher, frischer Kraft begannen diese Gedanken neu zu wirken, als der junge Rudolf Steiner sie während seiner Studienjahre in Wien bewegte. Er hat später dargestellt, wie ihn die dynamische Auffassung des Seelenlebens, so, wie sie in Schillers „Briefe" zutage trete, entzückte.

Aber schon in der Wiener Zeit bedauerte er, daß die Darstellungen Schillers sich zu sehr ins Abstrakte verloren. Demgegenüber er-

schien ihm die künstlerische Darstellung erquickend, die Goethe in
seinem „Märchen" von den gleichen Realitäten gegeben hat. Wie
auch immer diese keimenden Gedanken sich metamorphosieren mochten: das Grundmotiv der menschlichen Dreigliedrigkeit war angeschlagen und konnte nicht mehr untergehen.

In den grundlegenden Werken von Rudolf Steiner tritt dieses Motiv überall auf. In besonders entscheidender und bahnbrechender
Weise aber trat es auf, als im Jahre 1917, also während des ersten
Weltkrieges, Rudolf Steiners Buch „Von Seelenrätseln" erschien. Im
vierten Kapitel des Buches sind unter der Überschrift „Skizzenhafte
Erweiterungen des Inhaltes dieser Schrift" die wesentlichen Elemente
einer menschlichen Dreigliederung sowohl nach der physiologischen
wie nach der seelischen und geistigen Seite umrissen. In bewußtem
Gegensatz zum Philosophen Franz Brentano, geht Rudolf Steiner
hier von der Gliederung in Vorstellen, Fühlen und Wollen aus. Die
physiologischen Korrelate dieser seelischen Vorgänge werden in prä-
ziser Art herausgearbeitet. Er folgt zunächst in bestätigender Weise
den im ersten Drittel des 20. Jahrhunderts landläufigen Auffassun-
gen, wenn er die „leiblichen Gegenstücke" zum Seelischen des Vorstellens in „den Vorgängen des Nervensystems mit ihrem Auslaufen in
die Sinnesorgane einerseits und in die leibliche Innenorganisation
andererseits" sieht.

In den anschließenden Ausführungen, welche die „körperlichen
Gegenstücke" des Fühlens und Wollens betreffen, wird ein völlig re-
volutionärer Schritt getan. Der Primat des Vorstellens, demzufolge
im Fühlen und im Wollen nur sekundäre, dem Vorstellen unter-
geordnete oder nur in einer bestimmten Weise mit ihm mitschwin-
gende Qualitäten gesehen werden, ist beiseite geschoben. Und
damit auch die Anschauung, als käme beim Untersuchen der physiologischen Substrate seelischer Vorgänge alles auf die Betrachtung
von Nervenvorgängen an. Fühlen und Wollen treten in dieser 1917
gegebenen Darstellung als zwar organisch mit dem Vorstellen verbundene, zugleich aber selbstzentrierte, autonome Funktionen auf.
Dem Fühlen ist als physiologisches Korrelat jener „Lebensrhythmus"

zugewiesen, der in der Atmungstätigkeit seine Mitte hat und mit ihr
zusammenhängt. Und Rudolf Steiner weist nun darauf hin, daß man
allerdings den Atemrhythmus „bis in die äußersten peripherischen
Teile der Organisation" verfolgen müsse. — In ähnlicher Weise, so
führt er aus, stütze sich das Wollen auf Stoffwechselvorgänge, die in
ihren Ausläufen und Verzweigungen im ganzen Organismus zu beobachten seien.

Durch diese neuen Anschauungen, die hier nur in elementarster
Weise angedeutet sind und über die es inzwischen eine ganze ein-
schlägige Literatur gibt, wird nicht nur das Sinnes-Nervensystem
mit seinen vorzugsweise im menschlichen Haupt liegenden Zentren
zum wichtigsten Träger des Seelenlebens. Der ganze Leib wird zum
Instrument des Seelisch-Geistigen. Und das geschieht nicht in einer
statischen Abschachtelung einzelner „Sektoren", sondern in einer
künstlerischen Dynamik, die aus jedem der drei autonomen Gebiete
in den ganzen Organismus hinüberspielt — und die in ihrem wunderbar abgestimmten Miteinander erst das Phänomen des Menschenlebens möglich macht.

Rudolf Steiner war sich dessen voll bewußt, daß die physiologischen Erfahrungen, um zu einer vollen Bestätigung seiner Anschauungen zu kommen, in einer Richtung verfolgt werden müßten, „die
heute noch ungewohnt ist". Dieses Bewußtsein beeinträchtigte nicht
die innere Sicherheit seiner exakten geisteswissenschaftlichen Anschauungen.

Von großer Bedeutung war ein weiterer Aspekt der Dreigliedrigkeit, den Rudolf Steiner im gleichen Kapitel der „Seelenrätsel" an-
spricht. Er deutet da auf die verschiedene Wertigkeit, die Vorstellen, Fühlen und Wollen vom Standpunkte des menschlichen Bewußtseins haben. Ganz wach, so führt er aus, ist der Mensch nur in seinem
Vorstellungsleben, im Fühlen wird nur die Intensität des Träumens
erreicht, während das Wollen auch im Tagesleben in jener tief her-
abgedämpften Bewußtseinslage verläuft, der wir als ganzer Mensch
während des Schlafes hingegeben sind. Wir werden noch sehen, von

wie ungeahnter Fruchtbarkeit diese anscheinend so einfachen Statu-
ierungen werden können.

Nach der physiologischen Seite aber war für die Darstellung des
dreigliedrigen Menschen jetzt in voller Bewußtheit und Klarheit der
Weg eingeschlagen, auf den der junge Schiller vorerst nur ahnend
und tastend hatte weisen können. Das Eintauchen in die leibliche
Organik, das Sich-frei-machen vom bloß Seelischen, gab gerade dem
Geistigen erst die volle Wirkensmöglichkeit. Erst in dieser Konzep-
tion hatte die Anschauung vom dreigliedrigen Menschen alle Aus-
sichten, auch für die Pädagogik des 20. Jahrhunderts fruchtbar zu
werden.

Doch sollte diese Wirkung noch zwei Jahre anstehen. Zunächst
sollte der Impuls der Dreigliederung nach einer ganz anderen Seite
übergreifen. Er führte Rudolf Steiner in ebenso tiefer wie umfassender Weise zu einer Diagnose des gegenwärtigen Zustandes des
sozialen Organismus. Hier liegt abermals eine eigentümliche Paral-
lele zum Leben und Wirken Schillers. Auch für Schiller war die,
wenn auch anfängliche, Erkenntnis der Dreigliederung zu einem
Instrument der großen sozialen und zeitgeschichtlichen Diagnose geworden. Sie befähigte ihn, überraschend klare und nur zu bald voll
bestätigte Aussagen über den Ausgang der französischen Revolution
zu machen.

Rudolf Steiners Diagnose hatte noch einen ganz anderen Charakter: sie wies zugleich auf die großen, von der Zeit gesuchten Heilmittel hin. Inmitten der sich im Herzen Europas schon ankündenden
ersten Weltkriegskatastrophe trat er, erst in kleineren Kreisen, dann
in der breiten Öffentlichkeit mit einer weittragenden neuen Erkenntnis auf. Es war diese, daß ähnlich, wie durch die Hand göttlicher
Mächte im Menschen die Dreigliederung veranlagt und schon vollzogen ist, die Menschen heute aufgerufen seien, eine im sozialen Organismus erst latent vorhandene Dreigliederung zu vollziehen. Er
sah die alles erschütternde Zeitkatastrophe von der Seite der in Ein-
heitsstaaten erstarrten Gemeinwesen heraufkommen. Die Einheits-
staaten prallen — so sah es Rudolf Steiner — aus ihren überliefer-

ten, aber beschränkten Interessen aufeinander; sie verteidigen ego-
istische Wirtschaftsinteressen aller Art. Sie verteidigen Formen des
kulturellen Lebens, die in Wirklichkeit erstarrt und von der Zeit
überholt sind. Denn die Zeit hat durch Erfindungen und Entdeckungen ein neues Erdbild geschaffen. In der Gestaltung dieses Bildes —
und in seiner Ausgestaltung bis in alle Einzelheiten hinein — hat
der Mensch ein neues Bewußtsein gewonnen. So wie er selbst, wenn
er sich recht erfaßt, aus der alten Statik in eine neue Dynamik hin-
eingerissen wird, hat sich die Welt aus patriarchalischen Wirtschafts-
formen über Weltverkehr und Welthandel zu den Problemen einer
Weltwirtschaft heranentwickelt. Diese Weltwirtschaft tendiert überall aus der staatlichen Bevormundung heraus. Sie strebt, um im echten Sinne wirtschaftlich zu sein, nach autonomen Formen, die sich
assoziativ entfalten und aufbauen wollen. Hier zeichnet sich eines
der drei Glieder eines neuzeitlichen sozialen Organismus ab. Das andere will sich in einem Geistesleben entfalten, das aus seinen eigenen
Quellen Substanz, Antrieb und Gestaltungsform holt. Diese Quellen können nur die Quellen der Freiheit sein. Nur aus wirklicher
Freiheit erfließen die schöpferischen Impulse, die dem Geistesleben
bis in seine Verwaltung hinein jene Formen geben, die der Würde
des selbstbewußt und selbständig gewordenen Menschen entsprechen.
Schulen und Hochschulen, religiöses Leben, künstlerische und wissenschaftliche Betätigung können nur im Klima der Freiheit richtig ge-
deihen. Sie bedürfen des staatlichen Schutzes und der staatlichen
Garantien für ihre Rechte; der bevormundenden Verwaltung des
Staates können und müssen sie entraten. — Das dritte Glied des sozialen Organismus sah Rudolf Steiner in einem Rechtsstaat, an dem
jeder Staatsbürger nach dem Prinzip der in allen Verzweigungen
durchgeführten Gleichheit aktiv und vollverantwortlich beteiligt ist.

Das Wesentliche dieser Dreigliederung aber ist, daß sie, ähnlich
wie bei der Dreigliederung des Menschen, nicht etwa der Abschachtelung und Kontaktlosigkeit das Wort redet.

So wie alle drei Organfunktionen in einem und demselben Menschen vereinigt sind und miteinander arbeiten, so ist auch bei der so-

zialen Dreigliederung der Mensch das Übergreifende und alles Verbindende. Ein und derselbe Mensch kann heute als gleichberechtigter Staatsbürger auf die demokratische Erfüllung seiner Rechte pochen; er kann dies tun, während er — ebenfalls heute und hier — als Wirtschafter weit über die Grenzen seines Landes hinaus mit anderen Menschen zusammen assoziativ denkt und handelt; und er kann, immer wieder aus seiner vollen menschlichen Integrität handelnd, zugleich in einem freien Geistesleben, Seite an Seite mit abermals anderen, vielleicht aber auch zum Teil den gleichen Menschen, die Impulse seiner Individualität verwirklichen.

Rudolf Steiner faßte, noch während des ersten Weltkrieges, diese Kerngedanken in Memoranden zusammen, die einerseits beim Kabinett in Wien, andererseits den Regierungskreisen in Berlin vorlagen. Was alles hätte auch zur Lösung der österreichisch-ungarischen Verhältnisse geschehen können, wenn man, im Sinne eines freien Geisteslebens, sich entschlossen hätte, den dreizehn Nationen der Donaumonarchie volle kulturelle Autonomie zu gewähren!

Welch neue Ausblicke hätten sich für die Friedensverhandlungen von Brest-Litowsk ergeben können, wo das Memorandum Rudolf Steiners ebenfalls vorlag! U. a. hätte der ganze Unsinn der Kleinstaaten-Wirtschaft vermieden werden können, die den Keim zu der zweiten Weltkriegs-Katastrophe innerhalb der Randstaaten bis hoch ins Baltikum hinauf nährte, vom ersten Tage an, da diese Staaten und „Nationalwirtschaften" ins Leben traten! Aber in Wien war man ebenso taub wie in Berlin oder Brest-Litowsk. Und das tragische Ende des ersten Weltkrieges kam. Unter den Trümmern, die er zurückließ, schwelte schon der Brand der zweiten Weltkriegskatastrophe.

Im Frühjahr 1919 brachte Rudolf Steiner seine Grundgedanken zur Dreigliederung des sozialen Organismus in konzentriertester, knapper Form, und machtvoll an das Gewissen Mitteleuropas appellierend, in seinem „Aufruf an das deutsche Volk und an die Kulturwelt" zum Ausdruck. Im gleichen Jahr war sein für die soziale Dreigliederung grundlegendes Buch erschienen: „Die Kernpunkte der Sozialen Frage in den Lebensnotwendigkeiten der Gegenwart und Zukunft".

Mit diesem Appell und mit allem, was hinter ihm stand, waren auch die Kräfte in Bewegung gesetzt, die zur Gründung der Freien Waldorfschule in Stuttgart führen sollten.

*

Ich kann es nicht als einen Zufall betrachten, daß Rudolf Steiners Aufruf an das deutsche Volk mir von Stuttgart aus zugesandt wurde. Ein dort lebender Freund schickte ihn mir, und ich empfing ihn im westfälischen Sauerland in einer merkwürdigen Lebenssituation. Als Militärdolmetscher in subalterner Position war ich damals mit Geschäften betraut, die mit der Liquidation eines ehemaligen großen Lazaretts für Kriegsgefangene zusammenhingen. Zusammen mit einem späteren Freund und Mitarbeiter in der pädagogischen Bewegung las ich damals jene einfachen, klaren und zugleich so monumentalen Sätze, in denen Rudolf Steiner das mitteleuropäische Schicksal von 1871 bis zum Ende des ersten Weltkrieges umreißt. Wie weckende Feuerbrände fielen diese Gedanken in unser Gewissen. Jung, wie wir waren, konnten wir deren Tragweite noch nicht voll ermessen; aber wir ahnten etwas von der geschichtlichen Bedeutung des Augenblickes. Mein Freund hatte damals Rudolf Steiner noch nicht gesehen, und ich spürte, daß dies die rechte Stunde sei, ihm von meinen früheren Begegnungen mit dieser so ganz einzigartigen Persönlichkeit zu erzählen. Alles Graue, alles Öde, das uns wie Nebel in der Baracke und ihrer weiteren Umgebung niedergedrückt hatte, war zerstreut. Ein Sonnenstrahl aus der großen Welt war zu uns gedrungen. Wir empfanden ihn als einen Sonnenstrahl aus der Zukunft.

In dem Begleitbrief, den mir mein Stuttgarter Freund geschrieben hatte, stand auch ein Name, den ich bisher noch nicht gehört hatte. Da wurde der württembergische Kommerzienrat Emil Molt erwähnt, Direktor der Zigarettenfabrik Waldorf-Astoria und zugleich eine der tragenden Persönlichkeiten der „Treuhandgesellschaft Goetheanum". Mein Freund schrieb mir, daß er viel mit Emil Molt zu tun habe, und daß er zu einem Kreise von Menschen gehöre, die von Stuttgart aus „Großes vorbereiten". Worin dieses Große bestand, wurde mir aus dem Brief nicht deutlich, aber in der Stimmung, in die das Lesen des Aufrufes mich versetzt hatte, glaubte ich ohne weiteres daran.

Den Namen Molt hatte ich in einigen Wochen wohl schon wieder vergessen, als er mir in eindringlichster Art in Erinnerung gebracht werden sollte. Durch Vermittlung des schon erwähnten Stuttgarter Freundes erhielt ich ganz überraschend die Aufforderung, nach Stuttgart zu kommen und mich bei Emil Molt vorzustellen. Ich sollte eine Arbeit übernehmen, die in Zusammenhang stand mit sozialen Impulsen, die von der allmählich sich entfaltenden Dreigliederungs-Bewegung ausgelöst waren.

Als ich in Stuttgart nun Emil Molt gegenüber saß, erfuhr ich das Nähere über die für mich vorgesehene Aufgabe: ich sollte die Leitung und Durchführung von Arbeiterbildungskursen übernehmen, die innerhalb und außerhalb der Waldorf-Astoria-Fabrik abzuhalten waren.

Das Herz schlug mir höher angesichts dieser verlockenden neuen Aufgabe, die meinem Leben erst recht wieder einen Sinn gab. Ich übernahm sie gern: hauptsächlich im Vertrauen zu Rudolf Steiner, dann aber auch in einem fast unmittelbar sich herstellenden Zutrauen zu Emil Molt. In letzterem fand ich eine seltsame und glückliche Paarung von Eigenschaften, die nicht leicht miteinander auftreten. Er zeigte einen praktisch-klaren Sinn, verbunden mit großer Herzenswärme; im Willen war er impulsiv, rasch zugreifend — aber er tat das Einzelne doch immer mit großer Ruhe und aus einer tieferen Besinnung.

Als ich mit der neuen Arbeit begann, war von einer Schulgründung noch nicht die Rede. Meine Arbeit umfaßte außer kurzen sozial-pädagogischen Vorträgen, die in die Arbeitsschichten der verschiedenen Fabriksäle als etwa halbstündige, den Arbeitern voll bezahlte Unterbrechungen eingeschaltet wurden, und einigen fremdsprachlichen

Kursen für die Angestellten, zwar auch ein Stück pädagogischer Betreuung an Arbeiterkindern. Nachmittags half ich etwa 40 Kindern
aus Arbeiterkreisen der Waldorf-Astoria bei ihren Hausaufgaben.
Es war eine bunt zusammengewürfelte kleine Gesellschaft aus allen
acht Volksschulklassen. Später sah ich fast alle von ihnen in den
ersten Klassen der Waldorfschule wieder. Damals, als ich sie noch
ganz unsystematisch und ohne leitenden pädagogischen Gedanken
betreute, dachte wohl noch niemand daran, daß sie so etwas wie einen
Keim der ersten Waldorfschülerschaft darstellten.

So waren die neuen Aufgaben recht mannigfaltig und ließen mir
wenig freie Zeit. Was aber an freien Stunden anfiel, wurde intensiv
zum Studium der sozialen Dreigliederung und zu einschlägigen Gesprächen benutzt, die oft tief in die Nacht hinein gingen. Es war eine
unvergeßlich warme, erwartungsvolle Atmosphäre, voll fruchtbarer
innerer Spannung. Wir erwarteten den Tag, an dem Rudolf Steiner
selber nach Stuttgart kommen sollte.

Noch bevor dies geschah, waren in der Arbeiterschaft der Waldorf-Astoria — wohl im Zusammenhang mit der vorhin erwähnten
Bildungsarbeit — Stimmen laut geworden, die im Rückblick als be-
deutungsvoll erscheinen. Man hörte da wohl sagen: „Ja, es ist wohl
recht schön und gut, daß wir Älteren und Alten diese Kurse, diese
Vorträge haben, — aber all dies kommt doch etwas spät. Unsere Kinder sollten so etwas bekommen! Sie sollten in einer Schule etwas bekommen, was uns in der Jugend versagt geblieben ist." Es ist ge-
schichtlich von Wichtigkeit, festzuhalten, daß eine der geistigen Komponenten der späteren Schulgründung diese in den Herzen und Köp-
fen der Waldorf-Arbeiter in der Dreigliederungszeit aufsteigenden
Gedanken gewesen sind.

Aber es ist wohl nicht minder wichtig, sich daran zu erinnern, daß
die Arbeiterschaft wohl auch nur deshalb Mut und Lust bekam, solche Gedanken auszusprechen, weil sie im Herzen von Emil Molt
schon längere Zeit schlummerten. Und hier ist der Ort, einmal auf
das eigenartige Verhältnis hinzuschauen, das Emil Molt zur Arbeiter-
und Angestelltenschaft seiner Fabrik hatte. Dieses Verhältnis war,

von der einen Seite betrachtet, ein patriarchalisch-fürsorgendes. Man müßte ausführlich davon erzählen, was es menschlich bedeutete, wenn Molt seinen täglichen Rundgang durch die Säle der Fabrik antrat. Man nannte ihn auf gut Schwäbisch den „Vatter". Erst vor einiger Zeit erfuhr ich, daß er während des Krieges eine Kuh angeschafft habe, um einigen gesundheitlich besonders gefährdeten Arbeitskräften eine zusätzliche Ernährung zu geben.

Aber Emil Molts Verhältnis zu den Arbeitern erschöpfte sich nicht in diesem Patriarchalischen, das wohl auch sonst im schwäbischen Industrie- und Handelsleben der damaligen Zeit nicht gar so selten anzutreffen war. Er trug seit Jahren die Gedanken Rudolf Steiners in seinem Herzen. Vor allem interessierten ihn die Dinge brennend, die sich in Rudolf Steiners Vorträgen auf das Soziale und Pädagogische bezogen. In strenger und emsiger Selbsterziehung hatte Molt daran gearbeitet, die Lücken zu schließen, die in seiner Schulbildung zurückgeblieben waren. Das trug dazu bei, daß er ein sehr offenes Ohr für die pädagogischen Probleme der Zeit hatte. Schon früh hatte er Rudolf Steiners grundlegendes Büchlein gelesen: „Die Erziehung des Kindes vom Gesichtspunkte der Geisteswissenschaft". In diesem Büchlein, das im Wesentlichen aus der Nachschrift eines Vortrages entstanden ist, fand sich der Satz: „Die Geisteswissenschaft wird bis auf die einzelnen Nahrungs- und Genußmittel alles anzugeben wissen, was hier in Betracht kommt, wenn sie zum Aufbau einer Erziehungskunst aufgerufen wird. Denn sie ist eine realistische Sache für das Leben, nicht eine graue Theorie, als was sie allerdings heute noch nach den Verirrungen mancher Theosophen erscheinen könnte." *Wenn sie zum Aufbau einer Erziehungskunst aufgerufen wird . . .* Tausende von Menschen hatten wohl diesen Satz gelesen, aber über ihn hinweggelesen. Sie hatten nicht bemerkt, daß er in Wahrheit zu einer Frage aufrief. Einer Frage, auf die der Geisteswissenschafter, der ein ernster Hüter der menschlichen Freiheit ist, einfach warten mußte. In Emil Molt arbeitete dieser Satz in der Tiefe unaufhörlich weiter. Und als die Katastrophe von 1918/19 gekommen war, ahnte er, daß sie in Wahrheit eine Katastrophe der versäumten Menschenbil-

dung war. Die Menschenbildung mußte neu veranlagt werden. Eben
diese Erkenntnis hatte ihn in sehr aktiven Beratungen, die mit den
Vertretern seiner Arbeiter und Angestellten gepflogen wurden, dahin geführt, die Arbeiterbildungskurse einzurichten. Sie waren ein
erster Schritt, hinter dem viel mehr stand, als Emil Molt von Anfang
an bewußt war.

Dieses Unausgesprochene, dieses Mehr, sollte mächtig in Bewegung
geraten, als Rudolf Steiner sich von seinen umfassenden Verpflichtungen in Dornach für einige Zeit lösen konnte und nach Stuttgart
kam. Damit begann für Stuttgart und Württemberg die eigentlich
klassische Zeit der Dreigliederungs-Arbeit. Sie erstreckte sich in ihren
Wirkungen bis weit in andere mitteleuropäische Gebiete hinein. Einer
ihrer unvergeßlichsten und wohl auch wirkungsvollsten Auftakte
war der soziale Dreigliederungsvortrag, den Rudolf Steiner im sogenannten Tabaksaal der Waldorf-Fabrik für deren gesamte Beleg-
schaft hielt.

Mit größter Spannung war gerade dieser Vortrag von allen aktiven Mitarbeitern der Dreigliederungs-Bewegung erwartet worden.
Umso befremdender war es, daß der erste Teil von Rudolf Steiners
Ausführungen von den Arbeitern mit deutlich spürbarer Zurückhal-
tung aufgenommen wurde. Ich weiß noch gut, wie mich selbst damals
eine gewisse Enttäuschung beschleichen wollte. Aber dann kam von
einer Seite, die man zunächst gar nicht ahnen konnte, der Durchbruch.

Rudolf Steiner ging, nachdem er präludierend einige andere große
zeitgeschichtliche Motive angeschlagen hatte, dazu über, die seelische
Grundstimmung des Proletariats zu schildern. Er deckte deren tieferen geistigen Untergrund auf, indem er sie als die unmittelbare Folge
einer Katastrophe innerhalb der ganzen abendländischen Menschenbildung darstellte. Millionen junger Menschen — so führte Rudolf
Steiner aus — werden alljährlich im Alter von etwa 14 Jahren aus
dem eigentlichen menschlichen Bildungsprozeß herausgerissen und in
der einen oder anderen Form in das Wirtschaftsleben hineingestoßen.
Sie werden in den meisten Ländern zwar noch weiter geschult — d. h.
sie erhalten eine fachliche Ausbildung, für welche die notwendigsten

theoretischen Grundkenntnisse übermittelt werden. Aber sie bekommen keine dieses Namens würdige Bildung mehr. Und eben dieses Bewußtsein der fehlenden, der abgeschnittenen Menschenbildung: das ist es, was die Seelen der Proletarier bis tief ins Innerste verbittert; was sie in Aufstand bringt gegen die bestehenden Formen der Zivilisation. Hier ist ein immer in Tiefen des Menschentums schwelender Herd von Revolutionen.

„Sie alle, wie Sie hier sitzen — so etwa sagte Rudolf Steiner — vom 16jährigen Lehrmädchen bis zu den 60jährigen Arbeitern leiden darunter, daß die eigentliche Menschenbildung in Ihnen verschüttet wurde, weil es von einem bestimmten Augenblick an nur noch die harte Lebensschulung, aber keine wahre Schule mehr für Sie gab."

Diese Worte wurden mit einer solchen Wärme gesprochen, und sie kamen aus einem so tiefen Menschenverstehen, daß sie unmittelbar an die Herzen der Hörer rührten. Auf einmal stand nicht mehr der von Kommerzienrat Emil Molt eingeführte große Sozialphilosoph da, sondern ein Arzt, der mit klarem Blick, zugleich aber auch mit zart zutastender Hand eine Wunde aufdeckte, die er heilen wollte.

Alle Vorurteile, die sich zunächst den Worten Rudolf Steiners entgegengestemmt hatten, waren in wenigen Augenblicken wie von einer Zauberhand ausgelöscht. Wir alle, die anwesend waren, erlebten miteinander die lösende und zugleich aufrufende Macht einer durch einen Berufenen ausgesprochenen Wahrheit. Aus einer bloßen Zuhörerschaft wurde im besten Sinne eine Versammlung, innerhalb derer es sich zu regen begann. Was sich regte, war der Wille, nunmehr, in so ernstem Zeiten-Augenblick, dazu beizutragen, daß Menschenbildung nicht weiterhin verschüttet werde. Es eröffnete sich, inmitten eines Vortrages über die soziale Dreigliederung, der Ausblick auf eine ganz neue Schulart. Wenn ich daran denke, daß diese neue Form ohne den entschiedenen Willen der Arbeiterschaft nie zustande gekommen wäre, möchte ich diese Stunde als die eigentliche Geburtsstunde der Freien Waldorfschule bezeichnen.

An dieser Stelle muß ich nun besonders eines Mannes gedenken,

der, ganz außerhalb der Waldorf-Astoria stehend, mit lebendigem
Interesse auch an diesem Vortrag teilnahm. Es war dies E. A. Karl
Stockmeyer, der wesentlich zum Entstehen der neuen Schule beigetra-
gen hat. Karl Stockmeyer, damals noch als Lehrer an einer höheren
Schule im Badischen tätig, war schon früh sowohl mit der Persönlichkeit als auch mit dem Gedankengut Rudolf Steiners vertraut geworden. In strenger Gedankendisziplin hatte er sich die Grundlagen und
die Methodik der anthroposophischen Geisteswissenschaft erarbeitet.
Ein starker, seiner Seele innewohnender Forscherdrang hatte ihn dazu
geführt, die Geisteswissenschaft nicht nur konservativ zu tradieren,
sondern einige ihrer Zweige, besonders aber den erkenntnistheore-
tisch-philosophischen weiter zu entwickeln. So zeichnete sich seine
Persönlichkeit durch eine erfreuliche Unabhängigkeit aus und durch
ein starkes Gegründetsein in sich selbst. Gerade dieses war der Men-
schentyp, den Rudolf Steiner unter seinen Schülern besonders schätzte.

Nach dem Ende des ersten Weltkrieges — und beginnend wohl
auch schon vorher — hatte sich Stockmeyer auf seine Art mit Re-
formplänen für das Schulwesen getragen. Emil Molt, der in den Gedanken Stockmeyers etwas fand, das sich mit seinen eigenen tieferen
Intentionen berührte, hatte ihn aufgefordert, nach Stuttgart zu kommen und stand mit ihm in regem Gedankenaustausch. Letzterer bezog sich, wie aus der ganzen Lebenssituation wohl begreiflich ist,
nicht nur auf das Pädagogische, sondern auf die soziale Dreigliederung überhaupt, für die Stockmeyer ein ausgezeichnetes Verständnis
hatte. So wurde er nicht nur zu einem wesentlichen Mitträger der
Schulgründung; seine markante Persönlichkeit ist auch sonst nicht
wegzudenken aus der so unermüdlich aktiven sozialen Planungsarbeit
jener Tage.

Am 25. April 1919 kam es zu dem entscheidenden Urgespräch über
die Gründung der Freien Waldorfschule. Es fand in vorgerückter
Abendstunde statt. Rudolf Steiner war von einem großen Abend-
vortrag, den er vor der Arbeiterschaft der Daimlerwerke gehalten
hatte, in das Haus Landhausstraße 70, das Stuttgarter Zweighaus
der Anthroposophischen Gesellschaft, gekommen, wo er auch während

seiner Aufenthalte in Stuttgart zu wohnen pflegte. Dort erwarteten ihn Emil Molt, Karl Stockmeyer und ich.

Die in dem nun folgenden Gespräch von seiten Rudolf Steiners entwickelten Grundgedanken über die neue Schule wichen in vielem noch von dem ab, was später in die Konstitution der Freien Waldorfschule eingegangen ist. Und dennoch war das Ganze ein Quellen-Gespräch. Sowohl inhaltlich als auch nach seinem ganzen Stil. Denn Rudolf Steiner streifte bald die letzten Spuren der vorangegangenen ungeheuren Anstrengung ab. Immer strömender, immer frischer wurde das, was er uns zu sagen hatte. Und es bezog sich nicht nur auf den konkreten Plan der Schulgründung, sondern auf die Sozial- und Kulturpädagogik ganz im Großen.

Ich will in diesem Zusammenhang auf drei Motive hinweisen, die für mich ganz wesentlich dazugehören.

Ich fragte Rudolf Steiner u. a. danach, an welchem Punkte man heute anpacken müsse, um ein wirklich Soziales im Zusammenleben der Menschen zu veranlagen.

Obwohl die Frage in dieser Form doch nur sehr allgemein und vage gestellt war, ging er mit aller Bereitwilligkeit auf sie ein. Er sagte, man könne über ein so umfassendes Gebiet natürlich stundenlang sprechen. Andererseits wären die Dinge auch ganz einfach auszusprechen. Und nun knüpfte er an die Dreigliederung des Menschen an. Er wies noch einmal auf die verschiedenen Grade der Intensität hin, mit denen Denken, Fühlen und Wollen im menschlichen Bewußtsein wirken: nur das erstere hell wach, das zweite träumend, und das dritte — das Wollen — wie aus dem Tiefschlaf aufsteigend. Das helle und wache Denken, so führte Rudolf Steiner weiter aus, hat die gegenwärtige Form unserer Kultur erst möglich gemacht. Es hat den Menschen zum scharf umrissenen, zum deutlich betonten Erleben seiner Persönlichkeit gebracht. Es hat ihn individualisiert, aber auch entsozialisiert, d. h. aus den natürlichen sozialen Zusammenhängen herausgerissen. Unser gewöhnliches vorstellendes Denken, so unterstrich Rudolf Steiner, ist seiner Natur nach antisozial. „Sie können die gewaltigsten Kongresse abhalten — so sagte er — auf denen

nur vom Sozialen und noch einmal vom Sozialen die Rede ist. Solange nur aus dem Kopfmäßig-Intellektuellen gesprochen wird, ist
das Resultat solcher Kongresse für das Soziale gleich Null. Im Gegenteil, sie tragen nur noch mehr zur Zersplitterung des Sozialen bei."

„Das eigentlich Soziale — so fuhr er fort — muß aus jenen tiefer
liegenden Bewußtseinsschichten aufgebaut werden, in denen das träu-
mende Fühlen und das schlafende Wollen zuhause sind. Künstlerische Befähigungen und solche, die mit den Quellkräften des Religiösen
identisch sind, müssen aufgerufen werden. Aber dies darf nicht so
geschehen, daß von der im modernen Menschen errungenen Bewußt-
seinsklarheit abgesehen wird. Geschähe dies, so würde die menschliche Freiheit preisgegeben. Das klare, selbständige Denken darf nicht
aufgeopfert werden, um den Prozeß der sozialen Gestaltung in Fluß
zu bringen; es muß sich nur mit neuer Substanz erfüllen, die aus den
tieferen Seelenschichten kommt."

Es gibt, so führte Rudolf Steiner des weiteren aus, auch einen me-
thodischen Weg, das Soziale zu veranlagen. Die Abstraktion des
menschlichen Denkens hat zu einer weitgehenden Differenzierung
und Spezialisierung im Arbeitsprozeß geführt. Dadurch hat sie die
moderne Technik erst möglich gemacht. Aber sie hat zugleich auch
den Arbeiter aus den großen Zusammenhängen gelöst, in denen er
sich ursprünglich gesund darinnen fühlte. Nur als den Teil eines Teiles kann er sich erleben, und das, was er hervorbringt, nur als den
Splitter vom Teil eines Teiles. Mit der Verengung seines Arbeits-
feldes ist zugleich sein Bewußtsein verengt. Die Verengung des ersteren müssen wir als ein Faktum hinnehmen, das zum modernen Arbeitsprozeß dazu gehört; die Verengung des letzteren als ein *nicht*
notwendiges Übel wieder überwinden.

An dieser Stelle blickte ich Rudolf Steiner besonders fragend an.
Es wollte mir wie ein Wunder vorkommen, daß die Überwindung
des eigentlich Proletarischen im Bewußtsein des Proletariers überhaupt möglich sein sollte.

Wie immer nahm er sofort die Lebhaftigkeit der im Innern des
Gesprächsteilnehmers gestellten Frage wahr und stellte das Folgende

mit umso größerem Nachdruck dar. Es käme darauf an — so sagte er — für jeden Arbeiter und Angestellen ein Bild vom Ganzen ihrer Arbeit zu schaffen, und auch von den Zusammenhängen, in denen diese Arbeit in der Welt darinnen steht. Er ging gleich von der konkreten Situation in der Waldorf-Astoria-Zigarettenfabrik aus. Jeder Arbeiter und jede Arbeiterin müsse über alle Arbeitsvorgänge unterrichtet werden, die sich in den anderen Sektoren des Werkes vollziehen. Sie sollten aber auch ein Bild bekommen von der Tabakpflanze selber, von ihren Anbaugebieten, von der Kultur der betreffenden Länder. Darüber hinaus sollten sie unterrichtet werden über den ganzen Verteilungsprozeß des fertigen Produktes; über die mit einer solchen Verteilung verbundenen wirtschaftlichen und finanziellen Vorgänge. In ähnlicher Weise sollten die kaufmännischen Angestellten vertraut gemacht werden mit allen praktischen Arbeitsvorgängen des Werkes.

Indem jeder, der an einem Werke schafft, — so sagte Rudolf Steiner — ein Bild vom Ganzen bekommt, wird sein Bewußtsein geweitet, sein menschliches Interesse angeregt. Er verrichtet seine Arbeit vielleicht auch weiterhin im schmalsten Sektor, aber er erlebt sich als mit allen anderen geistig verbunden. Nun wird für ihn der soziale Zusammenhang real, und die Zersplitterung wird von innen her aufgehoben.

Rudolf Steiner meinte dann, daß diese Weitung des Bewußtseins durch Vorträge und einführende Kurse geschehen könne. Für jeden Betrieb solle so etwas wie eine Betriebswissenschaft herausgearbeitet werden. Darüber hinaus aber dachte er an ein gastweises Delegieren einzelner Arbeiter in die verschiedensten Abteilungen des Werkes; an ein „Hospitieren" und vorübergehend auch an ein Praktizieren.

Es ist gewiß sozialgeschichtlich von Bedeutung, hervorzuheben, daß diese Dinge von Rudolf Steiner im April 1919, also gleich nach dem ersten Weltkrieg ausgesprochen wurden; und daß sie noch im gleichen Jahr in der Waldorf-Astoria praktiziert wurden. Sie sind durch allzustarke engstirnige Gegeninteressen, bald von dieser, bald von jener Seite, in Mitteleuropa wieder untergegangen, um nach dem

zweiten Weltkrieg als ein angebliches Novum aus Übersee wieder
aufzutauchen.

Man könnte sich vielleicht wundern, daß Ausführungen dieser Art
in einem Grundgespräch über das Entstehen einer neuen Schule figu-
rierten. Aber eben das war für die Gespräche, die man mit Rudolf
Steiner führen durfte, so charakteristisch, daß er sich nie systematisch
oder gar pedantisch an ein Thema hielt, sondern daß er aufgriff,
was ihm aus den lebendigen Interessen der Gesprächsteilnehmer entgegenkam.

Ich erinnere mich noch an ein drittes Motiv, das er in diesem Gespräch anschlug. Jetzt handelte es sich darum, durch eine geistgegrün-
dete Völkerpsychologie eine Brücke zu schlagen von Volk zu Volk.
Als einen Weg dazu sah Rudolf Steiner den Unterricht in den Fremd-
sprachen, namentlich in den sogenannten neueren Sprachen, an. In
jeder Sprache seien ganz bestimmte Anschauungen von Wesen und
Dingen festgehalten, die sich in Imaginationen, in Bildern aussprechen. Es käme darauf an, den Kindern und jungen Menschen mit der
fremden Sprache solche Bilder, solche Worte zu übermitteln. Rudolf
Steiner nannte sie „sprachliche Valeurs". Dann kam er auf den völ-
kerpsychologischen Vortragszyklus zu sprechen, den er im Sommer
1910 im Nobelhause in Oslo gehalten hatte: „Die Mission einzelner
Volksseelen im Zusammenhang mit der germanisch-nordischen Mythologie". Als er von diesen Vorträgen sprach, wurde er tief ernst.
Er sagte: „Diese Dinge waren so gemeint, daß sie bei rechtem Erfassen hätten helfen können, die Weltkriegskatastrophe zu vermeiden.
Aber man verstand nicht zu hören . . ." Und nun erzählte er, wie
er vor einiger Zeit dem Prinzen Max von Baden, dem bekannten
deutschen Staatsmanne, sogar ein eigens kommentiertes Exemplar
des Osloer Zyklus übersandt habe. In der Hoffnung, daß die damalige deutsche Staatslenkung sich durch neue Ideen, neue Erkenntnisse befruchten lasse. Und mit einem unvergeßlichen, tief schmerz-
lichen Ausdruck sagte er nun: „Aber man verstand nicht zu hören.
Nein, man wollte nicht hören. So ist die Katastrophe gekommen."
Wir schwiegen, und es entstand eine Pause. Mit starkem, ernstestem

Nachdruck auf jedem Wort, schloß Rudolf Steiner ab: „Es werden noch weit schlimmere Katastrophen der jetzigen folgen, wenn man fortfahren wird, diese Dinge nicht zu hören."

Ich habe gerade diese drei Motive aus dem Gründungsgespräch so ausführlich dargestellt, weil sie nur anscheinend außerhalb des Gedankenkreises der Waldorfschulpädagogik stehen. Wer sich intensiver mit letzterer beschäftigt, wird erstaunt sein zu sehen, daß jedes von ihnen aufs intimste mit Methodik und Praxis der Waldorfschulen zusammenhängt. Und so hätten wir auch hier ein Beispiel dafür, wie die Pädagogik der Waldorfschule aus der großen Zeit und Kulturdiagnose heraus geboren ist, die Rudolf Steiner im Beginn der sozialen Dreigliederungs-Bewegung stellte.

*

Die Vorbereitungen für die Gründung der neuen Schule gingen vom April 1919 bis zum August ihre eigenen Wege.

In den Vordergrund trat zunächst die aufklärende und organisatorische Arbeit im wirtschaftlich-sozialen Bereich der Dreigliederung. Unvergeßlich sind die Eindrücke, die man an den großen Vortrags- und Diskussionsabenden bekommen konnte, wenn man sah, mit welchem Mut und welchem Feuer, mit welch restloser Aufopferung Rudolf Steiner für die großen sozialen Forderungen der Zeit eintrat.

Nicht in ausgeruhtem Zustand, sondern abstrapaziert durch Gespräche, die vielleicht die ganze vorangehende Nacht beansprucht hatten, durch dann anschließende Konferenzen, die vom Morgen bis zum Abend gegangen waren, betrat er den Vortragssaal. Einmal war es ein unwirtlicher Fabriksaal, ein andermal ein Bierlokal. Die Zuhörer, die größtenteils zur Industrie-Arbeiterschaft gehörten, saßen vor vollen Bier- und Mostkrügen. In den Dunst der Getränke wob sich eine Rauchwolke, die bald die kleinste Ecke des Lokals durchdrang. All das legte sich auf die Stimmbänder und behinderte Rudolf Steiner, der seit Jahrzehnten weder rauchte noch trank, sehr am Sprechen. Oft war seine Stimme, die man nicht anders als voll und

tönend kannte, im Anfang der Vorträge völlig heiser. Aber er mei-
sterte auch diese Situation mit bewundernswerter Kraft und Selbst-
beherrschung. Ich habe keinen Diskussionsabend mitgemacht, an dem
er sich nicht, sei es auch erst nach einer halben Stunde, zu einer ge-
nügenden Klarheit seiner Stimme durchgekämpft hätte.

Bewundernswert war auch die Kunst, mit der er jedes Publikum
in seiner besonderen Eigenart zu nehmen wußte. Auch in dieser Tatsache sprach sich die Tiefe und Unmittelbarkeit seiner Menschen-
kenntnis aus. Aber ich glaube, mindestens ebenso seine Menschen-
liebe. Er prägte seinen Zuhörern nicht irgend etwas Fertiges auf oder
ein. Er entwickelte seine Gedanken gleichsam aus den Erfahrungen
und Einsichten, den erlebten Leiden und Freuden dieser Zuhörer
selbst. Das machte, daß man sich als Zuhörer immer frei fühlte, auch
wenn er sich in seinen Ausführungen zu höchstem Feuer erhob. Und
man fühlte sich in diesen Versammlungen, in denen es um die Fragen der Gemeinschaft ging, doch ganz als Einzelner, als individueller Mensch aufgerufen.

In den Diskussionen mit den parteimäßig stark gebundenen Arbeitern zeigte es sich bald, wie schwer es war, gegen die eingefrore-
nen Vorurteile und gegen bestimmte Dogmen zu kämpfen. Immer
wieder sprachen die Menschen von ihren Erwartungen, selten von
ihren Leistungen. Es fielen Ausdrücke wie etwa „wenn die Dreigliederung eingeführt wird". Dann mußte Rudolf Steiner mit allem
Feuer in die Versammlung hineinrufen, daß kein Mensch die Dreigliederung „einführen" könne, daß es gelte, sich mit unermüdlicher
persönlicher Aktivität einzusetzen, damit allmählich in der Zeit geboren werde, was in ihr sich überall vorbereite.

Ein ganz besonderer, die Stimmung vieler Gemüter grell beleuch-
tender Einwand trat in seiner grotesken Form immer wieder auf:
„Ja, aber — wenn die Dreigliederung sich verwirklicht, *dann haben
wir ja keinen Klassenkampf mehr* . . ." Dieser Satz wurde meist im
Tone des tiefsten Bedauerns ausgesprochen; so als ob der Menschheit etwas Kostbares verloren ginge, wenn es keinen Klassenkampf
mehr gäbe.

Wieder andere gab es, denen es nicht gefiel, daß Rudolf Steiner keine weitschweifigen Definitionen gab, und daß er es auch ablehnte, ausführliche Programme zu entwickeln. Zu sehr war man an die Sprache der groben Schlagworte, der aggresiv zugespitzten Formulierungen, der sogenannten „flammenden Proteste" gewöhnt. So erinnere ich mich, wie ein biederer Diskussionsredner mit deutlich schwäbischer Betonung der ersten Silbe Rudolf Steiner vorwarf, seine Ausführungen seien „pflaumenweich" gewesen. In größter Sammlung und Ruhe, wie auch bei den vorangegangenen Äußerungen, saß Rudolf Steiner auch bei dieser da; er trug nur einige wenige Worte in sein Notizbuch ein. Dann antwortete er summarisch. Als im Laufe der Entgegnungen die Reihe an den eben erwähnten Vorwurf gekommen war, äußerte er sich etwa so. „Nun hat mir einer der werten Vorredner auch vorgehalten, meine Ausführungen seien pflaumenweich gewesen. Was soll ich nun dazu sagen, meine sehr verehrten Anwesenden? Vielleicht dieses, daß ich es immer sehr genau mit allen Naturbeobachtungen genommen habe. So sollte man, meine ich, sich auch die Pflaume recht genau anschauen. Und da will mir vorkommen, daß die weichen Pflaumen saftig, süß und reif seien, die harten aber geschmacklos, unreif und . . ." Er kam nicht mehr dazu, das Wort „unverdaulich" für alle vernehmbar auszusprechen, denn schon brauste ein jubelnder Beifall der großen Versammlung los. Auf die liebenswürdigste Art war der „werte Herr Vorredner" erledigt, und mit den Herzen der Zuhörer waren auch ihre Ohren für diesen ganzen Abend weiter geöffnet.

Wieder ein andermal wies er eine ihm zu billig erscheinende Anerkennung ab, wie er denn überhaupt gewöhnt war, Huldigungen aller Art konsequent zurückzuweisen. Da ließ sich der leitende Ingenieur eines größeren Werkes zu den Worten hinreißen: „Ja, Herr Doktor, Sie haben so Bedeutendes zur Überwindung unserer Kulturkrise zu sagen, weil Sie eben — ein so großer Philosoph sind!" Rudolf Steiner entgegnete ganz sachlich: „Die Philosophie hat mit diesen Dingen wenig zu tun. Wenn ich heute etwas Brauchbares beitragen kann, so möchte ich das am ehesten dem Umstand zuschreiben,

daß ich von frühester Jugend an gelernt habe, mir meine Schuhe
selber zu putzen!"

Aus zahllosen Versammlungen, Beratungen und Besprechungen
aller Art war damals in Stuttgart der Kern einer *Betriebsräteschaft*
gebildet worden. Rudolf Steiner hielt es für möglich, daß in einem
Gebiet von der Größe des damaligen Landes Württemberg das Experiment einer autonomen und assoziativen Wirtschaft im Sinne der
Dreigliederung durchgeführt werden könne. Eine Reihe von Rednern zog damals ins ganze Land hinaus, um entsprechend dem inzwischen veröffentlichten Buch, die „Kernpunkte der sozialen Frage"
darzustellen.

Ich selbst gehörte auch zu jenen Rednern, und so erinnere ich mich
gut an einen Abend in den damaligen Mauser-Werken in Obern-
dorf. In besonders eifrigen, ja feurigen Diskussionen war es ge-
glückt, den Betriebsrat des genannten Werkes an die Betriebsräte-
schaft in Stuttgart anzuschließen. Es war mir schon aufgefallen, daß
ich an diesem Abend bei meinen Ausführungen lebhaft durch einen
Mann unterstützt wurde, den ich für einen graduierten Arbeiter oder
Meister hielt. Als die Versammlung abgeschlossen war, trat dieser
Mann an mich heran und erzählte mir, daß er vor vielen Jahren an
Kursen und Vorträgen teilgenommen habe, die Rudolf Steiner im
Rahmen der Arbeiterbildungsschule von Liebknecht in Berlin hielt.
„Wir Arbeiter haben ihn gern gehört — sagte er — wiewohl das,
was er uns brachte, so völlig verschieden war von dem, was die an-
deren sprachen. Und oft haben wir damals unter uns gesagt: Gebt
acht, aus dem Dr. Steiner wird noch einmal etwas Großes . . . Und
so war ich heute abend besonders glücklich. Ich glaube, daß sich jetzt
erfüllt hat, was wir damals ahnten!"

Rudolf Steiner lachte, als ich ihm einige Tage später diese kleine
Episode erzählte. Doch er freute sich auch sichtlich, daß noch ein so
begeisterter Zeuge aus jenen Jahren lebte, die für ihn Jahre eines
harten Geisteskampfes gewesen waren.

Nicht immer konnte ihn das, was er in jenen Wochen und Monaten der praktischen Dreigliederungsarbeit erlebte und erfuhr, so hei-

ter stimmen. Voll Sorge sah er, wie die großen helfenden Ideen von Menschen vertreten werden mußten, die den im entscheidenden Zeitenaugenblick an sie herangetretenen Aufgaben nicht entfernt gewachsen waren. In der ihm eigenen, weiten, warmen und zugleich so kompromißlosen Aufrichtigkeit sprach er immer wieder mit den einzelnen Rednern.

Eines Tages sagte ich ihm, es bedrücke mich, daß ich in so jungen Jahren vor eine so gewaltige Aufgabe gestellt sei; ich fürchte, daß ich völlig unzulänglich sei. Er sah mich gütig an und sagte mit vollem, warmem Nachdruck: „Ja, aber Sie dürfen auch gewiß sein, daß die geistige Welt Begeisterung stellvertretend für Reife hinnimmt."

Die ganze Zeit, von der hier die Rede ist, hat auf wirtschaftlichem und politischem Gebiete die Hoffnungen nicht erfüllt, welche die Pioniere der Dreigliederungs-Bewegung an sie knüpften. Schon im Jahre 1919 begannen sich überall reaktionäre Strömungen geltend zu machen. Engstirnigkeit und Dogmatismus siegten. Es war so, wie Rudolf Steiner gleich nach dem Kriege mit ernstem, ja schmerzvollstem Ausdruck gesagt hatte: *die Menschen hatten nicht gelernt zu lernen!* So zerstob unter dem Einfluß dunkler Gegenmächte noch im Jahre 1919 jene „„Betriebsräteschaft", die einen jungen Keim im wirtschaftlichen Felde dargestellt hatte. Es blieb das Bewußtsein übrig, daß wertvolle Samenkörner ausgestreut worden waren, und daß eine Gruppe von Menschen ihre Kräfte in einem zunächst aussichtslosen Kampf geübt und gestählt hatte. Aber, wer kann sagen, ob nicht doch viel mehr geschehen war? Wie mancher leise angeschlagene Takt scheint in der Geschichte zu verklingen, um in einer kommenden Zeit das Hauptmotiv zu bilden.

Es bleibt die Frage, ob Rudolf Steiner, als er jene so vielversprechende soziale Bewegung inaugurierte, wußte, daß ihr so wenig unmittelbarer Erfolg verheißen sei. Aus manchen mehr im Einzelgespräch getanen Äußerungen, die mir in jenen Tagen berichtet wurden, möchte ich annehmen, daß er die Entwicklung genau voraussah. Umso bewundernswerter erscheint dann sein starker, ja mächtiger Enthusiasmus, den er in all den vielen Dreigliederungs-Aktivitäten entfaltete, seine Art, die Dinge so dringend darzustellen, als sei keine Minute zu verlieren, als müßten sie morgen geschehen.

Erst Jahre nachher lernte ich ein aufschlußreiches Wort von ihm kennen: die geschichtlichen Verfrühungen. Mit Notwendigkeit müssen sie auftreten, um zu ersterben wie Weizenkörner, aus denen einst eine starke, gute Saat aufgehen soll. Von den menschlichen Trägern solcher Verfrühungen wird eine unerhörte Entsagung gefordert. Eine Entsagung, die nicht resigniert, sondern nur die stumme Seele einer bis aufs Höchste gesteigerten Aktivität ist. Und so ist ein Leben, das sich ihnen weihen will, notwendigerweise heroisch.

In solcher inneren Haltung, die sich äußerlich kaum merklich dokumentierte, trug Rudolf Steiner auch das Scheitern der Versuche, die auf dem Gebiete eines freien Geisteslebens, einer autonomen Kulturentfaltung zu neuen Bildungen kommen wollten: Bestrebungen zur Gründung eines Kulturrates und ähnliche. Auf diesem Felde scheiterte alles an der Zähigkeit der Vorurteile, an der zum Duktus eines ganzen Lebens gewordenen Passivität. Man konnte ein weiteres Mal an das Fafner-Wort aus Wagners ‚Ring des Nibelungen' erinnert werden: ich liege und besitze, laßt mich schlafen!

Der Rektor einer höheren Schule in Leipzig wurde z. B. eines Tages gefragt: „Für Sie, der Sie so erfüllt sind von der Notwendigkeit eines freien Geisteslebens, müßte es doch eine Kleinigkeit sein, die Herren ihres Kollegiums für ein neues Zusammenarbeiten zu erwärmen!" — „Die Herren meines Kollegiums?" — sagte der Rektor bitter. „Wo denken Sie hin! Die interessieren sich, über ihren Unterricht hinaus, höchstens noch für Gehalts- und Standesfragen!" Was war mit einer solchen Generation anzufangen?

Auf diesem Hintergrund gesehen, wird die Gründung der Freien Waldorfschule, auf die sich nun bald alle Energien der Dreigliederungs-Bewegung konzentrierten, zu einer in der sozialen Geschichte unserer Zeit wirklich bedeutungsvollen Angelegenheit.

*

Schon aus dem in den vorangegangenen Abschnitten Dargestellten kann wohl mit Deutlichkeit hervorgehen, daß es Rudolf Steiner bei der Begründung der Freien Waldorfschule nicht darum ging, zu den in Mitteleuropa schon vorhandenen guten Privatschulen und Reformschulen eine weitere hinzuzufügen. Es ging ihm darum, eine wirkliche Volkspädagogik aufzubauen, und nur als der aus einem freien Geistesleben herausgesetzte Keim einer solchen hatte die Waldorfschule für ihn überhaupt Interesse. Nicht einzelne Reformen galt es durchzuführen, nicht zweifellos schon vorhandene gute Methoden weiter zu vervollkommnen. Es galt, für die Pädagogik ganz im Großen ein neues geistiges Klima zu schaffen, einen neuen Boden zu gewinnen. Immer wenn ich Rudolf Steiner in seiner Kompromißlosigkeit und geistigen Entschlossenheit in jenen Tagen erlebte, mußte ich an einen Ausspruch denken, den ich kurz vor meinem Kommen nach Stuttgart kennengelernt hatte. Es war ein Wort Alfred Lichtwarks, das mir durch den Reformpädagogen Hermann Itschner übermittelt wurde, mit dem ich damals eine intensivere Begegnung hatte. Es hieß: „Eine nur *teilweise* durchgeführte Reform des Bestehenden *verstärkt nur die vorhandenen Tendenzen.*"

Dem aufmerksamen Beobachter der Zeit konnte schon 1919 ein auffallender Gegensatz bewußt werden, der sich auch heute noch nicht verwischt, sondern weit eher verstärkt hat. Er bezieht sich nach der einen Seite auf die Wirtschaft, nach der anderen auf das Kulturleben, insbesondere auf das Erziehungswesen. Die Wirtschaft — so kann man sehen — ist, stark vorangetragen von einem sie fördernden Zeitgeist, überall wenigstens auf dem Wege zu neuen Arbeitsformen. Sie ist ihrer Natur nach progressiv, und ihre Träger erleben deutlich, daß die Menschheit in einem Bewußtseinswandel mitten darinnen steht. Das Kulturleben baut, stärker als man wahrhaben will, auf Gedankenformen auf, die sich in weiten Gebieten des Abendlandes nicht entscheidend vom Geist des 18. Jahrhunderts abgesetzt haben. Und wiederum ist die Not auf dem Felde der europäischen Pädagogik oft so groß, weil nur von wenigen bemerkt wird, wie hier Dinge, die im Mittelalter unbedingt als gut, ja genial anzu-

sprechen waren, in einer dünnen und sterilen, aber auch besonders
zähen und beharrlichen Form weitergeistern. Rudolf Steiners Ziel
war, auch das Kulturleben, auch die Pädagogik mit den progressiven
Zeitkräften zu verbinden. Darum galt es, sie aus dem Starren, Statischen herauszuholen und in die Dynamik freier geistiger Entfaltun-
gen überzuführen.

Daß dieses nur auf ganz klaren, objektiven Grundlagen geschehen
könne, bewies der große Einführungskurs, den er in den Augusttagen
1919 für die erste Lehrerschaft der Freien Waldorfschule gab. In
ihm wurde in einer Zusammenschau leiblicher, seelischer und geistiger Phänomene eine Menschenkunde aufgebaut, die für jede Entwicklungsstufe des Kindes und des jungen Menschen ganz neue pädagogische Ausgangspunkte gibt. Durch das Prinzip der menschlichen
Dreigliederung konnte eine dem Kinde wirklich kongeniale Erzie-
hungslehre aufgebaut werden, die nicht fortfuhr, Kategorien, die
allenfalls für das Seelenleben des Erwachsenen gelten können, auf
die vorangehenden Etappen des kindlichen Werdeganges zu übertragen.

Es herrschte eine geistige Festesstimmung während dieses in drei
Abteilungen als „Allgemeine Menschenkunde", als „Methodisch-Di-
daktisches" und „Seminaristische Übungen" gegebenen Kurses. Man
erlebte etwas von dem vorweg, was man später in den vielen Konferenzen der Freien Waldorfschule erfahren und empfinden durfte,
die von Rudolf Steiner selbst geführt wurden. In einer Zeit der Zersplitterung des Wissens und der Beziehungslosigkeit seiner Gebiete,
eine das gesamte Zeitwissen umfassende organische Universalität.
Dieses große Wissen, das von einem ebenso bedeutenden künstlerischen Können durchdrungen war, aber überragt von einer noch größeren Menschlichkeit. Nichts von Selbstbespiegelung, nichts von Ei-
telkeit, nichts von der Befriedigung, andere Menschen durch ein über-
zeugendes Können zu beherrschen, war hier spürbar. Man erlebte:
in Demut und dienend steht dieser Mann den mächtigen Geistesquel-
len gegenüber, die sich ihm erschlossen haben; und er achtet und
schützt jede einzelne Menschenindividualität, die ihm gegenüber tritt.

Rudolf Steiner besaß die seltene Kunst, nicht aus Herablassung, sondern aus verstehender, ja suchender Menschlichkeit seine eigene Größe
auf das Niveau des Menschen herunterzuschrauben, mit dem er
sprach. Auch wenn er das Größte brachte, atmete man in seiner Gegenwart völlig frei. Man fühlte sich in der eigensten Sprache ange-
redet und erlebte das Glück, ganz natürlich von Mensch zu Mensch
verkehren zu dürfen. So war es auch während dieses Kurses. In hundert Dingen, die man bisher bloß geahnt hatte, fühlte man sich bestätigt. Aber man lebte doch in dem schönen Traum, sie wirklich geahnt zu haben.

Schon einige Jahre später konnte man beim sorgfältigen Studium
jener damals gehörten Worte merken, wie erschreckend wenig man
erst von ihnen aufgenommen hatte. Und in jedem Jahr des weiteren
zeitlichen Abstandes werden einem ganz neue geistige Perspektiven
aufgerissen. Doch gewiß bewirkte im Jahre 1919 die reine Begeisterung, mit der man hörte, mit der man an den seminaristischen Übungen mitmachte, einen Teil jener Wunder. Auch hier galt wohl das
Wort, das Rudolf Steiner mir mitten im Kampf um die Verwirklichung der sozialen Dreigliederung zugerufen hatte: die geistige
Welt nimmt Begeisterung stellvertretend für Reife hin.

Am 7. September 1919 trat die Freie Waldorfschule ins Leben.
Festlich vom Morgen bis zum späteren Abend war auch dieser Tag.
In dem Hause auf der Uhlandshöhe in Stuttgart, in dem zur Schule
umgebauten ehemaligen Restaurant, war kein geeigneter Saal vorhanden. So wurde die festliche Eröffnung in den Stadtgarten-Saal
verlegt. Ihr Auftakt war das C-dur-Präludium von Joh. Seb. Bach,
das unser erster Musiklehrer Paul Baumann auf dem Flügel spielte.
Frau Marie Steiner rezitierte, Kinder brachten einige Proben aus
dem Gebiet der von Rudolf Steiner inaugurierten jungen eurythmischen Kunst. Den Höhepunkt aber bildete die Ansprache Rudolf
Steiners, in der er die großen sozialen Aspekte noch einmal charakterisierte, unter denen die Waldorfschulpädagogik nunmehr ihre ersten Schritte machte. Und dann stellte er lebendig werdende Wissenschaft, lebendig werdende Kunst, lebendig werdende Religion als

7*

deren Quellen hin. Wie leicht könnten diese Worte in phrasenhafter Weise nachgesprochen werden! Daß sie für die Waldorfschulpädagogik eine geistig-konkrete, bis ins einzelne der praktischen Handhabung ernst zu nehmende Bedeutung haben: darauf kommt es an.

Am Nachmittag wurden in fröhlich erregter Stimmung die einzelnen Klassen ihren Lehrern zugeführt. Am Abend war das ganze Lehrerkollegium zu einer Aufführung von Mozarts „Zauberflöte" eingeladen. Rudolf Steiner, der neben Emil Molt saß, zeigte diesem in liebenswürdiger Aufmerksamkeit, wo überall, im Saal des Stuttgarter Großen Hauses verteilt, die Lehrerinnen und Lehrer der neuen Schule saßen. Das Glück, ja die kindliche Freude, mit der er dies vor Beginn der Aufführung tat, offenbarte noch einmal die ganze geistige Anmut dieses großen Menschenfreundes.

Die Erweiterung der Heilkunst

Als Rudolf Steiner begann, seine Weltanschauung zu verkünden und immer mehr Menschen sich um ihn sammelten, geschah es in zunehmendem Maße, daß er gebeten wurde, Ratschläge zu geben, wie die Gesundheit hergestellt, Krankheit überwunden werden könne. Es ist selbstverständlich, daß ein so großer Wissender auch ein großer Heiler ist. Er war gerne bereit, derartigen Rat zu erteilen, so oft man ihn darum anging, und empfahl in der ersten Zeit zumeist jene Heilmittel, die M. E. A. Ritter aus altem, angeborenem Können herstellte und deren Wirkung sie an sich selbst ausprobierte. Später aber, als auch Ärzte sich der anthroposophischen Bewegung zugesellten, zog Rudolf Steiner es vor, seine Ratschläge den Medizinern zu erteilen, und gleichzeitig begann er, neue Heilmittel oder auch ganze Herstellungsmethoden anzugeben. In Dornach gab es bereits ein kleines Laboratorium, wo man Pflanzenfarben für die Kuppelmalereien des ersten Goetheanums herstellte; dort wurde nun von Dr. Schmiedel auch mit der Herstellung von Heilmitteln begonnen. Als sich dann im Jahre 1920 eine ganze Anzahl von Ärzten zusammengefunden hatte, gab Dr. Steiner ihnen einen ersten Ärztekurs; einige von ihnen wollten Kliniken gründen, in denen die geisteswissenschaftlichen Erkenntnisse in medizinische Praxis umgesetzt werden sollten. So entstand ein Klinisch-Therapeutisches Institut in Stuttgart, das von Dr. Palmer, Dr. Friedrich Husemann, Dr. Peipers und Dr. Noll geleitet wurde, und Dr. Ita Wegman erwarb in Arlesheim ein Haus, das sie zu einer bescheidenen kleinen Klinik umbauen ließ.

Um diese Zeit, im August 1921, war auch ich nach Dornach gekommen, aber ich suchte, obwohl die medizinischen Staatsexamen hinter mir lagen, die neue Kunst der Eurythmie, schon damals mit dem Gedanken, später die Heileurythmie zu erlernen; ja, ich war nahe daran, zugunsten der Eurythmie die Medizin aufzugeben. Sicherlich hätte ich, wäre mir die Eurythmie zwei Jahre früher bekannt geworden, die medizinischen Staatsprüfungen überhaupt nicht absolviert. Ein Jahr lang lernte ich nun unter der Leitung von Frau Marie Steiner, die mich in freundlichster Weise als Schülerin annahm. Ich lernte sie kennen, als ich, eben in Stuttgart angekommen, im Vortragsraum des Hauses in der Landhausstraße Stühle zurechtrückte. Sie machte mir selber den Vorschlag, Eurythmie zu erlernen, um später die Heileurythmie auszuüben und lud mich nach Dornach ein. Es war in der Inflationszeit, ein Aufenthalt in der Schweiz wäre finanziell unmöglich gewesen; die großzügige Einladung, sozusagen vom Fleck weg, überraschte mich sehr, und ich nahm sie mit größter Freude an. Um wenigstens in praktischen Dingen Hilfe leisten zu können, erlernte ich nebenher das Schreiben auf der Maschine, fürchte allerdings, daß ich es in dieser Kunst nie weit gebracht habe; doch tröstete mich Frau Marie Steiner, bei andern sei der gute Wille meist nicht einmal so weit gediehen.

Nach einjähriger eurythmischer Ausbildung hatte ich ein Gespräch mit Frau Dr. Steiner und sagte ihr, es mache mir große Schwierigkeiten, weiterhin Lernende zu sein, ich sehne mich — nach dem langen Studium der Medizin und dem eurythmischen Studium — nun endlich einen Beruf auszuüben. Sie brachte diesem Wunsch großes Verständnis entgegen und schlug mir vor, mit Frau Fels die damals gerade begründete Eurythmie-Schule in Stuttgart zu führen. Es war ein heißer Sommertag, als dies Gespräch in einem der Räume hinter der Bühne in der Schreinerei stattfand. In diesem Augenblick trat, ehe ich mich äußern konnte, Dr. Steiner ins Zimmer. Er gab mir die Hand, und sagte, jedes Wort betonend: „Nun, Frau Doktor, wie geht es Ihnen?" Nichts weiter. Dennoch schlug dieses Wort in mich ein. Zu erklären ist es nicht, wieso ich blitzartig verstand, was er sagen wollte. Der von ihm betonte Titel, die langsam gesprochene Frage, der gewählte Augenblick, — in meinem Innern war nicht die Spur eines Zweifels, wie diese Worte zu verstehen waren. Sie besagten: Schuster, bleib bei deinem Leisten!

Wie die damalige Unterredung mit Frau Marie Steiner zu Ende ging, weiß ich nicht mehr, jedenfalls wurde keine Entscheidung getroffen, und kurze Zeit danach fragte mich Dr. Ita Wegman, ob ich als Assistentin in ihre, nun seit einem Jahr bestehende Arlesheimer Klinik kommen wolle. Die erste Assistentin, Frau Dr. Walter, war erkrankt, Dr. Norbert Glas wollte in Wien eine Praxis beginnen. Man schrieb August 1922. Dr. Steiner befand sich auf einer Vortragstournee in England, Frau Marie Steiner war mit ihm gereist, und so mußte ich wohl oder übel einen Entschluß fassen, ohne mich mit den beiden Persönlichkeiten besprechen zu können. Damals war man noch nicht gewöhnt, sich über Länder und Meere hinweg telephonisch zu verständigen; vielleicht war es auch gar nicht möglich. Auf der andern Seite erlaubte die Lage in der Klinik kein Zögern. Frau Dr. Wegman war im Augenblick ohne einen einzigen Assistenten und es gab viele Patienten. Ich trat also in der Klinik an. Allerdings mußte ich mir ausbitten, gelegentlich den Bücherverkauf in der „Schreinerei" fortzuführen; denn ich hatte versprochen, Miss Mackenzie, die ebenfalls nach England gefahren war, in diesem Amt zu vertreten. Wenn nun unter den Kunden, an die ich Vortrags-Zyklen oder Bücher Dr. Steiners verkaufte, solche waren, die ich tags zuvor ärztlich untersucht hatte, gab es einige Überraschung. Die Überraschung aber war auf meiner Seite, als ich eines Tages ein Paket Bücher durch die Schreinerei schleppte, und dabei Dr. Steiner in den Weg lief. Er war aus England zurückgekehrt und hielt mich an. „Sie haben heute bei Frau X. Hausbesuch gemacht", sagte er. — „Ja, es scheint mir das und das zu sein", erwiderte ich. — Dr. Steiner nickte, es sei alles in Ordnung, auch die Therapie. Dann bog er nach links in sein Atelier ein und ich ging geradeaus, den Bücherstoß auf meinem Arm, dem Stübchen von Miss Mackenzie zu. . . . Da erst fiel mir ein, daß ich Dr. Steiner doch meinen Antritt in der Klinik hätte mitteilen sollen!

„Ja, Herr Doktor, ich habe Ihnen noch gar nicht gesagt: ich bin jetzt in der Klinik!" rief ich ihm nach. Er erwiderte, weitergehend, etwas wie „Ja, ja, gut", und erst hinterher begriff ich, daß das ja für ihn keine Neuigkeit war.

*

Nun begann eine große Zeit des Lernens. Dr. Steiner kam oft in die Klinik, um Patienten zu sehen, und sein Erscheinen wurde jedesmal Ereignis. Meist durften Dr. Walter und ich bei diesen Besuchen im kleinen Arztzimmer von Dr. Wegman mit dabei sein. Dr. Walter stenographierte die Unterhaltungen nach, und hinterher arbeiteten wir die Notizen aus, so daß wir heute die Niederschriften dieser Stunden besitzen. Für jeden seiner Besuche bereiteten wir sorgfältig alles vor, Analysen und Untersuchungsbefunde lagen bereit; er sah sich alles genauestens an. Dann aber, als die Patienten vor ihm standen, war seine Methode völlig verschieden von der hergebrachten. In scharfer Konzentration schaute er auf den Patienten, sein Blick wandte sich den Wesensgliedern dieses Menschen zu; ihm war es möglich, mit exaktem Hellsehen die Ursache der Krankheit zu erforschen. Die Symptome drängten sich ihm zusammen zu einem in der Totalität überschaubaren Ursachen-Komplex, der Zeitenablauf wurde fortdauernde Gegenwart. So konnte er einmal bei einem Patienten, der jahrelang an Ekzemen gelitten hatte, sagen, die Ursache liege in einer Vergiftung, die er sich als Kind zugezogen habe. Der Patient konnte sich zunächst an nichts erinnern, dann aber fiel ihm ein, daß er etwa in seinem neunten Schuljahr versehentlich im Physiksaal Salzsäure getrunken habe. Die jahrzehntelang zurückliegende Ursache der Erkrankung hatte Rudolf Steiner in dem heute vor ihm stehenden Menschen wahrgenommen. Somit wird verständlich, daß die üblichen Diagnosen meist hinfällig wurden; denn was sich der Anschauung ergab, war immer das Bild der ganz speziellen Erkrankung in ganz speziellem Fall. Und im Lichte solcher Erkenntnis ergab sich zugleich die Therapie. Während wir heute die typischen Bilder bestimmter Krankheiten beschreiben und bestimmen, sie

sozusagen losgelöst vom Einzelmenschen, der sie erleidet, sehen, war
es hier gerade umgekehrt.

Einmal führten wir Dr. Steiner eine Patientin vor. Die Diagnose
ihrer Erkrankung war bereits in anderen Kliniken gestellt worden,
wir stimmten mit dieser Diagnose überein und hielten die Sache für
einen charakteristischen Fall multipler Sklerose. Dr. Steiner sah sich
die Patientin an und sagte uns dann, hier liege bereits konstitutionell
eine gewisse Schwäche im Bulbärteil des Rückenmarkes vor, so daß
die Verbindung vom Rückenmark zum Zentralnervensystem gestört
gewesen sei, doch sei dies noch durch einen Unfall verschlimmert
worden. Nach darauffolgendem Befragen gab die Patientin an, sie
sei mit etwa 18 Jahren in Paris, als sie aus der Tram springen wollte,
gestürzt, doch habe sie damals keine weiteren Schädigungen davon-
getragen. In ihrem 28. Jahr war dann jene Krankheit eingetreten, die
das Bild der multiplen Sklerose ergab.

Wenn Dr. Steiner den exakten Befund einer Krankheit festgestellt
hatte, so suchte er von da aus die Therapie, und man kann schon
sagen, daß ihm dafür die ganze Welt zur Verfügung stand. In seiner
umfassenden Überschau sah er ja den Menschen herausgeboren aus
dem Makrokosmos und verbunden mit der Natur, mit Pflanzen, Mineralien, Metallen . . . Wenn sich auch die Prozesse innerhalb des
Menschen gewandelt haben, so weisen sie doch Ähnlichkeiten auf mit
den entsprechenden Prozessen in der äußeren Natur, und es können
im Krankheitsfalle die verwandten Naturkräfte zur Heilung herangezogen werden. Für Rudolf Steiners Erkenntnismöglichkeiten waren auch die Prozesse der Natur offenkundig und anschaubar. Dieses
sein Wissen war für uns junge Menschen geradezu überwältigend; ob
es sich um Mineralien, Metalle mit ihren mannigfaltigen Salzen und
Verbindungen, oder um Pflanzen handelte, immer traf er sichere
Wahl. Von den Algen, Pilzen und Schwämmen bis zu den höchst-
entwickelten Pflanzen, — aus allen Bereichen wurden die Heilmittel
genommen. Manchmal hielt er es auch für nötig, für einen bestimmten Patienten die Zusammensetzung der Luft zu ändern. Ein Patient
konnte schwer aufwachen, und oft war er erst gegen Abend voll lei-

stungsfähig. Er sollte in stark kohlensäurehaltiger Luft aufwachen, um den Aufwach-Prozeß gerade in der Überwindung dieses Hindernisses zu intensivieren. So reicherten wir durch das Schlüsselloch die Luft im Zimmer des Betreffenden mit Kohlensäure an, — es war dies keine einfache Prozedur, vor allem auch, weil man den Augenblick erhaschen mußte, bevor der Betreffende von selbst erwachte. In bezug auf die Herstellung der einzelnen Mittel gab es immer wieder Variationen und neue Angaben; Einzelheiten der Herstellung wurden oft sorgfältig von Dr. Steiner selbst angegeben, so zum Beispiel, daß man ein Metall zuerst in dampfförmigen Zustand bringen sollte, um es dann als Spiegel sich absetzen zu lassen.

Nur eine Heilmethode verwandte Rudolf Steiner nie: die unmittelbare Übertragung der eigenen Kraft, also die in einer gewissen Weise magische Heilung. Gewiß wäre es für ihn, dem alle Kräfte der Umwelt im höchsten und weitesten Sinn zur Verfügung standen, ein Leichtes gewesen, auch Heilungen solcher Art zu vollziehen, doch mußte er aus seinem Wissen um die Entwicklung der Menschen ein solches Vorgehen als nicht zeitgemäß ablehnen. Ihm stand das Erringen der Freiheit in unserer Weltenzeit am höchsten. Er wollte nicht das einmalige Phänomen eines Heilenden darbieten, sondern eine Schule begründen; alle Heilmethoden, die er angab, waren überschaubar und lernbar.

Es wäre ganz falsch, sich vorzustellen, daß ein Lernen unter den Anleitungen eines solchen Lehrers für uns junge Menschen ohne Überraschungen und Seelenprüfungen vor sich ging. Was sich da an geistigen Offenbarungen und Einblicken in die menschliche Wesenheit auftat, ging oft genug bis an die Grenze dessen, was man fassen und tragen konnte; was als Wissen über Natur und Kosmos vor einem stand, blieb einmaliges Ereignis, und doch mußte man unausgesetzt mit der Frage ringen, wie das eigene unzulängliche Selbst zu solchem Wissen und Können gelange.

Auch die menschlichen Beurteilungen waren bei der Milde und Güte, die man an Rudolf Steiner kannte, oft überraschend. Einmal, als ich eine Patientin behandelte, die Untermieterin in einem Hause war, fragte ich Dr. Steiner, was man noch tun müsse, da die Heilung der Krankheit eigentlich keinen rechten Fortschritt mache, und er sagte darauf: „Ja, es ist nicht leicht, gesund zu werden, wenn man bei einem solchen Giftnickel wohnt". Seine Weisheit traf immer den Nagel auf den Kopf, seine heilsame Sachlichkeit kannte keine Sentimentalität; was er sagte, atmete immer Wahrheit, und dadurch lebte man in einem Element unbedingten Vertrauens. Dieses Vertrauen gab überhaupt die Möglichkeit eines so ganz anders gearteten Lernens, als wir es auf der Universität gewohnt waren. Wenn man seine Angaben nicht gleich verstand, so legte man sie nicht beiseite, sondern rang darum, selber zu wachsen, um sie zu verstehen. So wurde die eigene Aktivität auf das Kräftigste angeregt. Wenn wir nach den Angaben Rudolf Steiners mit den Patienten arbeiteten, sei es in der ärztlichen Behandlung selbst oder durch Heileurythmie, Massage, Bäder etc., so versuchten wir dabei, das zu verstehen, was er uns über den Zusammenhang der Wesensglieder bei diesen Menschen und die Ursache der Krankheit angegeben hatte. Wenn Rudolf Steiner sagte: „Hier greift der Astralleib nicht richtig ein, machen Sie dies oder das", so lernten wir an der inneren Frage, mit der wir an die Arbeit herantraten. Man lebte mit dem immer fühlbaren Stachel des Fragens, und so war es kein Lernen durch gedächtnismäßig aufgenommenes Wissen, sondern ein Lernen aus innerer Frage-Aktivität, die schließlich in einen Erkenntnisprozeß hineinführte. Indem man um Antworten rang, mußte man sich selber wandeln, oft Entferntliegendes zum Verständnis heranholen, und wenn man nach einiger Zeit den Eindruck hatte, eine Sache zu verstehen, so ging einem unerwartet ein Licht über ganze Gebiete auf. Lange Zeit hatte mich ein Fall beschäftigt: ein Patient, der mit Magen-Darm-Symptomen zu uns kam. Dr. Steiner sagte, daß seine Gedanken ihn richtig vergifteten und verordnete Leibumschläge mit Klettenwurzel; die Klettenwurzel enthält ja viel Oxalsäure, die immer sehr belebend wirkt. Der Patient, der bisher ein düsteres Aussehen gezeigt hatte, fühlte sich nach kurzer Zeit besser. Verstand man diesen Fall mit allem, was damit zusammenhing, das Heilmittel inbegriffen, so ergab sich die Möglichkeit, sich viele andere Fragen zu beantworten. So zu lernen, ist nur möglich, wenn man immer wieder erlebt, daß man berechtigterweise dem Lehrer ein unbegrenztes Vertrauen entgegenbringt. Wie schnell veralten heute medizinische Bücher; Heilmittel, die mit großer Sensation angepriesen werden, verblassen in ihrer Bedeutung oft nach wenigen Jahren. Dr. Steiners Angaben sind ein bleibendes Lehrgut.

Hier muß ich einfügen, daß alles über das Lernen Gesagte nicht in gleicher Art für Frau Dr. Wegman galt. Sie war damals schon ein reifer Mensch; sie hatte sich in ihrem bisherigen Wirken ein außergewöhnliches Einfühlungsvermögen in die menschliche Wesenheit und das individuelle Krankheitsbild, sowie eine große ärztliche Erfahrung erworben. Ihre seelische Hingabe an jeden Einzelfall ließen sie das richtige Medikament finden durch eine — wie Rudolf Steiner es nannte — medizinische Inspirations- und Intuitionskraft. Natürlich hatte sie nicht seine klare Überschau und auch nicht seinen großen Einblick in alle Naturkräfte, aber sie konnte sich so intensiv in ein Krankheitsbild einleben, daß ihr die Angaben Dr. Steiners wie etwas Selbstverständliches erschienen. Es ist ein großer Unterschied, ob man ein Rezept an einen guten Koch weitergibt oder an einen, der nicht viel von der Sache versteht; der erstere wird gleich wissen, wie er zu handeln hat, und wird nicht fragen, wie man die Eier schlägt, die Butter bräunt etc. . . Sie verstand, worauf es im tiefsten Sinne ankam. Aus tiefer und schicksalsmäßiger Verbundenheit mit Rudolf Steiner stand Ita Wegman an diesem Platz, berufen dazu, mit Rudolf Steiner zusammen einen neuen Quellort der Heilung zu begründen. Aus solchen inneren Voraussetzungen heraus konnte sie nach dem Brande des ersten Goetheanums die Frage an ihn richten: „Können wir nicht die Mysterien der Medizin im christlichen Sinne erneuern?" Als Leiterin der Medizinischen Sektion am Goetheanum sollte sie dies in Zusammenarbeit mit Rudolf Steiner verwirklichen. „Alles, was Sie anfangen, wird sprießen und sprossen", hatte er ihr einmal gesagt, und wir erlebten die Bewahrheitung dieser Worte in jenen Jahren des Werdens und Wachsens der gesamten medizinischen Ar-

beit. Immer mehr Patienten mußten untergebracht und betreut werden, fortlaufend wurden neue Heilmittel ausgearbeitet, auch wenn
ihre Herstellung Apothekern und Chemikern oft großes Kopfzerbre-
chen machte.

Mir selbst oblag in dieser Zeit die Betreuung der Patienten in dem
neu erworbenen „Sonnenhof", dazu die spezielle Ausbildung der
Heileurythmie. Während des Ärztekurses im Jahre 1921 waren die
Grundlagen der neuen Art von Therapie gegeben worden, und seither hatte Rudolf Steiner die Angaben ständig erweitert und ergänzt.
Das Jahr, das ich ausschließlich der eurythmischen Ausbildung ge-
widmet hatte, ordnete sich jetzt organisch in mein Schicksal ein.
Fast mit jedem Patienten mußte Heileurythmie gemacht werden,
laufend nach neuen Anweisungen, und es war großartig zu erleben,
wie diese Angaben immer wieder Modifikationen der eigentlichen
Lautbewegung waren, wie sie sich dem Krankheitsbilde und den Bewegungsmöglichkeiten des Patienten anpaßten. Zum Beispiel können krampfgelähmte Kinder wie die Little-Erkrankten große Bewegungen schlecht ausführen, weil gerade dann der Krampf ein-
setzt. Ich wurde nun angewiesen, sie alle Bewegungen so machen zu
lassen, daß sie den Oberarm an den Körper festpreßten und die Bewegungen nur mit den Unterarmen und Händen ausführten. Und
siehe da, auf diese Weise ging es! Heileurythmie war durchaus nicht
nur eine modifizierte Bewegungskunst, jede einzelne Bewegung war
exakt physiologisch in ihrer Wirksamkeit auf den jeweiligen Krankheitsfall abgestellt und wurde dadurch zum Heilmittel. Kunst und
Medizin: in grandioser Weise vereinigt!

Dr. Steiner forderte von uns immer den vollen Einsatz in der
Arbeit; er traute uns oft mehr zu als wir selbst, und durch dieses
Vertrauen wurden Kräfte geweckt. So z. B. kam, nachdem ich kaum
zwei Monate Heileurythmie in der Klinik ausgeübt hatte, eine An-
frage aus England, dort einen Vortrag über heileurythmische Therapie zu halten. Dr. Steiner, so hieß es, habe mich empfohlen. Ich
machte ihm gegenüber geltend, daß ich das doch nicht könne, da ich
erst seit so kurzer Zeit Heileurythmie ausübe und auch das Englische

nicht genügend beherrsche. Er gab darauf zur Antwort: „Aber Heileurythmie können Sie, und Ihr Englisch läßt sich schnell vervollkommnen". — Einige Zeit später fand ich, daß ich nicht ausschließlich Heileurythmie treiben, sondern mich noch mehr in die Heilmittel-Anwendung hineinarbeiten sollte, und sagte dies Dr. Steiner. „Warten Sie das ruhig ab, das kommt ganz von selbst", erwiderte er; „aber die Heileurythmie ist Ihr Schicksal".

*

Dieses so neuartige, den ganzen Menschen erfassende medizinische Wirken Rudolf Steiners regte in vielen jungen Studenten ein intensives Fragen und Suchen an. Das war eine Art des Heilens, die ihrer eigenen inneren Vorstellung von ihrem Beruf entgegenkam. Aber wie sollte man das erlernen? Da galt es nicht nur, neue Methoden zu den bisherigen hinzuzulernen, sondern heilende Kräfte in sich lebendig zu machen. Das konnte nur das Ziel sein für einen Schulungs- und besonderen Übungsweg. Die jungen Mediziner suchten nicht nur ein vertieftes Wissen, sondern innere Entwicklungsmöglichkeiten, die auch das Arzttum vertiefen und erneuern könnten. Auf das, was sie als stammelnde Fragen an Dr. Steiner herantrugen, gab er ihnen Antworten, die in dem Satz gipfelten: „Was ihr sucht, ist die Vermenschlichung der Medizin". Da er alles konkret vom Menschen ausgehend und durch Menschen getragen wissen wollte, gab er ihnen den Rat: „Sammeln Sie 30 bis 40 junge Ärzte, die auch so denken, dann will ich Ihnen einen Kurs geben." Es waren zunächst die Medizinstudierenden Henk und Maddy van Deventer und Helene v. Grunelius, die an ihn herantraten; wir in der Klinik nahmen starken Anteil an allem, was sich daraus entwickeln sollte. Im Januar 1924, im unmittelbaren Anschluß an die Weihnachtstagung zur Begründung der Allgemeinen Anthroposophischen Gesellschaft, kam es zu dem ersten Jungmediziner-Kurs, dem ersten Kurs innerhalb der neu gegründeten medizinischen Sektion am Goetheanum. Den Tag über und einen guten Teil der Nacht blieben die Teilnehmer beisammen, besprachen

und berieten sich untereinander über das, was Dr. Steiner ihnen vortrug. Wir hatten einige Räume des Sonnenhofs für das Treffen freigemacht; auch die Mahlzeiten konnten hier gemeinsam eingenommen
werden. Das ganze Haus tönte wider von frischen und begeisterten
Stimmen. So sehr auch mich die Freude erfüllte, bangte ich doch im
Stillen, ob man neben der anderen Arbeit den Patienten des Sonnenhofs und der Klinik voll gerecht werden könne. Diese Sorge ver-
traute ich Dr. Wegman an, und am nächsten Tag ließ mir Dr. Steiner durch sie sagen, er freue sich sehr, daß der Sonnenhof der Treff-
punkt der jungen Mediziner sein könne und auch darüber, daß ich
mich aktiv in diesen Kreis hineinstelle. Es sei dies nur als ein Beispiel unter unzähligen erwähnt, um zu zeigen, wie er zugleich das
Ganze und jeden Einzelnen tragend im Sinne hatte.

In der Klinik erschien Dr. Steiner nun fast täglich, meist am Vormittag. Doch war er auch zu außergewöhnlichen Stunden in schweren akuten Fällen zur Hilfe bereit. Eine Zeitlang hatten wir einen
jungen Patienten von neun Jahren bei uns, der an schwerem Asthma
litt. Der Junge ging gleichzeitig in die Goetheanum-Schule und war
über alles so beglückt, daß er sagte, er sei froh, diese Krankheit zu
haben, denn nur dadurch könne er in Dornach sein. Das Asthma bes-
serte sich zusehends. Doch eines Abends — es war an seinem Geburtstag und er hatte sich an der Liebe, die ihm entgegenkam, fast
überfreut, — setzte ein Anfall ein, und er blieb bewußtlos. Wir
Ärzte mühten uns um ihn, und Dr. Steiner, dem wir telephonisch
Nachricht gaben, kam sofort angefahren. Er blieb die ganze Nacht
in der Klinik und versuchte gemeinsam mit uns drei Ärzten, den
Jungen wieder ins Leben zu rufen. Neben der künstlichen Atmung
gab er viele Anweisungen, immer wieder neue, die wir gleich ausführten. Erst am nächsten Morgen gegen 6 Uhr, — die erste Däm-
merung eines herbstlichen Tages zog am Himmel herauf, das Fenster
des Zimmers, das nach Osten ging, war geöffnet —, gaben wir unsere Bemühungen auf, und nun sprach uns Rudolf Steiner davon,
daß das Erdenleben dieses Jungen, aus Gründen, die in seiner Ge-
samtorganisation lagen, keine Fortsetzung mehr finden könne. Da

die Arbeit beendet war, bot ich schließlich an, ihm Kaffee zu bringen, doch lehnte er in seiner liebenswürdigen Art ab, fuhr nach
Hause, und noch am gleichen Morgen wurde er zur Bahn nach Basel
gebracht. Die Fahrt ging nach Wien, wo er, es war im Herbst 1923,
die Vorträge „Anthroposophie und das menschliche Gemüt" halten
sollte. Niemals haben wir erlebt, daß er sich schonte.

Zuweilen gab es auch Fälle schwerer Pflege, die wir übernehmen
sollten, weil Rudolf Steiner daran lag, daß solche Patienten nicht in
andere Hände kamen. So erinnere ich mich an die Pflege eines Gei-
steskranken, deren Anforderungen beinahe über unsere Kräfte ging.
Für den äußersten Fall, daß wir nicht mehr allein mit ihm fertig
werden konnten, hatte Rudolf Steiner uns Hilfe zugesagt, und eines
Abends war es so weit. Ich fuhr in die „Schreinerei", wo wir ihn
noch in seinem Atelier anwesend wußten, traf vor der Tür einen
jungen, kräftigen Goetheanum-Wächter und fragte Dr. Steiner,
ob wir nicht gerade diesen Freund mit uns in die Klinik hin-
unter nehmen könnten. Er war zwar einverstanden, gab uns aber,
ungeachtet der Dringlichkeit des Augenblicks, zugleich eine Lehre,
wie die Kompetenzen anderer Menschen jederzeit zu respektieren
seien. Er habe Dr. Wachsmuth die Organisation der Wache über-
geben, sagte er, und so müßten wir erst bei diesem anrufen, ob es
ihm recht sei.

Im Sommer 1923 rief Dr. Steiner eines Tages, nachdem er die Patienten gesehen hatte, Frau Dr. Walter und mich und teilte uns mit,
daß er uns in Zukunft noch größere Verantwortung in der Klinik
auferlegen müsse; es sei dies nötig, damit er mit Dr. Wegman intensiver als bisher für die anthroposophische Bewegung und Medizin
zusammenarbeiten könne. Sie hätten sich auch entschlossen, gemeinsam ein medizinisches Buch zu schreiben. Frau Dr. Walter und ich
müssen etwas bekümmerte Gesichter gemacht haben, denn er sagte:
„Nun, finden Sie denn das so schlimm? Ich dachte, ich hätte Ihnen
eine freudige Nachricht gebracht." —

Von nun an gestaltete sich die Arbeit wieder etwas anders. Meistens fuhr Frau Dr. Wegman, nachdem sie am Morgen alles mit uns

durchgesprochen hatte, ins Atelier Dr. Steiners, arbeitete dort mit ihm bis gegen 11 Uhr; sie kam dann mit ihm zusammen in dem kleinen dunkelblauen Ford, — meistens begleitet von einem kleinen struppigen Hund, dem Dr. Steiner den Namen „Mussolini" gegeben hatte, und der seinen Platz im Auto ungern verließ, — zur Klinik. Dann begannen die Sprechstunden.

Die Arbeitsleistung Dr. Steiners war unvorstelbar groß. Wir standen immer wieder staunend davor, was alles in einer einzigen Stunde geschah, und wie sich pausenlos eine solche Stunde an die andere reihte. Nach der Weihnachtstagung 1923, als seine Gesundheit schon angegriffen war, machten wir immer wieder vergebliche Versuche, ihn zu schonen. Eine solche Situation sei festgehalten. Ich hatte eines Vormittags — es war schon recht spät geworden, vielleicht gegen ¹/₂2 Uhr — noch über eine Patientin im Sonnenhof Bericht zu erstatten und zählte verschiedene neu aufgetretene Symptome auf. Vor allem klagte die Patientin über Kopfschmerzen, die bis in den Nakken und die Arme ausstrahlten, ferner über übelriechende Sekretabsonderung der Nase. Dr. Steiner wurde immer ernster und sagte schließlich: „Da muß ich doch wohl selbst die Patientin sehen." Nun schienen mir die Symptome nicht von so großer Bedeutung, deshalb war ich lediglich darauf bedacht, ihm die Mühe des Besuches im Sonnenhof zu ersparen und sagte: „Aber Herr Doktor, das ist doch wohl nicht nötig, denn man sieht wirklich nichts." — Er schaute mich daraufhin zwar liebevoll, aber doch etwas erstaunt an und sagte mit Betonung: „*Man* sieht vielleicht nichts." — Er besuchte dann die Patientin und sah außerordentlich viel, nämlich eine fortschreitende Lethargie des Vorderhirns, und durch seine umfassenden Verordnungen konnte die schwere Erkrankung noch abgefangen werden.

Einen Vorfall möchte ich zum Schluß noch erzählen, weil er mir oft in den Sinn kommt, wenn wir über die Müdigkeit irgendwelcher jüngerer Mitarbeiter betrübt sind. Sie mögen das Gleiche empfinden, was ich damals erlebte, und müssen ohne den hörbaren Zuspruch des Lehrers zurechtkommen. Während der Weihnachtstagung 1923 auf 1924 waren alle Zimmer, ja alle Winkel unserer Häuser belegt; kaum ließ sich der Zustrom der Besucher aus allen Ländern bewältigen. Bei uns im Sonnenhof schlief man auf provisorischen Gestellen oft zu mehreren in einem Raum; die Hände reichten kaum, das Nötigste in Krankenzimmern und Küche zu besorgen; abgehetzt und atemlos stürzte man in die Vorträge. Eines Tages, als ich über den sogenannten Bretterweg zu einer der Veranstaltungen ging, dachte ich mir: ist es nicht schrecklich, — ein solcher welthistorischer Augenblick, und man kann nicht mit allen Kräften und Gedanken dabei sein, ganz einfach aus Übermüdung. Schuldbewußt und niedergedrückt war ich den Hügel hinaufgestiegen und in den Saal der „Schreinerei" eingetreten. Da wurde ich von den Umstehenden angestoßen, sie deuteten in eine bestimmte Richtung, — und als ich mich umdrehte, sah ich Dr. Steiner mit ausgestreckter Hand auf mich zukommen. Nach seinem Händedruck war alle Müdigkeit weg, mit neuem Schwung und aller freudigen Offenheit konnte man die Geschehnisse wieder mitmachen.

Für Rudolf Steiner war es eine große Freude, daß das Buch, das er in Zusammenarbeit mit Ita Wegman geschrieben hat, einen gewissen Abschluß finden konnte. Die Korrekturbögen erhielt er noch auf seinem Krankenlager. Es erschien nach seinem Tode 1925 als „Grundlegendes für eine Erweiterung der Heilkunst nach geisteswissenschaftlichen Erkenntnissen". Ein Keim wurde hier gelegt, der starke Wachstumskräfte in sich trägt. Rudolf Steiner sagte darüber: „Das Buch wird nur den allerersten elementarischen Anfang darstellen können, und das wird lange, wenn wir nicht mehr leben werden, die ausgebildete Wissenschaft erst werden. . . . Da handelt es sich darum, daß alles durch den lebendigen Menschen geht."

In einer Zeit, da auch in der Medizin materialistische Weltanschauung mehr und mehr Platz greift, und durch technische und mechanische Diagnostik das Anschauen des Menschen verloren zu gehen droht, legte Rudolf Steiner mit Ita Wegman die Anfänge zur Erneuerung einer Medizin, die ganz von der Erkenntnis des Menschen ausgeht. Die Erkenntnis des Menschen berücksichtigt nicht nur die hüllenhaften Wesensglieder, die erkranken können, sondern auch das, was der ewige Anteil des Menschen an einer Krankheit erleben will und muß. Auf dem Hintergrund des Wissens von Reinkarnation und Karma kann eine solche Anschauung von Krankheit und Heilung sich fort- entwickeln, wie Rudolf Steiner sie uns gegeben hat.

Die neue Generation

Kinder haben oft seltsame Berufsideale, die den Erwachsenen ein Lächeln abnötigen mögen, die sich aber, wenn man im späteren Leben selbst auf sie zurückblickt, als kindliche Einkleidungen tieferer Schicksalsbezüge erweisen. Das Berufsideal meiner Kindheit war „der Kaiser". Ich wollte Kaiser werden, weil ich davon überzeugt war, daß man als Kaiser „alles weiß". Denn daß man das Amt des Herrschers ausüben kann, ohne alles zu wissen, hätte ich mir nie vorstellen können. Auch als ich bereits wußte, daß es bestimmten Menschen vorbehalten ist, Kaiser zu werden, nämlich dem ältesten Sohne des jeweils Herrschenden, blickte ich auf den Kaiser als den Träger des schlechthin idealen Berufes. Denn noch immer war ich überzeugt, daß ein Kaiser einfach alles wissen muß.

Was ich an Rudolf Steiner bei meiner ersten Begegnung mit ihm als junger Student erfahren habe, rief mir jenen lang vergessenen Idealtraum meiner Kindheit in Erinnerung. Hier hatte ich den offenbar instinktiv-schicksalsmäßig Gesuchten vor mir, der die trostvolle Erfahrung vermittelte, daß der menschliche Geist eine Stufe zu erklimmen vermag, auf der es ihm möglich ist, „alles zu wissen", wenn auch in anderer Art, als man sich das gemeinhin vorstellt. Wiederum später, als ich mit dem Wesen der Geistesschulung auch vom geschichtlichen Aspekt vertraut geworden war, begriff ich, warum sich dem Kinde die Vorstellung des „Alles-Wissenden" mit dem des „Kaisers" identifiziert hatte. Spricht sich doch darin die Urerinnerung aus an Zeiten, in denen es Eingeweihte gegeben hatte, die in erhöhten Bewußtseinszuständen mit den allwissenden Göttern Rat pflogen und als solche befugt waren, Führer ihres Volkes zu sein. „Einem König sollte nichts mehr am Herzen liegen, als so vielseitig, so unterrichtet, orientiert und vorurteilsfrei, kurz so vollständig Mensch zu sein und zu bleiben, als möglich." So drückt Novalis in seinem Aufsatz „Glaube und Liebe oder Der König und die Königin" die gleiche Urerinnerung und die gleiche Hoffnung aus.

Es wird nötig sein, mit einigen Worten anzudeuten, was mich, den Studenten der Physik und Mathematik, im März des Jahres 1921 zur Teilnahme an dem anthroposophischen Hochschulkurs in Stuttgart bewogen hat, wo mir die erste Begegnung mit Rudolf Steiner und seinem Werk zuteil wurde. Denn nur dadurch kann die durchgreifende Wirkung dessen, was sich während dieses Kurses ereignete, verständlich werden.

Die Überzeugung, in der „besten aller Welten" zu leben, die mir eine bürgerliche Erziehung vor dem ersten Weltkrieg vermittelt hatte, war durch das Erlebnis des Krieges an der Front erschüttert worden. Als ich dann das durch den Krieg unterbrochene Studium wieder aufnahm, wurde eine weitere Überzeugung erschüttert: daß die naturwissenschaftliche Erkenntnisweise, wie die Menschheit sie in den vergangenen Jahrhunderten herangebildet hat, uns instandsetze, die menschlichen Angelegenheiten aus exaktem Denken heraus ein für allemal zu ordnen und zu handhaben. Denn nicht nur waren die Völker trotz ihrem wissenschaftlichen Können in die Katastrophe des Weltkrieges geraten, es hatte dieser Krieg auch — gerade durch die Anwendung eben jener Ergebnisse der Wissenschaft — alle bisherigen Kriege an Grausamkeit übertroffen.

Zu einem sprechenden Symptom der Problematik, die sich daraus ergab, wurde mir die Relativitätstheorie Albert Einsteins, — damals unter Professoren und Studenten viel umstritten, ja umkämpft. Entzog doch der darin verfochtene Relativismus dem Sein des Menschen als *Menschen* alle Daseinswirklichkeit. Dessen ungeachtet mußte ich die Denkungsweise Einsteins als die folgerichtige Fortsetzung des bisherigen wissenschaftlichen Denkens ansehen, wogegen alle Ver-

suche, sie zu widerlegen, einer solchen Folgerichtigkeit zu entbehren
schienen. Daher war mir denn auch mit Widerlegungen nicht gedient. Aus all diesen Voraussetzungen ergab sich mir im Hinblick auf
die Weiterentwicklung der Menschheit eine bestimmte geistige For-
derung, die sich in das folgende Bild kleidete.

Ich sah vor mir einen Fluß, an dessen einem Ufer wir — die
bisherige Menschheit — uns befanden. Auf dem anderen Ufer lag
Neuland, das es zu erreichen galt. Es ging also um die Überbrückung
des Flusses. Aus der Kenntnis der naturgesetzlichen Ordnung der
Welt diesseits des Flusses konnte die Brücke wohl begonnen, aber
nicht weiter als höchstens bis zur Mitte des Flusses gebaut werden.
Um die andere Hälfte zu erbauen, bedurfte es der Kenntnis der am
jenseitigen Ufer geltenden Kräfte und Gesetze, die man jedoch nur
dort drüben gewinnen konnte. Wie aber sollte man dahin gelangen,
wo doch die Brücke noch fehlte? Es würden sich wohl zuallererst
einige Pioniere entschließen müssen, den Fluß schwimmend zu durch-
queren. Wo konnten die Menschen gefunden werden, die bereit waren, sich zu einer solchen *Tat* zu rüsten? Wo waren diejenigen, die
den *Mut* zu solcher Tat aufbrachten?

Was ich auf dem Programmzettel des Stuttgarter Anthroposophischen Hochschulkurses, angeheftet an das schwarze Brett der Universität, an der ich studierte, zu lesen bekam, schien mir von solchem
Mut-fordernden Tatwillen im geistigen Sinne zu sprechen, und so
machte ich mich zur Teilnahme auf. — An jene Empfindungen und
Impulse sollte ich zurückdenken, als Rudolf Steiner später uns jungen Menschen in Zusammenfassung von manchem vorher Gesagten
zurief: „Anthroposophie will sein die hohe Schule des Mutes."

*

Dieser Kurs brachte — außer Rudolf Steiners Vorträgen* und
denen seiner Mitarbeiter — täglich seminarartige Besprechungen über

---

* Veröffentlicht unter dem Titel: „Mathematik, wissenschaftliches Experiment,
Beobachtung und Erkenntnisergebnisse vom Gesichtspunkt der Anthroposophie",
Stuttgart 1948.

die verschiedenen wissenschaftlichen Fachgebiete. Der Inhalt im einzelnen kann nicht mehr wiedergegeben werden; abgesehen davon, daß die Erinnerung des damaligen Neulings bis auf wenige Einzelheiten versagt, gibt es auch leider keine Nachschriften jener denkwürdigen Besprechungen. Was aber unauslöschlich im Gedächtnis haftet, ist Rudolf Steiners persönliches Verhalten. Er war bei allen Seminarien freundlich zuhörend zugegen, ohne sich zunächst an der entstehenden Diskussion zu beteiligen. Meist aber trat dann der Augenblick ein, wo er sich selbst zum Wort meldete. Was er in Beantwortung einer gestellten Frage oder eines Einwurfes ausführte, ließ die Teilnehmer staunend einen Denker erleben, der in jedem Fachgebiet nicht nur völlig beschlagen war, sondern darüber hinaus zu dem üblichen Wissen Wesentliches aus seiner Kenntnis der geistigen Seite des Menschen und der Welt hinzufügen konnte. Ganz gleich, ob es sich um eine der naturwissenschaftlichen Disziplinen, um höhere Mathematik, Kunstgeschichte, Philosophie oder was immer handelte: stets gab er seinen Beitrag mit ruhiger, von innerer Sicherheit getragener Stimme und im Tone einer freundlichen Darreichung, die den Eindruck erweckte, daß es keinerlei Mühe bedürfe, dies alles zu wissen und zu können. Hier gab sich ein Geist zu erkennen, der auf andere Art zu umfassendem Wissen gekommen war als durch Zusammenholen wissenschaftlicher Kenntniseinzelheiten, die die eigene Lebenskraft zermürben; er lebte — so lernte ich es im Laufe der Tage empfinden — allem Wissen gegenüber auf höherer Warte und tauchte von dort aus in das jeweilige Gebiet ein, um dann davon zu reden, als habe er sich Zeit seines Lebens nur mit diesem einen Wissensgebiet befaßt. Man wird ermessen, was das dem Studenten bedeutete, der nach dem *Menschen* und dem Wissen vom Menschen dürstete. Dabei war es ein besonderes Erlebnis zu beobachten, wie außerordentlich verschieden Rudolf Steiner sich in anscheinend ähnlichen Situationen verhielt, sichtlich je nach den mitspielenden menschlichen Voraussetzungen der Fragenden. Dies sei an drei Vorkommnissen aufgezeigt.

Unter den Teilnehmern befanden sich einige, die sich in den Aussprachen dadurch bemerkbar machten, daß sie das von anthroposophischer Seite Vorgebrachte lobten, aber zugleich den guten Rat gaben, doch nicht zu versäumen, diese oder jene andersartige Geistesart zur Kenntnis zu nehmen und mit der Anthroposophie zur Synthese zu bringen; andere fühlten sich berufen, möglichst jede Diskussion, gerade wenn sie allseitig befriedigende Aufklärung erfahren hatte, dadurch zu stören, daß sie einen Einwand brachten, der sachlich schien, doch nicht von eigener Kenntnis getragen war.

Gegen Ende einer Aussprache über die Bedeutung der Mathematik für die geisteswissenschaftlich erweiterte Naturerkenntnis war, in Anknüpfung an einen Hinweis Rudolf Steiners, über synthetische Geometrie gesprochen worden. Ein Teilnehmer der ersteren Art bemerkte, er sei zwar nicht Mathematiker und habe auch keine Kenntnis der höheren Mathematik, wolle jedoch raten, daß die anthroposophischen Naturwissenschafter über der von Dr. Steiner betonten synthetischen Geometrie nicht die Wichtigkeit der Infinitesimalrechnung unterschätzten.

Kaum war dies gesagt, so stand Rudolf Steiner schon mit blitzenden Augen da und donnerte in den Raum: „Ich verstehe nicht, wie jemand, der von sich sagen muß, daß er von Mathematik nichts versteht, wagen kann, uns hier in diesen Dingen einen Rat zu erteilen!" Der ‚Rater' ließ sich für den Rest des Kurses nicht wieder hören.

Ein Teilnehmer der anderen Art, der allen Gutwilligen bereits zur Last geworden war mit seinen stets unsachlichen oder überflüssigen Einwänden, erhob am Ende eines Geschichts-Seminars, in dem über die geistige Gliederung der Menschheit in eine asiatisch-östliche, eine anglo-amerikanisch-westliche und zwischen beiden vermittelnde europäische Gruppe gesprochen worden war, seine Stimme: „Was aber mit Tschechoslowakei?" Schon versuchten die Diskussionsleiter — sicher unter Zustimmung aller Gutwilligen — den Einwurf fallen zu lassen und das Seminar zu schließen, als Rudolf Steiner sich eilig erhob und, in die Zuhörerschaft weisend, sagte: „Der Herr da hinten hat eine sehr interessante Frage gestellt, die ich gerne beantworten würde. Allerdings würde ich dazu etwa dreiviertel

Stunden Zeit brauchen." Er fragte, ob man ihm diese am nächsten
Tag einräumen könne, was selbstverständlich bejaht wurde. — Am
folgenden Tag, zur festgesetzten Zeit, gab Rudolf Steiner vor dicht
besetztem Zuhörerraum eine bis in die erstaunlichsten Einzelheiten
gehende Überschau der Geschichte des tschechischen Volkes mit dem
Blickpunkt, dessen besondere geistige Aufgabe als Brückenbildner
zwischen der mitteleuropäischen und der osteuropäisch-slawischen
Geistigkeit aufzuzeigen. Dabei sprach er den Fragesteller wiederholt
in dieser und ähnlicher Art an: „Nicht wahr, da hat es doch im
soundsovielten Jahrhundert — (es folgte die genaue Jahreszahl) —
das und das Ereignis gegeben, mit den und den wesentlichen Folgen."
Oder: „Da hat Ihr bekannter Schriftsteller — (es folgte der Name)
— mit seiner im Jahre soundsoviel veröffentlichten Schrift einen so
starken Einfluß dieser und dieser Art auf die Weiterentwicklung des
tschechischen Volkes ausgeübt." Benachbarte Zuhörer sahen den also
Angesprochenen staunend und immer staunender dasitzen. Ich selber
kam, als ich den Vortragsraum verließ, zufällig an ihm vorbei und
hörte, wie er halb vor sich hin, halb zu einem neben ihm Gehenden
sagte: „Nein, daß jemand so viel kann wissen von tschechisches Volk,
ich nie hätte gedacht!" Sein „Aber" war für die restliche Zeit des
Kursus verstummt.

Ein drittes Geschehnis, das mir zugleich erlösendes Licht auf das
mich bedrängende Problem der Relativitätstheorie warf, war das
folgende. Einige Vertreter der herrschenden Naturwissenschaft hatten den Hochschulkurs zum Anlaß genommen, Rudolf Steiner zu
einer Aussprache über eine Anzahl grundlegender Thesen wie der
elektromagnetischen Wellennatur des Lichtes, der atomistischen
Struktur der Materie, der Relativität der Bewegung aufzufordern,
und die Aufforderung war angenommen worden. In der Diskussion
über die Gültigkeit der Relativitätstheorie wurde von einem der
Diskutanten versucht, diese Gültigkeit in etwas spielerischer Weise
zu demonstrieren, indem er ein Zündholz an einer mit der andern
Hand unbeweglich gehaltenen Zündholzschachtel rieb und zum Brennen brachte; dann ein zweites Hölzchen entzündete, indem er umge-

kehrt dieses stillhielt und die Schachtel an ihm entlang bewegte. Worauf Rudolf Steiner ganz ruhig und wie es schien, leicht verschmitzt lächelnd erwiderte: „Ich wüßte gerne, wie Sie Ihren Nachweis liefern würden, wenn ich die Schachtel dort an die Wand nagelte?" — Es war klar: Um die zweite Art des Entzündens auszuführen, hätte einer, der das Streichholz unbeweglich halten sollte, sich außerhalb der Erde auf einen räumlich irgendwie fixierten Standort begeben müssen, um dann von dort aus die ganze Erde mit dem darauf befindlichen Gebäude und der an diesem befestigten Schachtel an seinem Streichholz entlang zu bewegen. — Auf solche Weise enthüllte Rudolf Steiner die von ihm wiederholt so bezeichnete Tatsache, daß die Relativitätstheorie mit „unvollziehbaren Vorstellungen" arbeitet.

Unter den Vertretern der naturwissenschaftlichen Thesen befand sich auch ein bekannter theoretischer Physiker — heute einer der Führenden auf diesem Gebiet, damals am Beginne seines Aufstiegs, — bei dem ich selber nicht lange zuvor ein Kolleg über Elektronentheorie gehört hatte. Im weiteren Verlauf der Diskussion meldete sich dieser und machte zugunsten der Theorie die Feststellung, daß es für unsere Beobachtung keinen Standpunkt gäbe, von dem aus eine kosmische Bewegung, etwa diejenige eines Planeten, anders beobachtet werden könne denn als eine zu einem anderen kosmischen Beobachtungsobjekt relative, und daß wir daher auch kein Recht hätten, eine solche Bewegung in unsere wissenschaftliche Beurteilung anders einzusetzen denn als eine relative. Rudolf Steiner erwiderte folgendermaßen: Er ersuchte, sich zwei etwa in einer Parkanlage auf einer Bank sitzende Personen vorzustellen, die sich also beide im gleichen äußeren Bewegungszustande befinden, sich aber dadurch voneinander unterscheiden, daß die eine normal atmet und eine normale Hautfarbe zeigt, die andere dagegen stark gerötet ist, die Stirn von Schweiß bedeckt hat und stark beschleunigt atmet. Da werde doch an dem beobachtbaren Unterschied des physiologischen Zustandes der beiden Personen evident, daß sich die eine — wenn auch in diesem Falle der Beobachtung zeitlich vorangehend — in einem anderen *absoluten* Bewegungszustand befunden hat als die andere. Ähnlich würde man in der Wissenschaft dahin kommen, gewisse Erscheinungen an den einzelnen planetarischen Körpern zu beobachten, an denen sich der *absolute* Bewegungszustand derselben ablesen ließe.

Mir selber war es, als ob sich in diesem Augenblick ein Vorhang öffnete und ein Blick verstattet würde in das ersehnte Reich neuer Erkenntnismöglichkeiten. Beglückt rief es in mir: Hier ist wahre Wissenschaft! Denn hier wird nicht eine Hypothese der andern gegenübergestellt, sondern begrenzte Erfahrung wird mit real erweiterter Erfahrung oder Erfahrungsmöglichkeit beantwortet! — Im gleichen Augenblick sprang jener Physiker von seinem Stuhl auf und rief in großer Erregung und nachdrücklich gestikulierend: „Ja, ja, sollte das einmal möglich werden, dann *stürzt* die Relativitätstheorie!" Für einen Augenblick war es still im Saal, dann ging die Aussprache weiter. Ohne mir damals deutlich Rechenschaft zu geben, hatte ich doch den unmittelbaren Eindruck, daß sich im Schicksal der Entelechie dieses Physikers Wesentliches vollziehe, etwas, das weit größere Bedeutung hatte als seine Anerkennung oder Ablehnung der geisteswissenschaftlichen Aussage. Rudolf Steiner hatte, in intuitiver Erkenntnis seiner Persönlichkeit, ihm hierzu verholfen, indem er — wie überhaupt in der ganzen Aussprache — nicht den leisesten Versuch unternahm, seinen Opponenten die Anerkennung der Richtigkeit seiner und der Unrichtigkeit ihrer Anschauung abzunötigen; er stellte nur immer wieder mit ruhiger Sicherheit vor alle Zuhörer hin, was eine realistische Betrachtungsweise zu der jeweiligen Sache zu sagen hatte.

Das Schlußwort von Rudolf Steiners damaligen Vorträgen sei im Wortlaut wiedergegeben, ist doch darin ein Leitton zu hören, den er anderthalb Jahre später in bedeutsam veränderter Situation wieder aufklingen ließ:

„Es ist im allgemeinen nicht meine Gewohnheit, mit Phrasen zu rechnen, auch dann, wenn die Phrasen altgeheilt sind, sondern ich möchte überall auf dasjenige zurückgehen, was der schlichte Aus-

druck der Wahrheit ist. Es steht als eine prunkvolle Phrase vielfach
in unseren Literatur- und Geistesgeschichten als letztes Wort des
sterbenden Goethe: Licht, mehr Licht! Nun, Goethe lag in seinem
kleinen Kämmerchen in einer finsteren Ecke, als er am Sterben war,
und das gegenüberliegende Fenster hatte zugemachte Fensterläden.
Ich habe aus meiner Goethe-Kenntnis heraus alle Ursache zu glauben, daß das Wort in schlichter Wahrheit geheißen hat: Machet die
Fensterläden auf! Aber indem ich damit ketzerisch verfahre mit
einer prunkvollen Phrase meinem geliebten und verehrten Goethe
gegenüber, möchte ich doch auch das schlichtere Wort am Schlusse
unserer Kursarbeit Ihnen zurufen, indem ich sage: Ihnen, meine verehrten Kommilitonen, Ihnen rufe ich zu, indem wir uns mit Ihnen
fühlen in dem Raum, der die Fenster öffnet nach geistiger Erkenntnis . . . Ihnen rufe ich zu aus dem Geiste heraus, der uns angeleitet
hat dazu, Sie hierher zu rufen, Ihnen rufe ich zu: Machet die Fensterläden auf!"

Anderthalb Jahre später, im Oktober 1922, scharten junge Menschen sich um Rudolf Steiner — nun nicht mehr, um bloß über die
Möglichkeit einer geistigen Erneuerung der Wissenschaften zu hören,
sondern um Antwort zu erhalten auf wesentliche Fragen ihrer eigenen Entwicklung zum *Menschen* und um in dem bereits hereinbrechen-
den Menschheitschaos Weisungen für bevorstehende Aufgaben im
sozialen Leben zu empfangen. Wieder stellte da Rudolf Steiner der
Phrase, die man Goethe angedichtet hatte, seinen wahren Ausspruch
gegenüber, aber nun in einer für sein Sprechen zu dieser Jugend
charakteristischen, anderen Tonart: „Vielleicht ist der wahre Ausspruch Goethes besser zu gebrauchen als die Phrase: Mehr Licht. Es
ist schon einmal durch dasjenige, was vorgefunden werden konnte
am Ende des neunzehnten Jahrhunderts die Empfindung erregt worden: Die haben ja die Fensterläden zugemacht, die uns vorangegangen sind. Und da kam die junge Generation und fühlte sich beengt,
hatte das Gefühl, es müssen die Fensterläden aufgemacht werden,
die die alte Generation so fest zugemacht hat. Ja, meine lieben
Freunde, ich möchte Ihnen versprechen, wenn ich auch alt bin, im

ferneren davon zu reden, wie wir nun versuchen können, die Fensterläden aufzukriegen."

Das waren die Worte, mit denen Rudolf Steiner den Eröffnungsvortrag jener Reihe von dreizehn Vorträgen beschloß, die wir als
„Pädagogischen Jugendkurs" oder schlechthin „Jugendkurs" bezeichneten, und die weiterhin so bezeichnet worden sind. (Neudruck
1953: „Geistige Wirkenskräfte im Zusammenleben von alter und
junger Generation", mit einem vom Herausgeber redigierten Text,
durch dessen Bemühen, Rudolf Steiners herzlich-lockere Sprech-
weise buchmäßig zu gestalten, die Vorträge allerdings manches von
ihrer ursprünglichen Stimmung eingebüßt haben.) Der Kurs war
in mehrfacher Hinsicht ein ungewöhnliches Ereignis im Leben der
anthroposophischen Bewegung, war er doch zustande gekommen
durch eine Gruppe zum Teil ganz junger Leute, die sich unmittelbar
an Rudolf Steiner gewandt hatten, unter Umgehung sowohl der damaligen Funktionäre der Anthroposophischen Gesellschaft wie auch
der zu jener Zeit in Stuttgart tätig wirkenden Persönlichkeiten. Zu-
dem sah sich die junge Teilnehmerschaft vor Beginn des Kursus in
einer schwierigen Lage. Bei der Vorbesprechung war von den Spre-
chern der Jugend zu Rudolf Steiner gesagt worden, sie fänden, alle
bisherigen Tagungen und Kurse der anthroposophischen Bewegung
enthielten allzuviel „Programm"; darunter leide die schöpferische
Entfaltung der individuellen Kräfte. Es sei das alles noch zu sehr
„neunzehntes Jahrhundert". Rudolf Steiner hörte sich dies mit sichtlich positivem Interesse an und versprach, den Kursus in diesem
Sinne zu halten. Danach begaben sich die Betreffenden auf die Reise,
um andere junge Menschen dafür zu interessieren. Wie groß aber
war ihr Schrecken, als sie nicht lange vor Beginn des Kursus hörten,
Dr. Steiner habe sich auf Befragen, was denn mit diesem Kursus
beabsichtigt sei, dahin geäußert: das wisse er auch nicht. Die Vertreter der Jugend hätten ihm mancherlei Wünsche vorgetragen, aber
sich nicht klar geäußert, was sie nun eigentlich selber wollten. Einer
von uns reiste zu ihm, um aus seinem Munde zu hören, was in Wirklichkeit vorlag. Die Antwort lautete: Wir hätten ihm doch unsere
Abneigung gegen „Programme" kundgetan, also wolle er den er-

betenen Kurs ganz ohne Programm halten. Wie er erfahren habe, hätten wir uns verabredet, ein bis zwei Tage vor Beginn der Vorträge zusammenzukommen, um uns auf die Arbeit mit ihm vorzubereiten; so sollten wir diese Zeit dazu benutzen, uns über das Thema des ersten Vortrages klar zu werden. Dieses sollten wir ihm bei seiner Ankunft bekanntgeben. Nach dem ersten Vortrag sollten wir aus dem, was uns mitgeteilt worden, das Thema für den zweiten Vortrag finden, und so fort. „Auf diese Weise wollen wir den Kurs ganz ohne vorgefaßtes Programm miteinander aufbauen." — Damals bekamen wir einen Vorgeschmack von seiner unerbittlich uns gegenüber eingeschlagenen Methode, uns auf unsere eigene Initiative zurückzuweisen; zum mindesten einen ersten Schritt von uns abzuwarten, ehe er selber seine Hand zu konkreter weiterer Führungshilfe bot.

Niemals vorher noch nachher sind Menschen wohl so dankbar gewesen für Rudolf Steiners *Nicht*-Kommen wie die damals versammelten jungen Leute, denen durch zweieinhalb Tage immer wieder aus Dornach die telephonische Nachricht zukam, Herr Dr. Steiner könne leider immer noch nicht abkommen. Gab es uns doch weitere Zeit, in schwerem Ringen die Formulierung eines Themas zu finden, das unserer geistigen Situation entsprach. Kaum hatten wir es aber gefunden, kam auch bereits die Mitteilung, Dr. Steiner sei soeben aus Dornach abgefahren.

Pünktlich zur angegebenen Zeit traf er ein. Doch als ihm das Thema genannt wurde, schien es ihn zu unserer Überraschung gar nicht besonders zu interessieren. Er sagte nur freundlich, er würde zunächst einen Begrüßungsvortrag halten. Was darin gesprochen wurde, enthielt wie in geschlossener Thematik alles, worum wir in den Tagen vorher gerungen hatten. Nach einem weiteren Thema wurden wir alle zwölf Tage hindurch nicht gefragt. Offensichtlich war in den Tagen unseres Ringens unter uns etwas geistig vorgegangen, das ihm als Vorbedingung seines Sprechens genügte.

Zu dem eigenmächtigen Vorgehen, uns direkt an Dr. Steiner zu wenden, hatte uns das Empfinden geführt, in besonderer Art inner-

halb der anthroposophischen Bewegung zu stehen; das nötigte uns
Fragen auf, die von den älteren Mitgliedern nicht fruchtbar beantwortet werden konnten. Auch glaubten wir, in dem vorhandenen
Geistesgut und den bisher gehaltenen Vorträgen nicht jene Hilfe zu
finden, die wir brauchten. Wir suchten nach Klarheit über das, was
wir wollten; wir wollten wissen, wie wir gerade als junge Menschen
uns schulen konnten, um einmal schöpferische Mitgestalter an der
neuen Kultur zu werden, nach der die fortschreitende Menschheit
verlangte. Wir wollten vor allem wissen, wie man „vom Reden über
den Geist zum Reden aus dem Geiste heraus" gelangen könne, wie
Geist einfließen könne in die verschiedenen beruflichen Betätigungen,
in die wir dabei waren hineinzuwachsen. Sodann bewegte uns die
Frage, wie eine menschliche Gemeinschaft im Sinne des Geistes unserer Zeit gebildet und gepflegt werden könne. Wir sahen als Ziel
vor uns, Grundlagen zu schaffen für eine zeitgemäße „Kulturpädagogik", im besonderen eine Jugendpädagogik.

Über diese seine Vorträge hat Rudolf Steiner späterhin geäußert,
er habe dank der Natur seiner Zuhörer so bildhaft sprechen können
wie kaum je zuvor. Wirklich brachte Vortrag auf Vortrag eine sich
herausentfaltende Reihe von Bildern. Gleich anfangs sprach er von
der Gefühlsnot, in die sich die Jugend am Beginne unseres Jahrhunderts versetzt fühle dadurch, daß ihr von der älteren Generation
lauter „Standpunkte" weltanschaulicher Art entgegengehalten würden. Diese Standpunkte aber seien alle auf einer Eiskruste angekommen. „Die geistige Eiszeit war gekommen. Nur daß das Eis
dünn war, und da die Standpunkte der Menschen die Empfindung
für ihr eigenes Gewicht verloren hatten, so durchbrachen sie nicht
die Eiskruste. Sie waren außerdem in ihren Herzen kalt, sie erwärm-
ten die Eiskruste nicht. Die Jüngeren standen neben den Alten, die
Jüngeren mit dem warmen Herzen, das noch nicht sprach, aber warm
war. Das durchbrach die Eiskruste. Und der Jüngere fühlte nicht:
Das ist mein Standpunkt, sondern der Jüngere fühlte: Ich verliere
den Boden unter den Füßen. Meine eigene Herzenswärme bricht dieses Eis auf." Dieses Eis, sagte er, habe sich zusammengezogen aus

Phrase, Konvention und Routine: Phrase, die eingezogen ist in das
Geistesleben, als im letzten Drittel des neunzehnten Jahrhunderts die
Gedanken aufhörten, von Seele durchpulst zu sein; Konvention, die
das soziale Leben beherrschte, anstatt daß wirkliche menschliche Gemeinschaft sich bildete; Routine, die im praktischen Tun der Menschen an die Stelle des persönlichen Willenseinsatzes getreten ist.

Wenn Rudolf Steiner solche Bilder gebrauchte, war es nicht bloß
künstlerische Einkleidung einer an sich bildlos aussprechbaren Tatsache. Was die jungen Menschen bedrängte, waren ja im wesentlichen
Gefühlserfahrungen, die nicht zum vollen Verstehen kamen. Das
Gefühlsleben des Menschen aber spielt sich auf einer Bewußtseins-
ebene ab, die der des Traumbewußtseins gleicht. Wie wir in Bildern
träumen, so fühlen wir auch in Bildern, nur daß uns diese nicht ohne
weiteres zur Anschaubarkeit kommen. Dadurch können sie quälen.
Rudolf Steiner hob diese Bilder der Jugend ins Bewußtsein. So auch,
wenn er von der „Wissenschaft" sprach als einer Wesenheit. Hat man
einmal ihre Bekanntschaft gemacht, ist sie einem immer wieder vorgestellt worden, so hat man die Einsicht — (in diesem Grade hatte
sie wohl nur Rudolf Steiner, der schon als junger Mensch bewußt
erleben konnte, was wir nur träumten) — „daß sich seitwärts hin-
weggeschlichen hat, verschämt, weil sie sich nicht mehr geduldet ge-
fühlt hat, eine andere Wesenheit. Die sagte einem dann doch, wenn
man aufgestachelt wurde, hinten im Verborgenen mit ihr zu reden:
Ich habe einen Namen, der sich vor der objektiven Wissenschaft
nicht mehr nennen darf. Ich heiße Philosophie, heiße Sophia: Weisheit. Ich habe halt den schändlichen Vornamen von der Liebe (philo)
und habe etwas, was schon durch seinen Namen angenagelt ist, daß
es etwas zu tun hat mit menschlicher Innerlichkeit, mit der Liebe.
Ich kann mich nicht mehr sehen lassen, ich muß verschämt herum-
gehen!"

Mit solchen Worten wollte Rudolf Steiner nicht etwa die Jugend
gegenüber der Wissenschaft und ihren Errungenschaften überheblich
machen oder jene, die studierten, davon abhalten, ihr Studium ernsthaft fortzuführen. Hatte er doch zuvor gegen eine gewisse Tendenz

in der ersten Jugendbewegung, den Gedanken seiner „Blässe" wegen zu mißachten und zu fliehen, gesagt: Gedanken brauche man, um als Mensch zu leben, und diejenigen Gedanken, die uns die letzten Jahrhunderte gebracht haben, könnten wir nicht mehr ablegen. Nur sollten sie nicht bloß im Kopfe sitzen bleiben, sondern so stark gedacht werden, daß sie „durch das Herz und durch den ganzen Menschen bis in die Füße hinunterströmen. Denn es ist wahrhaft besser, wenn statt bloßer roter und weißer Blutkörperchen auch Gedanken unser Blut durchpulsen." Es sei richtig, wenn der Mensch auch ein Herz hat und nicht bloß Gedanken. *„Aber das Wertvollste ist, wenn die Gedanken ein Herz haben."* Nicht die Wissenschaft, sondern den wissenschaftlichen Betrieb hatte er im Sinn, wenn er das Jugendempfinden in dieser Weise kennzeichnete.

*

Im Verlaufe des Jugendkursus sprach er von der Bedeutung des Weges, den er in seiner „Philosophie der Freiheit" zur Erkraftung des Denkens angibt. Wer sich anstrengt, das wirklich zu üben, was er dort „reines Denken" nennt, der erlebt, daß diese Übung eine Willensübung ist, die bis in das Zentrum des Menschen geht. Es führt dazu, die Beobachtung an sich selber zu machen, daß das gewöhnliche Denken in der Tat eine bloße Kopftätigkeit ist. Man spürt dann, daß man beginnt, nicht mehr „so hoch oben" zu denken; daß man beginnt, mit der Brust zu denken. „Sie merken, daß, indem das Denken immer mehr und mehr reine Willensbetätigung wird, es sich zuerst der Menschenbrust und dann dem ganzen Menschenkörper entringt. Es ist, als ob Sie aus der letzten Zellfaser Ihrer großen Zehe dieses Denken hervorziehen würden." Man gelangt dazu zu fühlen, daß in einem „ein neuer innerer Mensch geboren ist, der aus dem Geiste heraus Willensentfaltung bringen kann."

Von seiner „Philosophie der Freiheit" zu sprechen, hatte Rudolf Steiner während des Jugendkursus wiederholt Veranlassung, weil es ihm darum ging, die Bedeutung *moralischer Intuitionen* aufzuzeigen, die aus der einzelnen Individualität für alles moralische Leben

der Gegenwart und Zukunft herausgeholt werden müssen, und weil
in diesem Buche der Weg zu solch intuitivem Vermögen gewiesen
wird. Zum vierten Vortrag erschien er mit einem kleinen Notizbuch
in der Hand. Wer näher mit seiner Arbeitsweise vertraut war, wußte, daß er eine große Zahl von Notizbüchern aus allen Arbeits-
jahren besaß, in die er Gedankengänge niederzuschreiben oder Skiz-
zen zu machen pflegte; nicht, wie er sagte, um das dort Eingetragene
später wieder nachzulesen, sondern weil etwas im Geiste Erfaßtes
sich besser erinnern läßt, wenn es mit einer Gliedmaßenbewegung
verbunden wird. Wie berührte es daher uns junge Leute, als wir
bemerkten, daß Rudolf Steiner sich eigens für uns die Mühe gemacht
hatte, seine Notizbücher durchzugehen und eines aus dem Jahre 1893
für uns herauszuholen. Daraus las er uns eine Rezension über Spen-
cer's „Prinzipien der Ethik" vor, die in einer literarischen Zeitschrift
jener Tage erschienen war und worin es hieß, Spencers Meister-
leistung „müsse die letzten Versuche, ethische Unterscheidungen auf
Intuition, angeborene Gefühle, selbst augenscheinliche Axiome usw.
zu gründen, wenigstens in der Wissenschaft mundtot machen".

Daraufhin begann er zu schildern, wie er in diese ethische Zeit-
stimmung seine „Philosophie der Freiheit" hineinstellen mußte, die
gerade zeigt, daß „alle Zukunft der menschlichen Ethik davon abhängt, daß die Kraft der moralischen Intuition mit jedem Tage stärker werde." Indem er von verschiedenen Seiten her seine radikale
Opposition gegen die herrschende Anschauung der Zeit beschrieb,
sprach aus ihm immer bewegter der innere Kampf, in dem er sich
damals befunden hatte. Was sich heute in der Nachschrift klar und
flüssig liest, muß man sich in höchster Erregung gesprochen vorstellen. Da stand er nun vor uns, noch einmal der Zweiunddreißig-
jährige, der in völliger Einsamkeit gegenüber der ganzen zeitgenös-
sischen Menschheit aus geistiger Einsicht in die Notwendigkeiten,
aus selbstauferlegter Pflicht des Dienstes an der Zeit, kühn seine
Stimme gegen den anschwellenden Sturm des Materialismus erhob.
Was er, äußerlich gelassen in einem Wiener Kaffeehaus sitzend, an
innerer Dramatik durchlebt hatte, das stand jetzt in leibhaftiger

Wirklichkeit vor uns! An der Balustrade der Bühne stand er mit
leuchtenden Augen, die Rechte, die das Notizbuch hielt, hämmerte
auf die Balustrade, daß es dröhnte, und mit einer Stimme, die den
ganzen Saal erfüllte, rief er zu uns herunter: „Es war also notwendig für mich, meine lieben Freunde, den Versuch zu machen, ein
Buch zu schreiben, welches gerade in energischer Weise den Standpunkt vertritt, der in ebenso energischer Weise dazumal von der
Wissenschaft als der bezeichnet wurde, welcher mundtot zu machen
sei." — „Die Suche nach dem Heros", von der in der Jugendbewegung so oft die Rede war, — hier fand sie ihre Erfüllung; hier fand
das von der Not der Zeit bedrängte Herz der Jugend den Heros des
Geistes.

Wir gingen von diesem Vortrag heim, ohne einander viel zu sagen; zutiefst waren wir berührt von dem Erlebten. Mancher mag
sich im stillen gelobt haben, es Rudolf Steiner nachzutun in der Entfaltung geistig-seelischen Mutes, und sei es in noch so bescheidenem
Maße. Später sollten wir noch genauer verstehen lernen, worin dieser Mut bestehen soll. Es ist der Mut, sich zu sagen, daß „das Leben
der Welt in seinen Fundamenten neu gegründet werden muß". Allerdings: *„Mut — den lernt man sehr schnell oder gar nicht."*

*

Unsere Frage: „Wie lernen wir vom Reden über den Geist zum
Reden aus dem Geiste heraus zu gelangen?" beantwortete Rudolf
Steiner im Jugendkurs und auch späterhin dadurch, daß er es einfach praktisch vormachte. Dabei ist das Wort ‚einfach' in dem Sinne
gemeint, daß es oft die scheinbar einfachsten Dinge waren, die er in
diesem Zusammenhang zeigte und vorlebte, durch das, was er in
dem 1924 gehaltenen Kursus, durch den er die anthroposophische Heilpädagogik begründet hat, als die „Andacht zum Kleinen"
bezeichnete. Fast täglich traf er sich mit uns auch außerhalb seiner
Vorträge, ging auf die mannigfachsten Wünsche der Teilnehmer ein.
Da waren junge Bildhauer, die ihm Proben ihrer Arbeiten zeigten,
um Ratschläge für die Weiterarbeit zu erbitten; Dichter, die von ihm

höchst individuelle Hinweise in Bezug auf Rhythmus und Reim erhielten; täglich kam er in die Rezitationsstunden, die uns Frau Steiner erteilte, gab Sprechübungen an, erklärte die Laute und rezitierte uns zweimal selber vor. Weil man sich für das Malen interessierte, gab er auch einige Malstunden. Schließlich war er bei vielen Aussprachen anwesend, die die Kursteilnehmer untereinander veranstalteten.

Gelegentlich einer solchen sprach ein junger Landwirt über das Wesen des Christus, so wie er es verstand. Wenn er sich auch reichlich unbeholfen ausdrückte, so hörten wir ihm doch sehr ernsthaft, ja mit einem gewissen Respekt zu, was allerdings hauptsächlich dem Thema selbst galt. Doch als er im weiteren Verlaufe über das sprach, was ihn seine landwirtschaftliche Erfahrung über den Mist gelehrt habe, rümpften wir verstohlen die Nasen in dem Gefühl, daß man Dr. Steiners Anwesenheit mit solch „gewöhnlichen" Dingen doch wohl besser nicht beanspruche. Am folgenden Tage erschienen die Initiativträger des Kursus zu einer Besprechung bei Rudolf Steiner. Er fragte nach dem Namen des Landwirtes und sagte zu unserem Erstaunen: „Was der junge Mann da über Christus gesagt hat, war ja reichlich unbedeutend." Dann kam es mit freundlichem Nachdruck: „Aber was er über den Mist gesagt hat, das war ausgezeichnet." Bei der nächsten Zusammenkunft wolle er gern selber noch etwas dazu sagen. (Der Kursus, durch den die biologisch-dynamische Wirtschaftsweise begründet wurde, war damals noch nicht gehalten worden). Es sei versucht wiederzugeben, nicht nur was er dann ausführte, sondern auch wie er sprach:

„Es war interessant, was Sie gestern als Landwirt gesagt haben. Ich habe nicht Zeit, noch lange hier zu bleiben, und will daher wenigstens kurz dieses dazu sagen. Auch in der Landwirtschaft sucht man das Geistige. Auch dort glaubt man, daß neue Methoden gefunden werden müssen, bis in die Behandlung des Materiellen hinein. Wenn Sie zu der heutigen materialistischen Wissenschaft gehen, so finden Sie nicht viel Liebe für die Landwirtschaft. Die heutige Wissenschaft meint, daß, wenn man so und so viel Stickstoff im Acker braucht, man ihn in dieser Menge in den Acker hineinbringen

muß. Da weiß man nicht, daß man nur um den Acker herum systematisch die Esparsette anzupflanzen braucht, um durch Strahlung
die nötige Menge Stickstoff in den Acker hineinzubekommen. Dazu
genügt schon, daß man die Esparsette in einer einzigen Reihe um den
Acker herum pflanzt."

Ein Mutiger unter uns, der nicht wußte, was eine Esparsette ist,
fragte danach, und Dr. Steiner antwortete sogleich und zwar so, daß
man erlebte, er sprach nicht ,über' diese Pflanze, noch überhaupt von
ihr als etwas Abwesendem, sondern so, daß durch das Intime des
Tonfalles, die Besinnlichkeit seiner Haltung, die Bewegung seiner
Hände die unmittelbare geistige Gegenwart dessen, wovon er sprach,
tief eindrucksvoll erlebbar wurde. Die Esparsette ,entstand' gleichsam unter seinen Worten und Gesten. Vielleicht kann man dieses
nachzuempfinden versuchen, wenn die folgenden Worte gelesen werden, die in der Nachschrift festgehalten wurden.

„Esparsetten — das sind Pflanzen —, die haben Blütenstände —
Schmetterlingsblüten —, die sind lilafarbig — sie haben gefiederte
Blätter —". Und dann: „Diese Pflanze hat die merkwürdige Kraft
in sich, den Boden auf weite Strecken mit dem zu durchdringen, was
die Menschen auf eine möglichst künstliche Weise in ihn hineinbringen wollen. — Glauben Sie, das ist Unsinn? Nein! Das sind allerdings Dinge, die man durchschaut, wenn man mit der Geisterkennt-
nis konkret bis ins Materielle vorzudringen vermag."

*

Der Rahmen eines Aufsatzes wie des vorliegenden ist räumlich
beschränkt. Vieles von den Erlebnissen um die großen „Jugendansprachen", die in den Jahren 1923/24 folgten, von den persönlichen Erfahrungen als Waldorflehrer, muß übergangen werden. Nur
einige Aspekte, die heute wie damals gelten, ja, die für die inzwischen herangewachsene Jugend und die noch folgenden Generationen
des Jahrhunderts in steigendem Maße gelten, seien noch angefügt.

Das Verhalten der älteren Generation zur jüngeren ist zumeist
entweder durch Kritik und daraus resultierende Ablehnung be-

stimmt, oder durch den Wunsch, sie für sich und die eigenen Ziele zu
gewinnen. Rudolf Steiner kam von dem Tage an, da einige der Jungen
zum ersten Male ihre Fragen *gemeinsam* an ihn herantrugen, ihnen
so bereitwillig entgegen, weil für ihn die geistigen Hintergründe
offen lagen, aus denen heraus die neue Generation ihren Erdenweg
angetreten hatte und alle folgenden Generationen ihn antreten würden. Er sah, daß etwas in den Seelentiefen der jungen Menschen
lebte, das neu war in der Menschheitsgeschichte. Er wußte, daß, was
in der Jugend ‚rumort‘, große Möglichkeiten enthält, aber daß es
auch, wenn ihm keine rechte Pflege zuteil wird, ebenso große Gefahren in sich birgt. Sein erster Schritt in dieser Pflege war zu helfen,
daß die Jugend sich dieser ihrer Veranlagung bewußt wurde. Er
betonte immer wieder, daß die mit der Jahrhundertwende erstmals
in größerem Ausmaß aufgetretene, sich selbst organisierende Opposition der Jugend gegen das Alter etwas anderes gewesen sei, als das,
was von jeher zwischen den Generationen spielte. Wie er uns in einer
seiner großen Ansprachen an die Jugend, im Sommer 1924 in Arnhem in Holland, sagte, sei es ihm bereits in den Anfangszeiten der
Jugendbewegung ganz deutlich gewesen, daß „durch einen Großteil
der gegenwärtigen Jugend im tiefsten Unterbewußtsein ein Zug von
einem merkwürdig gründlichen Verständnis lebt dafür, daß *ein großer, erdbebenartiger Umschwung in der ganzen Entwicklung der
Menschheit sich vollziehen muß.*"

Wir pflegen mit den verschiedenen Jahrhunderten bestimmte, ab-
gegrenzte Vorstellungen zu verbinden, wie etwa die zwei Phasen
der Renaissance-Malerei schlechthin „Quattrocento" und „Cinque-
cento" heißen. Wir reden vom „20. Jahrhundert" und verbinden damit eine bestimmte Vorstellung, die sich von der des 19. Jahrhunderts unterscheidet. Für Rudolf Steiners Geistesblick enthüllte sich
die Wende des 19. auf das 20. Jahrhundert in noch weit tieferem
Sinne als etwas ganz Besonderes in der Geschichte der Menschheit.
Mit dieser Wende ist eine einmalige Veränderung der geistigen Verhältnisse verknüpft, nicht nur der Erde, sondern des ganzen Kosmos,
also der Welt, in der die Menschenseele vor ihrer Geburt weilt. Diese

Veränderung war die Voraussetzung dafür, daß er gerade von dem Zeitpunkt unserer Jahrhundertwende an lehren konnte, wie er es tat. Begreiflicherweise klang es überheblich für die Ohren der älteren Menschen, wenn die damals zur Welt Gekommenen sich dann als „total andere Menschen" bezeichneten; in Wirklichkeit war es ein Stammeln, ein Bitten, sie verstehen zu lehren, was sie nicht verstehen konnten: sich selbst, — den Menschen, den sie als ‚total anders' empfanden. Rudolf Steiner sah es, was da zum Durchbruch kommen wollte. Bringen doch die Seelen seit dieser Wende in ihren Willenstiefen ein Drängen nach Geistigem auf die Erde mit, ein Drängen, das, wenn es nicht seine Zielsetzungen findet, sich in krankhafter Weise entladen muß: als organische Schädigungen, als seelische Störungen, jugendliche Kriminalität, politisches Unholdtum usw. Weil er all dies voraussah, deshalb nahm er die Gelegenheit wahr, wo immer sie sich bot, sich von der Jugend über ihr eigenes Rätsel befragen zu lassen; mit ihr zu reden, sie in großem Stile anzusprechen, um ihr die geschichtliche Verantwortung ins Bewußtsein zu bringen. Aber wie bei ihm immer alles im Gleichgewicht war, so ließ er jene, die zu ihm kamen, auch die nötigen Dämpfungen erfahren oder zumindest eine Korrektur ihrer Impulse. Beispiele dafür haben die vorangehenden Darstellungen gebracht.

Noch eine andere Sorge konnte man heraushören, wenn er zur Jugend sprach. Die menschliche Seele wird ja nicht nur durch dasjenige bestimmt, was sie sich aus ihrem vorgeburtlichen Leben als unbewußte Erinnerung und darauffolgende Impulsierung ins Erdenleben mitbringt. In ihr wirkt auch alles, was ihr durch Vererbung und Umwelteinflüsse zukommt, so vor allem auch durch Unterricht und Erziehung. Oft mußte Rudolf Steiner helfen, den ‚greisenhaften Vordergrund' in den Seelen fortzuräumen, damit der eigentliche ‚jugendliche Hintergrund' zu seiner Geltung kommen konnte. Wenn er erlebte, wie junge Menschen, etwa in der Meinung, sie müßten in seiner Gegenwart besonders ‚klug' reden, sich in Abstraktionen verfingen; wenn er empfand, daß allzu drückendes Schwergewicht auf ihren Seelen lastete, — woran heutzutage ja jede Seele in irgendeiner Art leidet —, so war er gleich bei der Hand, die Hindernisse liebevoll zu überkommen. Aus diesen Hintergründen sind einerseits seine großen, impulsierenden Anrufe zu verstehen, andererseits seine humorvollen anekdotischen Erzählungen, die in keiner seiner Jugendansprachen fehlten und inmitten der allerwesentlichsten Weltdarstellungen auftreten konnten. Sie waren Einkleidungen irgendeines wesentlichen Gedankens in unmittelbar lebensnaher, nicht abgezogen-gedanklicher Form. Wie gerne ließ er dann seine Augen aus sich freundlich fältelnden Augenwinkeln in warmherzigem Humor erstrahlen, — um sie vielleicht im nächsten Augenblick weit über die Anwesenden hinweg in hoheitsvollem Ernst wie in kosmische Weiten zu richten.

Im letzten Vortrag des Jugendkurses übermittelte Rudolf Steiner uns — und damit der Jugend unseres ganzen Zeitalters — das alle bisherigen Bilder des Kursus überkrönende des Kampfes Michaels mit dem Drachen. Es ist das Bild für den Kampf der durchgeistigten Intelligenz des Menschen gegen die Menschen ertötende, Menschen verschlingende Macht des Materialismus mit all seinen Auswirkungen. Auch in früheren Zeiten wurde dieses Bild gekannt und dargestellt, doch hatte es damals prophetischen Charakter, es sollte hindeuten auf das, was in künftigen Zeiten zu erwarten war. Heute ist es akut geworden. In einer Theorie wie jener, die im Menschen nichts anderes als den Schlußpunkt der Tierreihe sieht, oder der in der Physik geltenden von der Erhaltung der Materie und Kraft, zeigt sich die geistige Signatur des Drachens in unserer Zeit. Denn durch sie ist „der Weg zum Menschen dicht verriegelt worden". „Aber der Drache *muß* besiegt werden, und deshalb muß die Erkenntnis Platz greifen, daß das Bild von dem Michael, der den Drachen besiegt, nicht nur ein altes Bild ist, sondern ein Bild, das in unserer Zeit den höchsten Grad seiner Realität erreicht hat!"

Rudolf Steiner hat uns damals dieses Bild noch in ein anderes verwandelt, das völlig neu ist, ja, man kann sagen, den Beginn einer neuen Mythologie der Menschheit einleitet. In der alten Bildersprache hat immer wieder der „Wagen" eine bedeutende Rolle gespielt. Elias sah man auf einem feurigen Wagen gen Himmel fahren. Der Sonnengott wurde erlebt, wie er in einem von feurigen Rossen gezogenen Wagen die Himmelsbahn entlangfährt. Nun formte Rudolf Steiner das, was er der Jugend mitgeben wollte, wieder in das Bild des Wagens, aber eines von der geistigen in die irdische Welt *herein*fahrenden Wagens. Noch einmal kam er auf die Kräfte im Menschen zu sprechen, die dieser sich aus dem vorirdischen Leben in das Erdenleben mitbringt, die dann am Kinde und weiterhin am jugendlichwerdenden Menschen arbeiten, sich durch ihn offenbaren. „Da ist es real vorhanden, was, wenn wir es pflegen, für Michael der Wagen wird, durch den er hereinfahren wird in unsere Zivilisation. Erziehen wir in der richtigen Weise, bereiten wir Michael das Fahrzeug, damit er hereinkommen kann in unsere Zivilisation." — Michael das Fahrzeug zimmern, heißt, Genosse werden können des Michael. „Und dasjenige, was Sie wollen, meine lieben Freunde, werden Sie am besten dadurch erreichen, daß Sie sich bewußt werden, *Sie wollen Genossen des Michael werden.*"

Damit war der neuen Generation unseres Zeitalters, der damaligen wie der heutigen und künftigen, das Zeichen gegeben, aus dem ihr die Impulse für ihre geistigen Aufgaben entquellen wollen.

Einer von den Jungmedizinern

1921 war ich zum Studium nach Tübingen gegangen. In den deutschen Städten gab es damals wenig freie oder nur sehr teure Zimmer, und da ich nicht viel Geld ausgeben konnte, hatte ich mich in einem benachbarten Dorf einquartiert. Jeden Tag mußte ich einen ziemlich weiten Weg bis zur Universität zu Fuß zurücklegen, und wenn ich zwischen den Linden der Chaussee in hereingebrochener Dunkelheit dahinwanderte, richtete ich an einen ganz bestimmten Stern, von dem ich noch nicht wußte, daß es der Sirius war, eine Frage: Wenn es eine geistige Welt gibt, möchte ich etwas von ihr erfahren. Mich beschäftigten damals Swedenborgs Schriften, — vor allem sein „Himmlisches Jerusalem", — und diese mochten letztlich die Frage heraufgerufen haben. An einem Abend — es war tiefer Schnee gefallen und die Sterne glitzerten auf dem Himmelsgrund; lange war ich in der Universitätsbibliothek geblieben, weil ich zu Hause keine Kohlen hatte —, stellte ich noch intensiver als sonst meine Frage an den Stern, und in der Nacht hatte ich einen Traum. Ein verstorbenes Familienmitglied, das ich sehr verehrt hatte, hörte ich sagen: „Paß auf die nächsten drei Tage auf." Mit diesen Worten wurde ich wach.

Zwei oder drei Tage danach geriet ich in einen Kreis von Theologen, — wie ich als Mediziner dahin kam, weiß ich heute nicht mehr, — und hörte einen hochgewachsenen jungen Menschen einen Vortrag halten über Anthroposophie und neue theologische Erkenntnisse, in welchem auch vorkam, daß es zwei Jesusknaben gegeben

habe. Der Redner hieß Emil Bock, und der Student, der neben mir
saß und mir dann Rudolf Steiners „Philosophie der Freiheit" lieh,
Kurt von Wistinghausen. Innerlich horchte ich auf: war es das, worauf ich achtgeben sollte?

Etwa ein Jahr verging, ich siedelte an die Rostocker Universität
über und wurde eines Tages zusammen mit einem anderen Kommilitonen aufgerufen, wie das für ältere Semester Gepflogenheit war,
einer polnischen Bäuerin bei der Geburt ihres Kindes beizustehen.
Das Kind kam nicht, eine ganze Nacht ging über dem Warten hin,
und in jener Nacht erzählte mir der Mitstudent — er hieß Heinrich
Hardt — von Anthroposophie. Wir schlossen Freundschaft und nach
einigen weiteren Tagen sagte er mir: „Wir holen hernach einen Kollegen ab, der gerade in Dornach war." Als wir nach unserer Arbeit
auf dem Bahnsteig standen, stieg programmäßig der Erwartete aus,
Hardt nannte unsere Namen: „Manfred v. Kries — Magerstädt..."
— „Wie heißen Sie?" fragte Kries erstaunt, „Magerstädt? Sie soll
ich ja suchen." — „Wieso?" sage ich. — „Weil einigen von uns aufgefallen ist, daß Sie nach etwas Bestimmtem Ausschau halten. Wenn
Sie jetzt nicht hier gewesen wären, hätte ich mir die Studentenliste
geben lassen und Sie herausgesucht. Man sagte mir, Sie gehören zu
der Gruppe, die nach Dornach fahren soll."

Damals versuchte ich meine Doktorarbeit anzubringen und war
in Rostock gelandet, weil mir diese Universität am aussichtsreichsten
erschien, das Thema, das ich mir gestellt hatte, — „Iriscopie",
Augendiagnostik — anzunehmen. Natürlich interessierte es mich,
nun zu hören, daß auch Rudolf Steiner seine Doktorarbeit einst an
der Rostocker Universität eingegeben hatte, und in aller Unbefan-
genheit schrieb ich an ihn: Da ich zur kommenden Medizinertagung
nach Dornach eingeladen sei, würde ich mir erlauben, mit ihm Rücksprache über meine Arbeit zu nehmen und berichtete gleich von
meiner Idee der Dreigliederung des Auges.

Unser Kurs sollte Anfang Januar beginnen und so fuhren wir
bereits — man schrieb 1923 — zur Weihnachtstagung nach Dornach.

Wir Deutsche kamen aus Inflation und Niedergang in die wohl-
geordneten Verhältnisse der Schweiz, und wer im Weltkrieg heran-
gewachsen war, — ich war Kriegsfreiwilliger gewesen —, sah zum
erstenmal mit Bewußtsein ein Land des Friedens. Auf dem Dornacher
Hügel aber standen die Ruinen des abgebrannten Goetheanums, Fa-
nal für ungezählte Ruinen, die Europa erleben sollte.

Es wimmelte von Menschen. Man sah erstaunlich viel interessante
Gesichter, die eigenartigsten Individualitäten. Für den ersten Vortrag, den ich von Rudolf Steiner hören sollte, verschaffte ich mir
einen Sitzplatz auf der Bühne der „Schreinerei", hinter dem Rednerpult, um alles aus nächster Nähe beobachten zu können. Man sah
von hier aus über die Menge hinweg, die da saß und wartete. Schließlich entstand eine allgemeine Bewegung, die Gesichter wandten sich
einem Ausgange zu ... Kam da ein Jüngling angeschritten? Jeder
Mensch hat seinen eigenen Gang, der eine wippt auf und nieder, ein
anderer schiebt sich mit dem Kopf voran, wieder ein anderer hat
die Nase im Himmel, — und hier sah man einen ruhig schreitenden
Menschen, der von ferne wie ein Jüngling erschien; man konnte von
ihm nur sagen, daß er ruhenden Hauptes ging. Er grüßte diesen und
jenen mit einer Bewegung der Hand, mit einem Blick der Augen
oder er nickte mit dem Kopf; und dann kam er auf die Bühne. Was
hat dieser Mensch doch für einen Gang! konnte ich nur immer wieder denken. Das war mein erster Eindruck von Rudolf Steiner.

Nun hatte ich mich wie viele heimatlose Seelen in mancherlei Zusammenhängen suchend umgesehen, beim Wandervogel, im Eucken-
Kreis, bei Lhotzki, im Kloster Beuron, und nirgends hatte ich die
Totalität von Tun, Denken und Reden gefunden. Das hier — war
ein ganzer Mensch. Doch da mich viele negative Erfahrungen vor-
sichtig und kritisch gemacht hatten, ließ ich nun die Künste, die ich
zu haben meinte, spielen, um hinter eventuelle Schliche zu kommen;
bis zu einem gewissen Grade hatte ich mir Chiromantie, Ausdrucks-
kunde und Graphologie angeeignet. Also setzte ich mich hin und
paßte genau auf. Ich studierte das Gesicht, suchte die Handlinien zu
sehen, wenn Rudolf Steiner die Hände hob ... Wer ist dieser

Mensch? fragte ich mich. Noch nie hatte ich solche Handlinien gesehen. Es war eine volle, griffige Hand, die Hand eines Plastikers,
der Zeigefinger fast gleich lang wie der Mittelfinger; Jupiter und
Saturn, wie man da zu sagen pflegte, in gleicher Stärke ausgebildet.

Zwischen Tür und Angel kam ich dann auch zu der erhofften Unterredung. Rudolf Steiner stand im Licht, ich im Dunkeln. Da fiel
mir seine wunderbare Iris auf, eine Iris, die in jedem Licht anders
aufleuchtete; im Augenblick war sie bernsteinfarben. Dann hatte ich
ein eigentümliches Erlebnis. Ich hatte wohl zu viel und ohne die
rechte Ehrfurcht beobachtet und wurde wortlos zurückgewiesen; wie
einen Schlag empfand ich es, der durch mich hindurchging. Es war
Abwehr; sie sollte besagen: so — nicht. Die ausgesprochenen Worte
aber lauteten: „Ich habe Ihren Brief erhalten, und da ich Sie nun
kenne, kann ich Ihnen sagen: Sie können Universitätsprofessor werden   oder Sie werden Anthroposoph." Ich war sprachlos. Dies war
ja wahrhaftig keine Antwort auf die Frage eines Studenten wegen
seiner Doktorarbeit; dennoch war es eine jener Antworten, an denen
man lange zu rätseln hat. Auch hatte ich nach seiner wortlosen Zu-
rechtweisung zugleich ein übergeordnetes Erlebnis. Ich wußte spontan: hier ist für mich, der ich mich heimatlos fühlte, die Heimat;
hier bin ich zu Hause. Diese Heimat hing innig mit der Persönlichkeit Rudolf Steiners zusammen. Alles Gute und Schöne, dessen ein
24jähriger Mensch überhaupt fähig ist, lebte mächtig in mir auf.

In den nächsten drei Tagen hörte ich alle Vorträge, die Rudolf
Steiner hielt, saß einmal rechts, einmal links, einmal hinten, einmal
vorn. Die Gestalt des Lehrers war für mich in eine farbige Geist-
atmosphäre getaucht, und ich konnte von meiner Gewohnheit, alles
prüfen zu wollen, so schnell nicht lassen. Der Eindruck blieb bestehen. Auch die Menschen, die mir begegneten, offenbarten mit
einem Male ihre seelisch-geistige Grundnuance. Es war ein Erleben,
das mir über den Kopf wuchs und das ich kaum ertrug. Eines Tages
lief ich in dieser Stimmung ohne äußeren Grund zur „Schreinerei".
Da kam Rudolf Steiner um die Ecke. „Nun, werden Sie Anthroposoph?" — „Ja", erwiderte ich. Er gab mir die Hand — und mit die-

sem Händedruck waren alle außergewöhnlichen Erlebnisse der letzten Tage von mir genommen.

Während der Weihnachtstage hatte ich einem der Wächter die
Nachtwache abgenommen; des Nachts und manchmal auch am Tage
ging ich nun rings um das Gelände. Einmal traf mich der Dienst zwischen zwölf und drei Uhr. Ich konnte von meinem Posten aus die
Villa Hansi, in der Dr. Steiner wohnte, sehen und nahm das Licht
wahr, das in seinem Zimmer brannte. Als ich um drei Uhr abgelöst
wurde, ging es aus, doch als ich, durch irgendwelche Umstände veranlaßt, erst eine Stunde später hinüber zum Sonnenhof in mein
Quartier ging, sah ich, daß es bereits wieder brannte. Also hatte er
nur eine Stunde lang geschlafen.

*

Als die Tagung vorüber war, in den ersten Tagen des neuen Jahres, begann der Jungmedizinerkurs, und jetzt fanden alle Fragen
und Sehnsüchte, die ich in mir getragen hatte, ihre Antwort. Bisher
hatte ich mich in der Welt nicht zurechtgefunden. Gewiß, ich hatte
das Physikum gut bestanden; aber war mir durch das Studium der
Medizin der Mensch nicht noch mehr zum zusammengestückelten
Mosaikbild geworden? Mir fehlte die Idee, das Urbild des Menschen, und weil ich dieses nicht fand, hatte mir auch die eigentliche
Beziehung zu meinem Studium gefehlt. Nun erst bekam ich ein Bild
vom Menschen; und so auch von der Welt. Bisher war ich ein Fremd-
ling auf der Erde gewesen, auch wenn ich oft zu allerlei Allotria
aufgelegt gewesen war. Manchmal konnte ich mich selber beim Ohr-
läppchen nehmen und fragen: Mensch, wie kommst du nur hierher?
Bist das wirklich du? — Nun erst fühlte ich mich wahrhaft inkar-
niert und aufgewacht; endlich hatte ich die Ganzheit von Welt, Erde,
Mensch gefunden. Ein Blinder war ich, dem die Binde von den Augen
genommen wurde, der sich nun umsah und jubelte: Es ist ja doch
schön auf der Welt! Geist und Natur sind eins! Mit einem Schlag
wurde ich fröhlicher und gesünder.

Zu Ostern 1924 war ein zweiter Jungmedizinerkurs verheißen. Heinrich Hardt und ich standen zwar mitten im Staatsexamen, zwischen zwei Prüfungsstadien, aber wir konnten doch nicht anders, als wenigstens für ein paar Tage von Rostock nach Dornach zu fahren. Aus dem Norden kommend, wo kaum noch der Frühling zu ahnen war, tauchte man nun in die über und über blühende Dornacher Gartenwelt ein, durch weiße Kirschbaumwolken ging man über den Bretterweg zum „Glashaus", worin die Glasfenster für den ersten Goetheanum-Bau geschliffen worden waren. — Wir konnten nicht bis zum Ende des Kurses bleiben, der Prüfungstermin war unverrückbar. Mich überkam das Gefühl: wenn du dich persönlich von Rudolf Steiner verabschieden kannst, wirst du alles schaffen. Es war schwierig, an ihn heranzukommen, so daß ich mich schließlich ein wenig gewaltsam durch die Reihen der Kollegen durchschieben mußte; aber es gelang, mich zu verabschieden und zu bedanken. Nachmittags darauf kamen wir in Rostock an und abends begannen bereits die Prüfungen.

Diesmal hatte es in Dornach, mitten in aller Beglückung, kurze Augenblicke voll unerwarteter tiefer Bangigkeit gegeben. In der Liebe zu dem gefundenen Lehrer begann ich auf neue Art auf alles genau zu achten, und so merkte ich, daß seine Körperkräfte nachließen. Wenn er zum „Glashaus" heraufkam, waren es nicht mehr die gleichen, beflügelten Schritte, das Haupt saß nicht mehr auf einem schwebenden Körper. Doch waren es nur Augenblicke, von gegenteiligen Eindrücken schnell wieder verdrängt, und ich konnte hoffen, daß ich mich täuschte.

Im Mai war das Staatsexamen gemacht, und nach der Promotion trat ich als Medizinalpraktikant in einer Naturheilklinik an, in Jena, wo eben die Freunde Löffler, Strohschein und Pickert dabei waren, auf dem Lauenstein der anthroposophischen Heilpädagogik die erste Heimstätte zu schaffen. Als Rudolf Steiner im Juni kam, um sie einzuweihen, konnte ich auch dabeisein. In einer Pause zwischen den verschiedenen Konferenzen stellte ich mich zu ihm, als er in den Garten trat. Ich dankte ihm dafür, daß man nun wieder ein berech-

tigtes Naturgefühl pflegen könne, beobachten, ob man auf Kiesel
oder Kalk spazieren gehe, wie die Flora sich auf diesem und auf
jenem verhalte, das Tierleben sich einschalte . . . Und wie man nun
zu Resultaten kommen könne; wenn man sich des Abends mit einem
Problem beschäftige, würden des Morgens die Antworten kommen.
„Ja, Magerstädt", sagte er gütig und ein wenig scherzhaft lächelnd,
„den Seinen gibt's der Herr im Schlaf." Dann wurde er ernst. „In
der Nacht werden Gedanken angenommen oder nicht. Wenn sie richtig sind, hat man die Möglichkeit, zu Resultaten zu kommen, man
findet Heilmittel und so weiter."

Ein Zögling des Heimes trat heran, einen kleinen Kodak in der
Hand und fragte Dr. Steiner, ob er ihn photographieren dürfe. Es
wurde bejaht, und ich freute mich im stillen schon auf die Aufnahme
(aus der dann aber leider nichts wurde). Rudolf Steiner forderte den
Jungen auf, gleich noch eine zweite Aufnahme zu machen; dafür
hätte er einen neuen Film aus dem Hause holen müssen, und jetzt
setzte der Wille des Kindes aus, es wollte nicht mehr. Dr. Steiner
machte darauf aufmerksam, daß dieser Vorfall bereits eine gewisse
Diagnose für den Jungen ergebe, daß er nämlich sein Interesse nicht
ins Stoffwechsel-Gliedmaßensystem hinunterbringe, weil sein Äther-
leib und sein physischer Leib sich dagegen sträubten. Im heilpädagogischen Kurs sollte er ausführlich auch auf dieses Kind zurückkommen; ich aber war im Augenblick entschlossen, die kostbare Zeit zu
nützen und blieb an seiner Seite. Wir gingen langsam aus dem Garten hinaus und kamen an einer Linde vorbei, die eine große Holz-
geschwulst hatte. Rudolf Steiner wies mit der Hand auf den Baum,
der, wie er sagte, sich nicht in der senkrechten Stellung nach oben
entwickele, sondern in der horizontalen, abweichend von der Wachs-
tumsrichtung. Er möchte diesen Auswuchs haben, meinte er, man
möge ihn abschneiden, damit man im Dornacher Laboratorium damit Versuche machen könne. Als ich fragte, auf welche Art, erwiderte er, das Holz würde verkohlt und dann weiter verarbeitet. —
Mir lag nun daran, an eine seiner Bemerkungen während des Mit-
tagessens anzuknüpfen. Er hatte davon gesprochen, daß alle Men-

schen, die in Jena größere Bewegungen in Gang gebracht hätten, von
auswärts gekommen seien, Schiller, Goethe, Fichte, Haeckel, und dabei war mein Lokalpatriotismus als Thüringer zu kurz gekommen.
Auch wenn die Thüringer keine großen Ereignisse in Gang gebracht
hätten, seien sie doch ganz stark naturverbunden, sagte ich, und hätten eine besondere Beziehung zur Heilkunst. „Ja", erwiderte er, „die
Naturverbundenheit und die Beziehung zur Heilkunst ist vorhanden, nicht ohne Grund hat Goethe seine Brockenszene in die thürin-
gische Landschaft verlegt, — er hätte genau so gut auch den Insels-
berg dafür wählen können. Die Beziehung zu den Elementargeistern
ist überall in Thüringen zu finden."

Wir gingen nun auf einem Weg hoch über dem Saale-Tal. Ein
herrlich blauer Frühsommerhimmel spannte sich über den Tag. Ich
sah, wie der Sinn Rudolf Steiners tief offen war für alle Schönheit
ringsum. Ob ich noch einige Fragen stellen dürfe? erkundigte ich
mich, und er bejahte in väterlicher Güte. „Da haben wir die Wild-
rose; die Heilkundigen geben an, daß sie die Kerne für Nierenstein-
leiden verwenden", sagte ich. — „Ja, das ist schon richtig, aber sehen
Sie einmal die rote Schale der Hagebutte, die hat die Weltenastrali-
tät gerötet. Machen Sie eine Abkochung dieser Schale . . ." Er gab
an, in welcher Art die Flüssigkeit angewendet werden müsse, um
„ein wunderbares Heilmittel" für Nierenerkrankungen zu sein. Dann
bückte er sich und nahm vom Wege ein Blatt aus der Rosette von
Plantago major, dem breitblättrigen Wegerich, teilte die Rippen und
nahm ein quadratzentimetergroßes Stückchen heraus. „Wenn Sie
zehn oder zwölf solcher Stückchen an den Salat geben, wenn er an-
gemacht wird, haben Sie ein gutes Blutreinigungsmittel für die Kinder vom Lauenstein." — „Was wirkt denn in dem breitblättrigen
Wegerich?" fragte ich, und zu meinem Erstaunen war die Antwort:
„Mangan." — Darauf unterhielten wir uns über Aeskulin und die
Roßkastanie; und nun glaubte ich die Frage anbringen zu können,
ob etwas an dem spagyrischen Verfahren der Rosenkreuzer sei, der
Art, wie sie die Heilmittel hergestellt hatten? Mir persönlich gefalle
der Alkohol nicht an den homöopathischen Potenzen, ich hätte den

Eindruck, das Heilmittel werde zu stark mumifiziert. Mit großer
Wärme ging er auf diese Frage ein und sagte: „Selbstverständlich
ist das eine ganz wichtige Angelegenheit. Man muß bei 37 Grad
Wärme einen Pflanzenauszug machen. Die 37 Grad sind eine kosmische Wärme-Entität. Wenn Sie Pflanzenteile, Blätter oder Blüten,
was Sie nehmen wollen, ein bis zwei Tage bei 37 Grad ausziehen
lassen, bekommen Sie ein sehr gutes Heilmittel." (Auf dieser Angabe
sollten sich späterhin verschiedene Heilmitteldarstellungen entwik-
keln). — „Hier ist ein Wachtelweizen", sagte ich, „man hat da die
beiden Komplementärfarben: gelb die Krone und violett die Blüte
selbst, wie ist so etwas möglich?" Rudolf Steiner antwortete: „Das
kann ich Ihnen im Augenblick auch nicht sagen." — Dieses war ein
Beispiel, in welcher Art Rudolf Steiner solche Dinge erforschte: hätte
ich am nächsten Tage nochmals mit ihm zusammensein können, wäre
wohl die Antwort gegeben worden.

An diesem Tage war alle Besorgnis um den geliebten Lehrer ver-
schwunden, meine Sorgen von Ostern schienen unberechtigt gewesen
zu sein; wenn er auch strenge Diät hielt, so war er doch frisch und
schien ganz unbeschwert. Und als wir im September wieder nach
Dornach kamen, in jenem Monat, in dem er über siebzig Vorträge
hielt, und ich außer dem pastoralmedizinischen auch den Schauspie-
ler-Kurs mitmachen konnte, blieb keine Möglichkeit zur besonderen
Beobachtung. Die Frage schien vielmehr die: wie können *wir* all das
ertragen, was da geboten wird? In unfaßlicher Fülle strömte der
Geist. Jedes Gebiet, das Rudolf Steiner berührte, wurde taufrisch.
Jeder Gesichtspunkt war vollkommen neu, es gab keine Wiederholung, nicht in der Formulierung, nicht im Gedankengang. Ein
übersprudelnder Quell begnadete uns. Wir tranken und ahnten nicht,
daß wir unseren Lehrer zum letzten Mal in seinem Erdenleib sahen.

Die Anfänge der Eurythmie

In den Wintermonaten des Jahres 1903 hörte meine Mutter zum ersten Male in Düsseldorf Dr. Rudolf Steiner sprechen. Es war ein öffentlicher Vortrag im größten Konzertsaal der Stadt. Meine Mutter, damals schon Mitglied der „Theosophischen Gesellschaft", war so stark beeindruckt von der Persönlichkeit des Redners, von Art und Inhalt des Vortrages, daß sie sich an Rudolf Steiner mit der Bitte wandte, regelmäßig zu Vorträgen nach Düsseldorf zu kommen. So also sprach und wohnte er von 1904 an ein bis zweimal jährlich bei uns im Hause.

Ich war elf Jahre alt, als ich ihn das erstemal sah. Zu meinem Kummer sprach er mich gleich mit „Sie" an, weil „man das in Österreich so mache"; ich beneidete meine jüngeren Geschwister sehr, die er oft auf den Schoß nahm und mit ihnen spielte. Dafür durfte ich schon 1907 einen Vortrag „im Zimmer" mit anhören, nachdem er wohl gemerkt hatte, daß mein Lauschen an der Tür wirklich nicht nur Neugier und Sensationslust bedeutete. Ich erinnere mich noch sehr genau, daß er über das Rosenkreuz sprach, über die beiden schwarzen Balken als Raumrichtungen des menschlichen und tierischen Rückgrats, über die roten Rosen, das keusche und begierdelose Blut der Pflanze; über den Menschen, der durch sein begierdeerfülltes Blut wie gekreuzigt sei an diese schwarzen Balken, und daß der Mensch die Möglichkeit und Verpflichtung habe, daran zu arbeiten, sein Blut zu verwandeln und zu reinigen.[*]

---

[*] Vgl. die Beschreibung der Rosenkreuz-Übung in „Die Geheimwissenschaft im Umriß", Kap. „Die Erkenntnis der höheren Welten".

Im November 1911 starb mein Vater ganz unerwartet, und meine
Mutter fuhr zwei Wochen danach zu Rudolf Steiner nach Berlin,
nachdem er ihr zu einem Zeitpunkt, an dem er weder durch Brief
noch Telegramm die Nachricht erhalten haben konnte, sein Miterleben und -tragen telegraphisch zum Ausdruck gebracht hatte:
„Meine Gedanken sind bei Ihnen."

Sie mußte in seiner Berliner Wohnung in der Motzstraße etwas
warten und kam dabei ins Gespräch mit einer Bekannten, die erzählte, daß ihre Tochter als Mensendiek-Lehrerin sehr glücklich und
erfolgreich sei, wodurch meine Mutter sich an meinen Wunsch erinnerte, eine Tanz- oder Gymnastikmethode zu erlernen. Während
der nun folgenden Besprechung mit Rudolf Steiner fragte dieser
plötzlich und anscheinend unvermittelt: „Was wird Ihre Tochter
Lory machen?" Meine Mutter erzählte von meinen Wünschen und
auch von dem eben geführten Gespräch. „Ja", sagte Dr. Steiner,
„man kann natürlich ein guter Theosoph sein und nebenbei auch
Mensendiek'sche Gymnastik machen, aber das hat nichts miteinander
zu tun. Man könnte so etwas aber auch auf theosophischer Grundlage machen und ich bin gerne bereit, es Ihrer Tochter zu zeigen."
Er habe etwas Ähnliches schon einmal angeregt, die betreffende Persönlichkeit sei aber nicht darauf eingegangen. Meine Mutter fragte
noch, ob man nicht durch rhythmische Bewegungen, die das Ätherische im Menschen anregen und stärken, gesundende und heilende
Wirkungen hervorrufen könne? Diese Frage sollte einige Monate
später, — bereits in den Angaben für die allerersten Übungen —
bestätigt werden. „Beruhigend — excitierend —hygienisch — pädagogisch — gut für — gegen —" stand oft als Hinweis neben den
betreffenden Zeichnungen und Angaben.

Schon in jener ersten Unterredung sagte Dr. Steiner, es werde sich
bei dieser neuen Bewegungskunst zunächst nicht um Musik handeln,
sondern um das gesprochene Wort. Und dann wurde gleich die erste
Aufgabe gegeben: „Sagen Sie Ihrer Tochter, sie solle Alliterationen
schreiten; einen kräftigen, etwas stampfenden Schritt auf den alli-
terierenden Konsonanten machen und eine ‚gefällige' Armbewegung

dann, wenn dieser Konsonant fehlt. Sie soll daran denken, daß Alliterationen eigentlich nur im Norden aufgetreten sind, also in Ländern, wo es sehr windig ist. Sie soll sich einen alten Barden vorstellen, wie er im Sturm am Meeresstrand dahinschreitet, die Leier im Arm. Jeder Schritt ist eine Tat, ist ein Kampf und Sieg über den Sturm. Und dann schlägt er in die Saiten und eint sein Lied dem des Sturmes."

Mit diesem Geschenk, von dem allerdings nicht zu ahnen war, daß es eine neue Kunst einleiten sollte, kam meine Mutter in jenem Spätherbst aus Berlin zurück, und es begannen Wochen der schönsten, ernstesten Erwartung, eine wirkliche Adventszeit. Im Januar 1912 fuhr meine Mutter mit mir nach Kassel, wo Rudolf Steiner einige Vorträge hielt und an einem Tage auch für uns Zeit hatte. Er sah mich sehr gütig, ein wenig lächelnd an. „Ja, die Kleine muß jetzt viel lernen, was sie dann alles wieder vergessen muß." Und dann stellte er folgenden Plan für das zu Lernende auf: Ich sollte den menschlichen Körper mit seinen Knochen, Gelenken, Muskeln und Bändern kennen lernen; er empfahl für diese Arbeit einen „Anatomischen Atlas für bildende Künstler". Als zweites sollte ich so viel wie möglich griechische Bildwerke anschauen, aber wirklich nur anschauen, niemals versuchen, die jeweiligen Stellungen oder Gebärden nachzuahmen. Auch über den griechischen Tanz sollte ich soviel wie möglich lesen. Weiter gab er ein Buch von Agrippa von Nettesheim an: darin würde ich Zeichnungen finden, in denen die menschliche Gestalt in die verschiedensten geometrischen Figuren eingeordnet sei. Ich sollte üben, in raschem Wechsel von der einen der abgebildeten Stellungen in die andere zu springen und dabei besonders auf die Parallel- oder Gegenbewegungen von Armen und Beinen achten; nicht beachten dagegen sollte ich die auf den Zeichnungen vermerkten Planeten- und Tierkreiszeichen. — In wundervoller Oktave zu diesen, anscheinend „zu vergessenden" Dingen gehörend, gab er 1924 in dem großen Eurythmiekurs als letzte Übung: „Ich denke die Rede . . ." Bis auf eine kleine Vertauschung in der Reihenfolge tauchen hier wieder geometrische Figuren auf, aber wie inhaltvoll, vielsagend und dem modernen Bewußtsein angepaßt sind die Stellungen durch die kurzen mitgegebenen Sätze.

Dann kamen Sprachübungen. Ich sollte mir Sätze bilden, die nur einen Vokal enthielten, sie sprechen, dabei genau beobachten, was beim Sprechen in meiner Kehle vorgehe, und das sollte ich dann — tanzen! So sagte er! — Als Beispiel schrieb und sprach er:

Barbara saß stracks am Abhang

Die Linie über dem Satz zeichnete er, während er diesen noch einmal, Silbe für Silbe, stark akzentuiert, und das - a - herausmodulierend, wiederholte. „Bar" ist ein Ruck nach oben, ein kurzes - a -; „ba ra saß" sind drei lange Laute, besonders der dritte ist stark gedehnt, alle drei dehnen sich in einer Ebene; „stracks" ist wieder ein Ruck, diesmal aber nach unten; am „Abhang" sind drei wellenförmige Bewegungen.

Ich möchte hier eine Bemerkung einschieben, die Licht auf das pädagogische Vorgehen Rudolf Steiners werfen kann. Er hat uns später einmal eine wunderschöne Erklärung des Wortes „unterrichten" gegeben. Unter-richten bedeutet: es wird etwas gerichtet, in eine Richtung gebracht, richtig geleitet, — aber unter der Oberfläche. Kinder in der Schule werden unterrichtet, — der Professor an der Hochschule lehrt oder doziert. Hier wurde ich wie ein Kind unterrichtet. Das Kind bekam die Aufgabe, es mußte üben, immer wieder üben (ein gutes halbes Jahr dauerten diese Vorarbeiten), und gleichsam unter der Oberfläche wurden Fähigkeiten wachgerufen, die lange Zeit nicht zu klarem Bewußtsein kamen, aber sozusagen in Fleisch und Blut übergehen konnten. Daß dieses „nach oben oder unten, dieses Dehnen oder Wellen" durch das Zusammenspiel von Vokal und Konsonant entstand, sollte ja erlebt und getan werden, nicht nur gewußt. Es wurde sicher besser getan, solange der Kopf nicht dazwischen funken konnte, und man nur immer wieder das Herz fragen mußte: Was fühlst du da eigentlich?

Dieses „das Herz fragen" und alles Wissen und Erkennen aus sei-

nen Tiefen heraufsteigen lassen, hat Rudolf Steiner als Grundforde-
rung für jede eurythmisch-künstlerische Arbeit aufgestellt. „Sie müssen lernen, das Herz in den Kopf hinaufsteigen zu lassen." Das heißt
immer wieder und wieder eine Bewegung machen, und immer wieder nach innen lauschen und horchen, denn immer mehr und Tieferes
können diese Bewegungen dem Übenden sagen. Reines Kopfwissen
nützt dabei gar nichts; zuerst muß das Herz ahnen und erkennen,
dann kann und soll es auch heraufsteigen in den Kopf und dort zu
klarem Bewußtsein kommen.

Später sagte er einmal: „Sie machen das ganz richtig, aber das
genügt nicht, Sie müssen genau wissen, wie Sie es machen, Sie müssen es ja Ihren Schülern auch erklären können." Das war, als er im
Frühling 1913 zu uns nach Düsseldorf kam und wir ihm zeigen
konnten, was wir inzwischen gelernt hatten. Da sagte er bei einer
bestimmten Übung plötzlich zu den Zuschauenden: „Die Lory geht
ganz richtig, sie geht nämlich wie ein Seiltänzer oder wie ein Wilder
im Urwald." Dann kam die Aufforderung, mir klar zu machen, wie
ich gehe, um es den Schülern erklären zu können. — Es hat dann aber
noch viel Zeit und Mühe gekostet, bis es „in den Kopf heraufgestie-
gen war" und zu der klaren Formulierung des heute jedem Schüler
der Eurythmie geläufigen „dreiteiligen Schreitens" kommen konnte.

Dieses anscheinend instinktiv richtige Gehen ist aber wohl nur ein
Resultat seines „Unter-richtens" gewesen. Rudolf Steiner hatte mir
einmal zwei Abbildungen gezeigt; die eine stellte eine ägyptische
Plastik dar mit der eigentümlich erdgebundenen Beinstellung, die
andere eine griechische Plastik mit dem charakteristischen „Standbein". Dabei machte er auf den Unterschied dieser beiden Beinstel-
lungen aufmerksam: „Rein menschlich wäre es so, daß das Gewicht
des Menschen gleichmäßig auf beiden Beinen und Füßen ruhen müßte, wie es die ägyptischen und frühen griechischen Plastiken zeigen.
Und wenn kein anderer Impuls den Menschen ergreifen würde,
müßte er wie eine Pflanze immer an einem Ort bleiben. Da aber
schießt ein anderer Impuls in ihn hinein, und nun versucht er gegen
das Erdgebundensein zu revoltieren. Der eine Fuß beginnt mit

diesem Revoltieren und stemmt sich gegen die Erde, will von ihr weg, entzieht sich ihrer Anziehungskraft und schiebt dadurch das ganze Gewicht auf den zweiten Fuß. Also das Wesentliche in dieser Beziehung bei der griechischen Plastik ist nicht das Standbein, sondern gerade das andere, das sich befreit hat von der Erdgebundenheit." Und er fügte lächelnd hinzu: „Sie sehen, es ist wirklich kein Fortschritt — auch nicht im Raum — ohne Luzifer möglich."

Das war das eine. Außerdem war nach den Sprachübungen noch die Aufgabe gestellt worden: „Und dann müssen Sie mit den Füßen schreiben lernen. Dadurch bekommt man nämlich ein sehr feines Gefühl in die Füße und lernt intime, differenzierte Fußbewegungen machen." Beides hatte ich natürlich getan, oft hatte ich versucht, den Unterschied zwischen der „ägyptischen" Bein- und Fußstellung im Gegensatz zu dem griechischen Standbein zu erleben und innerlich zu belauschen, ich hatte auch viel mit den Füßen geschrieben, und so war das richtige Gehen — das „Gehen wie ein Seiltänzer" — wohl schon ein wenig die Frucht dieser Anstrengungen, das heißt die Wirkung seines Unterrichtens. — Rudolf Steiner hatte nie Angaben gemacht für ein eurythmisches Schreiten, nicht einmal die Notwendigkeit betont, danach zu suchen. Aber mir scheint, er hatte alles veranlagt, dieses Schreiten wie „instinktiv" hervorzurufen. — Und daß dann später unsere Formulierung richtig gewesen ist, geht wohl daraus hervor, daß er im letzten Kurs vom Juli 1924[*] wörtlich die gleiche Formulierung gebrauchte.

Das darauf folgende Jahr von Januar bis Juli 1912 widmete ich diesen Vorarbeiten. Ich las über den griechischen Tanz, aber bald spürte ich: das, worauf es ankam, ließ sich nicht finden. Dr. Steiner hatte von Mysterientänzen gesprochen. Doch einzig eine spärliche Andeutung bei Lucianus wies darauf hin: „Und dann gab es noch Mysterientänze, darüber kann man aber nicht sprechen, denn das hieße ja, die Mysterien unter das Volk zu tanzen, und darauf steht der Tod!" Auch dem deutschen Philologen Kirchhoff war aufgefal-

---

[*] „Eurythmie als sichtbare Sprache", Dornach 1927.

len, daß man nirgends in der griechischen Literatur Anweisungen für
die doch immer wieder erwähnte Tanzkunst fand. Er war der Meinung, die Griechen hätten solche Anweisungen nicht gebraucht, weil
sie ihre Bewegungen von dem Text ablasen. Alles, was er über Rhythmen und Schritte rekonstruierte, fand Rudolf Steiners volle Anerkennung und wurde für die Fußbewegungen eingebaut in die Arbeit,
aber ergänzt durch entsprechende Arm- und Handbewegungen.

Ich versuchte weiter, an Hand der Zeichnungen im „Anatomischen
Atlas für Künstler" ein Gelenk nach dem andern vorzunehmen —
mit allen Muskeln und Bändern — und am eigenen Leib dies alles
durchzuerleben und auszuprobieren, um so ein bewußteres Verhältnis zu dem physischen Leib und seinen Bewegungsmöglichkeiten zu
bekommen.

Aus der nächsten Aufgabe, dem Anschauen der griechischen Kunstwerke, erwuchs ein ganz anderes Erlebnis, besonders wenn ich wirkliche Plastiken, nicht nur Abbildungen ansehen konnte. Angesichts
dieser Götterschönheit — Ruhe und doch fließende Bewegung darin
erlebend — erfühlte ich meine eigene Leibesorganisation in einer
neuen, anderen Art. Die Empfindung eines erlaubten, gottgewollten
Zuhauseseins im eigenen Leibe leuchtete auf. Man konnte sogar die
Augen schließen und fühlte doch, wie man anders atmete, wie das
Blut anders strömte und pulsierte; wie eine Pflanze empfand man
sich, die welk und matt und ohne Wasser, in Hitze, Trockenheit und
Staub auf verdorrtem Boden gestanden hatte und nun begossen
wurde und sich bis in die kleinsten Blättchen und Fäserchen mit
neuem Leben durchdringen konnte. War es ein zartes, noch uner-
kanntes Empfinden des eigenen ätherischen Leibes angesichts dieser
Kunstwerke aus der Zeit der schönsten, harmonischsten Ergreifung
und Durchdringung des physischen Leibes? Wir sind keine Griechen
mehr, härter und schwerer ist unser physischer Leib geworden, fest
verhaftet in ihm und nicht mehr wahrnehmbar unser Aetherleib.
Durch noch so treue Nachahmung der Gebärden und Bewegungen der
griechischen Kunstwerke würde nichts Wesentliches erreicht werden.
Wir Heutigen müssen uns dazu schulen, unseren Aetherleib als ein

erstes übersinnliches Wesensglied zu erleben, beheimatet in dem letzten, untersten Himmel; wir müssen wieder den Weg finden in die oberen Himmel, aus denen er herniedergestiegen ist. Der Weg zu diesem Wiederaufstieg war es, was uns gezeigt wurde. Einen der Schlüssel übergab Rudolf Steiner mit den zehn oder zwölf eigenhändigen Zeichnungen, die er einem neunzehnjährigen Mädchen anvertraute. Es waren die Grundlagen zu einer ganz neuen Kunst, einer Kunst, die allerstärkste Impulse und unmittelbar gesundende und das Gefüge der Wesensglieder harmonisierende Kräfte wachrufen kann.

Der Juli kam heran und mit ihm die Proben für die Münchner Festspiele.* Ich durfte anwesend sein und sollte während dieser Wochen die eigentlichen Unterweisungen erhalten. Als meine Mutter und ich ankamen, hatte die Arbeit an dem neuen, dritten Mysterienspiel Rudolf Steiners „Der Hüter der Schwelle" schon begonnen. In einer der Szenen war etwas ganz Neues, alle Teilnehmer Überraschendes enthalten: Wesen sollten auftreten, die „tanzen" mußten! Gerade als ich zum erstenmal den Saal betrat, eine große Turnhalle, die für die Proben gemietet worden war, übte man an diesen Tänzen. Es waren luziferische und ahrimanische Wesen, die nach der Regiebemerkung Rudolf Steiners, „in tanzartiger Weise Bewegungen ausführten, welche Gedankenformen, den Worten Luzifers und Ahrimans entsprechend", darstellten. Die Bewegungen und Formen können im Rahmen dieses Aufsatzes nicht erläutert werden, doch war es die erste Eurythmie, die gezeigt wurde, wenn auch niemand wußte, daß sich daraus die neue Kunst entwickeln sollte.

Ich aber wartete von Tag zu Tag, daß Dr. Steiner mich rufen ließe und die „Stunden" beginnen könnten. Endlich, eines Tages begegnete ich ihm unter einer Tür. Vielleicht habe ich ihn sehr fragend und erwartungsvoll angesehen, jedenfalls legte er mir die Hand auf die Schulter und sagte: „Ja, Kleine, es gehört die Weisheit der ganzen Welt dazu, — ich kann es Ihnen jetzt noch nicht sagen. Ich kann mir

---

* Jährliche Veranstaltungen (1907 bis 1913) der damaligen Theosophischen, späteren Anthroposophischen Gesellschaft mit Vortragszyklen und dramatischen Aufführungen von Dichtungen Eduard Schurés und Rudolf Steiners.

in diesen Wochen hier nicht die Zeit nehmen, die ich dazu brauche. Wäre es möglich, daß Sie im September, wenn ich in Basel bin, dort- hin kämen? Da werde ich Zeit haben." — Einen Tag vor unserer Ab- reise von München wurden wir, meine Mutter und ich, dann doch noch überraschend zu Rudolf Steiner gerufen, und in dieser abend- lichen Besprechung gab er die ersten konkreten Angaben über drei Vokale. Er sagte ungefähr das Folgende:

„Stellen Sie sich aufrecht hin und versuchen Sie eine Säule zu empfinden von den Ballen der Füße bis in den Kopf; diese Säule, diese Aufrechte, lernen Sie empfinden als »I«." Ich glaube, er war nicht befriedigt von dem, was ich nun ausführte, denn er rief, wäh- rend ich mich noch bemühte: „Das Gewicht ruht auf den Ballen, nicht auf der Ferse." — Nun gelang es halbwegs. Ich stand in der angegebenen Haltung und fühlte auf einmal, wie von den Ballen ausgehend eine Aufrechte emporstieg; ich fühlte sie vor meinem Kör- per, Brust und Herz wie hinauftragend in die Stirne, von der ich das Empfinden hatte, sie müsse warm werden und zu leuchten be- ginnen.

„Nun verlagern Sie diese Säule so, daß der Kopf hinter dem Punkt der Füße steht, und dann haben Sie eine Haltung, die Sie als »A« empfinden lernen sollen." — Das war nun ein ganz anderes Erlebnis. Das Gewicht verlagert sich auf die Ferse, die Säule, die wie außerhalb des Körpers und doch ihn aufrichtend, emporgestiegen war, erfaßt und durchdringt jetzt die Wirbelsäule, so daß man jetzt ein deutliches Erleben seines Knochenmenschen hat und damit einer gewis- sen Schwere und Erdgebundenheit. Dafür aber ist Brust und Herz wie geöffnet für alle Einflüsse. Die ganze Welt und der ganze Himmel schicken ihre Strahlen in mich hinein. Und alle Strahlen treffen sich im Herzen. Im Vergleich mit der Empfindung bei der ersten Haltung ist es ein leiser Schmerz, ein Getroffensein; man ist geöffnet und auch preisgegeben der Außenwelt.

„Und nun kommt die dritte Haltung: Dazu bringen Sie den Kopf- punkt der Säule vor den Fußpunkt, und das lernen Sie empfinden als »O«". Das war wieder ein ganz großer Unterschied gegenüber den beiden ersten Lauten, wenn man es übend zur Empfindung brachte. Aus dem »A«, aus diesem Untergetauchtsein in den physischen Leib, bis zu einem Erleben des Rückgrates, der Rippen, bis zu dem deutlichen Gewahrwerden, daß die Arme eigentlich Rippen sind, die sich freigemacht haben, nicht mehr angewachsen, von diesem »A« kommt man über das »I«, das die Schwere überwindend sich in der Aufrechten erlebt, zu dem »O«. Da entsteht in zarter und doch überzeugender Weise das Gefühl, daß die empfindende Seele, entlassen aus der Leibgebundenheit, sich draußen in dem Andern erleben kann, dem sie sich in dieser leisen Geste zuneigt. Die menschliche Organisation, das Instrument für die Eurythmie, wird durch diese Übung in ihrem dritten Gliede, dem Astralleib, angesprochen und ein erstes, leises Bewußtsein davon wird ermöglicht, wie die empfindende Seele in dreifach verschiedener Weise sich verbinden kann mit ihrem eigenen Leib und mit der Außenwelt.

Zwischen den Münchner Festspielwochen und den Vorträgen über das Markus-Evangelium in Basel lagen ungefähr vierzehn Tage. Eine gütige Fügung, man möchte sagen ein Kunstgriff des Schicksals, machte es möglich, daß diese Zeit ausgefüllt war mit den verschiedensten Natureindrücken im Gebirge, an den bayerischen Seen, am Bodensee und am Rheinfall, und daß dazu, durch wechselnde Wetterverhältnisse veranlaßt, immer neue, zum Teil stark entgegengesetzte Stimmungen die junge, durch die Münchner Wochen doppelt empfängliche Seele ergriffen; Stimmungen des Staunens, der Bewunderung, der Ehrfurcht und auch des angstvollen Überwältigtseins. — Und so kamen wir am 14. September in Basel an.

Schon am ersten Abend nach dem Vortrag bestellte uns Rudolf Steiner für den nächsten Vormittag zu sich nach Bottmingen, einem ländlichen Vorort. Unser Weg dahin führte nun täglich durch bunte Herbstblumen, raschelndes Laub, an einem Flüßchen entlang zu jenem kleinen Haus, das Rudolf Steiner während seines Basler Aufenthaltes bewohnte. Er empfing uns in einem winzig kleinen Zimmer zu ebener Erde. Es standen ein paar Stühle darin und ein kleines Sofa, auf dem Dr. Steiner immer saß; darüber hinaus blieb nur sehr wenig freier Raum. Die beiden ersten Male waren wir mit ihm allein, am dritten Tag kam auch Fräulein von Sivers — die spätere Frau Marie Steiner — dazu und Dr. Steiner erklärte lächelnd: „Ja, Fräulein von Sivers interessiert sich jetzt doch auch für unsere Sache. Sie hat mich nämlich gefragt, wie ich denn in dem kleinen Zimmer alle die ‚pas‘ vormachen könnte!"

An dem ersten Montag-Nachmittag — es war der 16. September 1912 — ging Rudolf Steiner nach kurzer, liebevoller Begrüßung gleich mitten hinein in das ureigenste Gebiet der Eurythmie: zu den Vokalen. „Sie müssen lernen, sich ein feines, differenziertes Empfinden für die einzelnen Laute anzueignen. Und dazu müssen Sie lernen, das Herz in den Kopf heraufsteigen zu lassen. Erst muß das Herz sprechen und später der Kopf . . . Lernen Sie empfinden »A« als Abwehr, lernen Sie empfinden »O« als liebendes Umfangen, »U« als jedes Sich-nach-oben wenden, seriös durch eine große Armbewegung, menschlich auch durch einen Sprung ausgedrückt."

Alle Vokale, aber auch schon Umlaute und Diphthonge, gab Dr. Steiner in dieser ersten Stunde in Bottmingen, und dazu einen kleinen Hinweis, wie man arbeiten solle: Zuerst sich bemühen, am einzelnen Laut zu einem Erlebnis zu kommen, dann zwei Laute zusammenzuschließen, etwa im I O, dann drei Laute: I O U — und diese Lautfolgen, einen Laut in den anderen übergehen lassend, ‚fast gleichzeitig bilden'. „Sie werden sehen, wie schön das dann wird, ein wie differenziertes Erlebnis sich darin ausspricht." — Soviel erwartungsvolle Freude schwang in seiner Stimme, daß der unvergeßliche Klang immer wieder eine tragende Hilfe war, wenn sich später bei der Arbeit Schwierigkeiten oder oft sehr schmerzliche Flauten einstellten.

Schon am ersten Nachmittag sprach Dr. Steiner zuletzt noch von drei Konsonanten. Eindringlich hatte er betont: Man muß die Vokale empfindend durchleben in ihren Bewegungstendenzen, streckend, greifend, biegend, kreuzend, strebend. In all diesem Tun lebt ja die Seele und spricht sich in immer anderer Weise aus. „Das ganze Seelische stellt sich in seinem Gefühlsleben dar in den Vokalen." Diesem im rein Seelischen Webenden und Lebenden wurden nun

drei bestimmte Konsonanten gegenübergestellt, mit denen ein Stück
Außenwelt ergriffen wird, bei denen wir „etwas in der Hand haben". Die ganze Aufmerksamkeit, alle Anpassungsfähigkeit sollte
hingelenkt werden auf dieses „Etwas", diesen Gegenstand. Ausgelöscht war das Gebiet des Vokalischen, in dem sich die Seele ausspricht, die von Fremdheit zu Staunen ergriffene, sich aufrecht er-
haltende, in reinstem Selbstbewußtsein sich erlebende, in liebevoller
Bewunderung sich hinneigende, aus Kälte und Verlassenheit zu einem
Höheren und Größeren sich hinwendende Seele. Mit den Konsonanten war ein Stück Außenwelt in die Menschenhand gegeben, ihr mußte man sich anpassen, ihrer Art, ihrem Charakter; einem gänzlich
anderen Element sollte man sich hingeben, nachahmend, nachbildend,
nachgestaltend dasjenige, was draußen in der Außenwelt ist. Ge-
fühlswärme und Wahrhaftigkeit mußte man beim Vokalisieren entwickeln; geschickt, geistvoll, einfallsreich mußte man beim Konso-
nantieren werden.

Unmöglich wäre es, weiter so ausführlich über jene Septembertage
zu erzählen, denn es wurde ein solcher Reichtum an Perspektiven gegeben, daß bis heute vieles noch nicht in allen Möglichkeiten und
Konsequenzen ausgeschöpft ist. — Dieser erste Teil der Eurythmie
wird jetzt die „dionysische Eurythmie" genannt. Bei den meisten
„Gruppen- oder Reigentänzen" war ursprünglich angegeben, die Gestalt des „Dionysos" in die Mitte des Kreises zu stellen, und zu zwei
bestimmten Reigentänzen erläuterte Dr. Steiner: „Wäre man an
einem dem Dionysos geweihten Tempel kurz vor dem Aufbruch zu
einer Schlacht vorbeigekommen, so hätte man den charakteristischen
Ruf hören können, mit dem Dionysos die in den Kampf Ziehenden
anfeuerte durch einen bestimmten, kultischen Tanz. Für uns ist es
der ‚Energie-Tanz‘, der Kraft gibt zu gemeinsamer Arbeit. Den
zweiten Ruf hätte man hören können nach der Schlacht zur Besänf-
tigung und Wiederbefriedung der durch den Kampf erregten Seelen." Diesen zweiten Tanz hat Dr. Steiner den ‚Friedens-Tanz‘ genannt. Fast alle Tänze mußten im anapästischen Rhythmus ausgeführt werden; den Ruf des Dionysos für den Energie- und Friedens-

tanz auf die drei dionysischen Laute I E U machte Dr. Steiner mir
vor. Dazu klopfte er sehr pointiert mit einem Bleistift den Anapäst,
so pointiert, daß die Schutzhülle absprang. Er steckte sie wieder auf
und begann von neuem; ein zweites und drittes Mal sprang sie ab,
— aber seitdem weiß ich: es muß ein Anapäst sein! Damit hatte ich
auch die Antwort erhalten auf die Frage nach den Mysterientänzen
der Griechen, die man umsonst in Büchern suchte.

Es kamen dann Formen für die „persönlichen Fürwörter", für Ich,
Du, Er und ihre Mehrzahlformen. Es ist wirklich sehr reizvoll, einmal lyrische Gedichte daraufhin anzusehen, wieviele von ihnen voll
befriedigend dargestellt werden können, wenn man diesen Gesichtspunkt berücksichtigt. Weiter sollte man Gedichte daraufhin studieren, ob sich die denkende, die fühlende oder die wollende Seele ausspricht, und danach die Formen einrichten. Denken verlangt gerade,
Wollen runde Formen und Fühlen eine Kombination von beiden;
jede verlangt ein ganz anderes Raumerlebnis, eine andere Raum-
erfüllung oder -erfühlung. So hatten wir die Möglichkeit, schon jetzt
zu erleben, was Rudolf Steiner später in einem seiner Vorträge ausführen sollte, daß nämlich das Denken sich in der ersten Dimension,
das Fühlen in der zweiten, das Wollen in der dritten abspielt. Schon
in den allerersten Anfängen war also eine gewisse Möglichkeit gegeben zu bewahrheiten, was Rudolf Steiner einleitend als Begründung der neuen Kunst so ausgesprochen hatte: „Diese neue Bewegungskunst soll dazu gebraucht werden, Dinge, die vom Zuschauer
eine zu intensive Aufmerksamkeit erfordern, oder die so tief sind,
daß sie garnicht in ihrer ganzen Bedeutung in Worte gebracht werden können, auf diese neue Weise dem Zuschauer zum Verständnis
bringen."

Am letzten Tage damals in Bottmingen gab Dr. Steiner mir noch
zwei besondere Ratschläge. Der erste war ein pädagogischer, der einzige, den er mir je gab. Er sagte ziemlich wörtlich: „Wenn Sie das
nun alles gelernt haben und in die Welt gehen, um es anderen Menschen zu bringen, und Sie haben einen Schüler vor sich, der meinet-
willen sechs Fehler macht, tun Sie mir den Gefallen und sagen Sie

ihm erst den siebten. Sie waren ja jetzt in München bei den Proben
dabei und werden gesehen haben, daß ich eigentlich sehr wenig sage
oder korrigiere und am Ende machen die Leute es doch so, wie ich
es haben möchte."

Der zweite Ratschlag war der folgende: „Wenn Sie nun also in
die Welt gehen und Menschen unterrichten, so lassen Sie sich auch
dafür bezahlen, und zwar gut bezahlen. Diese neue Bewegungskunst
ist dem Ahriman abgetrotzt, und er muß ein Äquivalent dafür haben." — Ich möchte auch diese Äußerung nicht verschweigen, weil
ich glaube, daß sie für viele, nicht nur für die Eurythmisten, wichtig
ist. Man konnte wirklich die Erfahrung machen, wenn jemand sich
mit leichtem Herzen, ohne Bewußtsein der Verantwortung, Eurythmie „schenken" ließ, so ist es nie im rechten Sinne fruchtbar geworden.

Und dann erhielt, in der letzten Stunde in Bottmingen im September 1912, die neue Kunst ihren Namen. Als Dr. Steiner etwas
nachdenklich und wie sich besinnend sagte: „Nun müssen wir auch
noch einen Namen finden für unsere Sache", — sprach Fräulein von
Sivers ganz spontan und selbstverständlich das Wort „Eurythmie"
aus und Dr. Steiner stimmte sofort lebhaft zu. Wenn also die Müt-
ter den Namen der Kinder wissen sollen, die zu ihnen herabsteigen,
so ist Marie Steiner-von Sivers auch in dieser Beziehung „die Mutter" der Eurythmie gewesen.

Die Tage waren vorüber, wir fuhren nach Hause zurück und die
Arbeit begann.

Ende April 1913, als Dr. Steiner wieder zu Vorträgen nach Düsseldorf kam, besuchte er auch uns, und bald nach dem Mittagessen
versammelten wir uns in dem mit frischem Birkengrün geschmück-
ten Raum und zeigten ihm, was wir bis dahin gelernt hatten: Erna
Wolfram, Annemarie Donath, meine jüngeren Geschwister und ich.
Die sechs anderen trugen hellgrüne Kleider, ein „dionysisches Grün",
ich selbst ein weißes. Für die Stabübung, die erste, die wir schon in
verschiedenen Rhythmen ausgebildet hatten, benutzten wir Holz-

stäbe, umwickelt mit Kupferdraht. Schon in Bottmingen hatte
Dr. Steiner uns geraten: „Wenn es schwer ist, Kupferstäbe zu beschaffen, benützen wir Holzstäbe, die mit Kupferdraht unwickelt werden.
Aber Kupfer soll es sein, denn das gibt den Bewegungen von innen
heraus Sicherheit. Man wird sich wie instinktiv richtig bewegen und
zielsicher greifen, zum Beispiel in einer Bücherreihe gleich das richtige Buch herausgreifen." Wir begannen mit Alliterationen und
metrisch-rhythmischen Übungen. Bei beiden verlangte Rudolf Steiner ein sehr starkes Ansteigen der Schnelligkeit, und bei einem
Daktylus, es war der Chor der „Schmiede aus Pandora", nahm
er meiner Mutter, die rezitiert hatte, das Buch aus der Hand und
sprach selbst. Dann steigerte er das Tempo allmählich derart, daß
wir uns nicht schnell genug bewegen konnten. Ich glaube, ich habe
nie wieder einen Menschen so schnell und doch so beherrscht und
akzentuiert sprechen hören. Anfänglich hatten wir mit Armen und
Beinen den Rhythmus gemacht, dann, wie es schnell und schneller
und immer schneller wurde, da war es gar nicht mehr möglich,
einen „schönen und genauen" Daktylus zu machen, man war nur
noch Daktylus, es gab überhaupt nichts anderes mehr, man war ergriffen von einem Geschehen, einer wesenhaften Wirksamkeit. Es
war ein starkes Erlebnis. — Dieses Erlebnis wurde ganz und gar
wieder in mir wachgerufen, als Rudolf Steiner in dem späteren „Heil-
eurythmie-Kurs" auch derartige Tempo-Steigerungen verlangte.
Viele der dort angegebenen Übungen sollen „schnell, schneller, noch
schneller" ausgeführt werden und nur bei einigen heißt es ausdrücklich: „Diese Übung darf aber nicht so schnell gemacht werden, da
müssen immer Pausen eingeschaltet werden." — Die Tempo-Steige-
rung ist nämlich ein Mittel, den eigenen, sehr weisen Kopf ein bis-
chen auszuschalten und dafür der wesenhaften Kraft des Lautes zu
seiner Eigenwirksamkeit zu verhelfen. Natürlich muß solcher Tempo-
Steigerung besonnene, sorgfältige Aufbau-Arbeit vorangegangen sein.

Weiterhin machten wir dann Stabübungen, vielmehr es gab erst
eine einzige, die wir aber ziemlich ausgebaut hatten, weil sie „gegen
Ungezogenheiten in der körperlichen Haltung" und darum für uns

alle sehr notwendig war. Sobald wir fertig waren, nahm Rudolf
Steiner selbst einen Stab und zeigte verschiedene Griffe, Haltungen
und Bewegungen, die „auch sehr gesund und wirkungsvoll seien". Er
war sehr vergnügt dabei, machte selbst die schwierigsten Griffe mit
dem Stab, — der dann auch recht häufig zu Boden fiel, — und wir
anderen waren alle sehr beschäftigt mit Nachmachen und Aufheben
und Wieder-versuchen, Fallen-lassen und Aufheben. Wir waren voll
Freude und Beschwingtheit, und als wir darauf Punkt für Punkt,
in der gleichen Reihenfolge wie damals in Bottmingen, die Aufgaben
vorführten und unser „Gelerntes" zeigten, war er froh, zufrieden
und von unendlich gütiger Positivität. Auf ganz nebensächliche Klei-
nigkeiten machte er die Zuschauenden aufmerksam. „Sehen Sie doch,
wie anmutig das ist, wie die kleine Thea da rückwärts läuft!" Oder
als ich für die Schüler einige Achten und Spiralen mit Kreide auf den
Boden zeichnete: „Das ist nämlich schon etwas, wenn man das so
geschickt machen kann."

Zu einer Form hatten wir — es sollte unser Glück sein — keinen
passenden Text gefunden, für die „Er"-Form. „Ich sehe, was Ihnen
fehlt, sind die Texte, aber die werde ich Ihnen schaffen." Nach ganz
kurzem Schweigen und Nachsinnen rief er uns drei „Großen". Wir
mußten uns in einen kleinen Kreis stellen, mit zum Mittelpunkt ge-
richtetem Gesicht, und dann sagte er mit tönender, machtvoller Stimme das erste für die Eurythmie geschaffene Gedicht, indem er gleichzeitig unsere Bewegungen im Raum dirigierte:

> „Der Wolkendurchleuchter
> Er durchleuchte
> Er durchsonne
> Er durchglühe
> Er durchwärme
> Auch mich."

Wir haben es gleich einige Male wiederholt und ich glaube, wir
alle, die Zuschauenden und wir Ausführenden, hatten das gleiche

Erlebnis: jetzt ist die wahre Eurythmie geboren; in ihrer ganzen sakralen und formenden Kraft ist sie lebendig geworden.

Er gab uns dann noch Aufgaben und blätterte in einer Anthologie lyrischer Gedichte, um nach längerem Suchen ein kleines Gedicht von Richard Dehmel zu wählen, „Hieroglyphe", das mit drei sehr interessanten Reimpaaren beginnt. Damit war dann unsere „Stunde" zu Ende. Dr. Steiner, der in Begleitung von Fräulein Waller und Frau Helene Röchling gekommen war, verabschiedete sich, denn am gleichen Abend hatte er noch einen Vortrag in Düsseldorf zu halten. Und nun geschah das, was ich nicht meinetwegen erzähle, sondern um seine ganze Größe, Güte und menschentragende Positivität zu schildern. Er nahm meine Hand in seine beiden Hände und . . . dankte mir. Als ich ganz betroffen und fassungslos stammelte: „Aber Herr Doktor, *wir* müssen doch danken!", ergriff er wieder meine Hand und wiederholte: „Nein, ich danke Ihnen." Noch an der Haustür, ehe er ins Auto stieg, ein Händedruck und: „Ich danke Ihnen." — Auch die Tugend der Dankbarkeit und des Danksagens, die in unserer Zeit so weitgehend verloren gegangen ist, lebte er uns in selbstverständlicher Größe und tragender Wärme vor.

Durch den ganzen Mai 1914 war eine Gruppe: Flossy von Sonklar (später Frau Leinhas), Elisabeth Dollfuß (später Frau Baumann), Ada Smits und ich in London. Ich gab täglich Stunden und zwar auf englisch. Damit dies getan werden konnte, hatte Mr. Collison versucht, mit mir zusammen das Nötigste ins Englische zu übertragen, was nicht ohne Kämpfe abging, denn wenn ich übersetzt hatte, sagte er, es sei kein Englisch, und wenn er übersetzte, sagte ich, es sei keine Eurythmie.

Der Ausbruch des Krieges brachte wegen der Reiseschwierigkeiten eine Unterbrechung der Kurstätigkeit. Im Sommer 1915 war es mir möglich, einen Paß zu erhalten und in die Schweiz zu fahren. In dieser Zeit gab Rudolf Steiner den sogenannten zweiten Teil der Eurythmie, den apollinischen, in einem Kurs, an dem Frau Kisseljeff, Erna Wolfram und Elisabeth Dollfuß teilnahmen. Für manche

Übungen brauchte Dr. Steiner größere Gruppen, zu denen dann Dornacher Eurythmistinnen zugezogen wurden.

Durch diesen Kurs* wurde eine neue zweite Welt der Eurythmie erschlossen; es kam zu dem aus der eigenen Seele schöpfenden, feurig-strahlenden Dionysos noch Apoll hinzu mit seinen mehr aus dem Objektiv-Geistigen gestaltenden Kräften. Die Raumbewegungen dieser apollinischen Eurythmie richten sich nach den grammatikalischen Werten der einzelnen Worte, und auch die Darstellung des seelisch-dramatischen Geschehens verläuft nach streng geklärten Gesetzmäßigkeiten.

Damit hatten wir ein Arbeitsprogramm, das zur Vertiefung und Ausarbeitung mehrerer Jahre bedurfte. In meinem persönlichen Schicksal lag es, daß ich etwa zwei Jahre nicht an der Weiterentwicklung der Eurythmie in Dornach teilnehmen konnte. In dieser Zeit begann Dr. Steiner die von ihm als „Standard-Formen" bezeichneten individuellen Formen für Gedichte zu geben, als „Formen, die ausgearbeitet werden, um irgendwie die Individualität eines Gedichtes zum Ausdruck zu bringen".

Zu Beginn des letzten Kriegsjahres 1918 hielt Rudolf Steiner in Nürnberg einige Vorträge, an denen auch ich teilnahm. Während dieser Tage wurde eine ganz kleine Eurythmie-Darbietung im engsten Kreise des Zweiges veranstaltet, eine sehr kleine, denn Frau Marie Steiner-von Sivers und ich mußten sie ganz allein bestreiten. Dazu war Frau Marie Steiner noch sehr erkältet und nach der Probe am Vormittag so heiser, daß sie fürchtete, am Nachmittag nicht rezitieren zu können. Rudolf Steiner versprach, wenn sie nicht könne, werde er für sie lesen; es ging aber dann doch. Sie hielt das ganze Programm durch und ihre Stimme wurde immer freier und besser. „Sehen Sie, man muß nur immer versuchen, dann geht es auch", sagte Dr. Steiner hernach zu ihr. Nach einigen Worten über meine Vorführungen erzählte er mir dann sehr lebhaft von der Eurythmie in Dornach, die ich, gehindert am Reisen durch die Kriegsverhältnisse, län-

---

* Der Inhalt des damals nicht veröffentlichten Kurses ist wiedergegeben in: A. Dubach-Donath, Die Grundelemente der Eurythmie, Dornach 1928.

gere Zeit nicht gesehen hatte. „Ja, die Eurythmie ist wirklich ein ganzes Stück weitergekommen in den letzten Wochen. Es ist uns nun gelungen, endlich auch einmal ein humoristisches Gedicht auf die Bühne zu bringen: die „Gebratene Flunder" von Peter Schlemihl aus dem Simplicissimus. Es treten da auf die gebratene Flunder selbst, die brennende Petroleumlampe, das gelbseidene Familiensofa und der Schaukelstuhl. Zuletzt fällt die Petroleumlampe um, und es entsteht ein furchtbares Durcheinander. Aber sehen Sie, das bedeutet wirklich einen ganz großen Fortschritt in der Eurythmie, und wir werden viel in dieser Richtung weiterarbeiten. Ich möchte gerne immer einen humoristischen letzten Teil für die Programme haben."

Wie wichtig ihm Humor und Satire waren, erfuhr ich selbst einige Jahre später in Dornach. Ich machte eines der schönsten Gedichte von Nietzsche, „Liebeserklärung". Sie ist an den Vogel Albatros gerichtet, dessen Höhenflug „gleich Stern und Ewigkeit" voll Bewunderung und Sehnsucht geschildert wird. Das Gedicht endet: „O Vogel Albatros, zur Höhe treibts mit ew'gem Triebe mich – Ich dachte dein: da floß mir Trän um Träne - Ja, ich liebe dich." - Rudolf Steiner sah es bei der Probe und war zufrieden; ich sollte es in der nächsten Aufführung im Bau machen (das Goetheanum war bereits eröffnet). „Nur", sagte er, „haben Sie etwas nicht beachtet." Er zeigte auf den kleingedruckten Untertitel: „ ‚Bei der aber der Dichter in die Grube fiel'. Ich habe Ihnen nun einen Nachtakt gezeichnet. Sie lassen alles, wie Sie es gemacht haben, aber dann, wenn Sie die letzte Stellung etwas angehalten haben, machen Sie ganz plötzlich diesen stummen Nachtakt." Nun ergab sich folgendes: Die letzte Stellung am Ende des Gedichtes war so, daß sie Herz, Seele und alles Wollen hoch heraustrug zu „Stern und Ewigkeit". Jetzt kam der Nachtakt: eine eckige, gradlinige Form mit sehr plötzlichen Richtungswechseln und, um die Haltung zu illustrieren, war daneben eine kleine Figur gezeichnet; der Oberkörper sollte fast im rechten Winkel nach vorne gebeugt und die Arme bis in Kopfhöhe zurückgenommen werden. In dieser Stellung war die ganze Form des Nachtaktes zu tanzen. – Ich übte nun wohl fleißig, aber in der Generalprobe passierte es

doch, daß ich mich bei dem letzten Weg, der nach rückwärts von der
Bühne herausführen sollte, — mitten im Raum hinsetzte. Das gefiel
Dr. Steiner so gut, daß ich nun noch das Hinsetzen üben sollte und
eben sitzen bleiben mußte, bis der Vorhang zuging. Dann reisten
wir mit dem Programm, und ich saß in Stuttgart, in Dresden, in
Leipzig, in Halle und zuletzt in Berlin mitten auf der Bühne. In
Berlin kam spontaner Beifall; einzig die Berliner hatten den Humor
auf Anhieb verstanden.

Einer allein konnte natürlich üben, sich hinzusetzen, aber zwei?
Wir machten „Séance" aus Goethe, „Parabolisch". „Hier ist's, wo
unter eignem Namen — Die Buchstaben sonst zusammen kamen. —
Mit Scharlachkleidern angetan — Saßen die Selbstlauter obenan"
usw. Dann: „Die Mitlauter kamen mit steifen Schritten — Mußten
erst um Erlaubnis bitten. — Präsident A war ihnen geneigt — Da
wurde ihnen der Platz gezeigt." . . . Bei dieser Stelle geschah es.
Ilse von Baravalle und ich waren die Mitlauter S und L und mußten
mit ganz steifen Beinen — die eine von links nach rechts, die andere
von rechts nach links — quer über die Bühne eine Schlangenlinie
legen. Die Proben gingen gut, aber just bei der Aufführung verhak-
ten sich unsere Beine — und rechts und links „. . . wurd' ihnen der
Platz gezeigt." Tosender Beifall! Wir sprangen natürlich beide wieder auf und machten weiter. Hinter der Bühne — unsere „Séance"
war eine der letzten Nummern — wurde der Zwischenfall eifrigst
besprochen und belacht, Rudolf Steiner kam dazu und lachte ebenfalls laut und herzlich. „Wir können es nie wieder machen", sagte
er dann, „denn unser Publikum wird mit Recht verlangen, daß Sie's
wieder so machen. Und das können Sie nicht! Wie Sie gefallen sind
— es war nur ein Schlag und der einzig richtige Augenblick! Wie
Sie wieder aufgesprungen sind, weitermachten und alles gleichzeitig!
Diese Symmetrie! Es war einfach prachtvoll. Aber wir können es
nie wieder machen." Damals wurde die „Séance" tatsächlich vom
Programm abgesetzt.

Zum Schluß möchte ich, — damit mein Beitrag zu dieser Sammlung in etwa einem Eurythmie-Programm entsprechen könnte, das

gerade zum Schluß einen humoristischen Teil haben soll —, von einer weiteren humoristischen Nummer erzählen. Eines Tages brachte uns Frau Marie Steiner eine von Rudolf Steiner neu gezeichnete Form für die „Hystrix", ein Gedicht aus den Galgenliedern von Christian Morgenstern. Sie fragte mich, ob ich versuchen wolle, es auszuarbeiten. Neben sehr interessanten Formen waren sehr genaue und seltsame Angaben auf den Blättern vermerkt. „Das Ganze wird mit einwärts gekehrten Füßen und oft so getanzt, daß die Beine zum E übereinandergekreuzt werden. Außerdem wird der Oberkörper von links nach rechts und von rechts nach links gewackelt. Der Kopf wird öfter wie ein Kreisel geschüttelt." — Ich war natürlich sehr begeistert und machte mich mit großem Vergnügen an die Arbeit, aber das Vergnügen verging sehr bald und machte einem wirklich schrecklichen, schauerlichen Erleben Platz. Schon durch Befolgung der beiden ersten Angaben — einwärts gekehrte und zum E gekreuzte Beine — hatte man das Gefühl, die Arme werden lang, schwer und unfrei. Die menschliche Aufrechte ging verloren! Und wenn dann noch das Wackeln des Oberkörpers und der wie ein Kreisel geschüttelte Kopf dazu kam, war die menschliche Gestalt vollends zerrissen, ausgelöscht, ja, in ihr Gegenbild verwandelt. Es war wirklich ein Tier, was da oben stand! Bis in die Gesichtsbildung fühlte ich mich verändert, ich hatte keinen Mund mehr, der vorgeschobene Unterkiefer bildete ihn zum Maul um . . . gleich würde ich schäumen! Die Veränderung des Gesichtes war besonders schrecklich, und ich sah nochmal alle Angaben auf den Zeichnungen durch. Und was fand ich? Die allererste Angabe betraf das Kostüm und der erste Punkt hieß: „Mit einem blaßblauen Schleier über den Kopf geworfen . . ." Rudolf Steiner hatte also vorhergesehen, daß es notwendig sein würde, einen schützenden Schleier über das allzu krasse Geschehen zu werfen. Wirklich, es wäre nicht möglich gewesen ohne diesen Schleier. Aber der Schleier war da und noch etwas anderes war da. Das Hin- und Herwackeln des Oberkörpers und das Kopfkreiseln sollte bei der letzten Strophe und im ganzen Nach-takt wegfallen, so daß schon ein Abflauen des „Nichtmenschlichen" und

ein gewisses Zurückführen zu Form und Maß von vornherein ver-
anlangt war. Je länger ich mich mit dieser Aufgabe beschäftigte,
umso klarer wurde es mir, daß sie letzten Endes eben doch nur mit
„Humor" bewältigt werden konnte.

Humor hat uns Rudolf Steiner als notwendigstes Rüstzeug für
jeden Künstler anempfohlen. Er definierte ihn einmal auf die Frage
einer Malerin als „beherrschende Seelenkraft". In höchster Steigerung war er künstlerisch festgehalten in Gestalt jenes Wesens, das
Rudolf Steiner selbst den „Weltenhumor" nannte und dem er, —
aus Gründen des „Ausgleichs" —, seinen Platz gab in der großen
Holzplastik der Gruppe des Menschheitsrepräsentanten.

EHRENFRIED E. PFEIFFER

Rudolf Steiners landwirtschaftlicher Impuls

In den Jahren 1922/23 traten verschiedene Landwirte, unter anderen Ernst Stegemann, an Rudolf Steiner heran und fragten um Rat, da sie die zunehmende Degeneration der Saatgüter und mancher Kulturpflanzen beobachteten. „Was ist zu tun, um den Zerfall der Saatgut- und Ernährungs-Qualität aufzuhalten?" So wurde die Frage gestellt.

Unter den Tatsachen, auf die hingewiesen wurde, waren im wesentlichen die folgenden: Luzerne konnte früher bis zu 30 Jahren auf demselben Feld wachsen und geschnitten werden, dann 9 Jahre, dann 7 Jahre; zur Zeit der Fragestellung war man schon recht froh, sie noch 4 bis 5 Jahre zu halten. Früher konnte ein Bauer seinen eigenen Roggen, Weizen, Hafer, Gerste durch Jahre hindurch wieder als Saatgut verwenden. Jetzt mußten in kurzen Zeitabständen immer neue Sorten eingeführt werden. Es gab eine fast chaotische Vielzahl von Sorten, die nach wenigen Jahren wieder verschwanden. Außerdem hatte die Zunahme der tierischen Erkrankungen, insbesondere der Sterilitätserkrankungen sowie die um sich greifende Maul- und Klauenseuche, einer anderen Gruppe, zu welcher der Tierarzt Dr. Joseph Werr, Dr. med. Eugen Kolisko und einige mit der entstehenden Heilmittelfabrik „Weleda" verbundene Persönlichkeiten gehörten, den Anlaß gegeben, an Dr. Steiner mit diesbezüglichen Fragen heranzutreten.

Eine dritte Anregung wurde durch Graf Carl von Keyserlingk gegeben. Fragen, die sich mehr auf das Ätherische der Pflanzen und

die Bildekräfte im allgemeinen bezogen, wurden von Dr. Wachsmuth und dem Schreiber dieser Zeilen gestellt. Auf eine Frage aus
jener Zeit über Pflanzenkrankheiten erklärte Rudolf Steiner dem
Verfasser, daß eigentlich nicht die Pflanze selbst primär krank sei,
„da sie ja aus dem gesunden Ätherischen heraus gebildet würde", sondern die Umgebung, insbesondere der Boden könne erkranken. Man
müsse die Ursache der sogenannten Pflanzenkrankheiten in den Verhältnissen des Bodens und der Gesamtumgebung suchen. Anregungen
über die innere Haltung eines Landwirtes und die ersten Schritte zur
Heranziehung neuer Kulturpflanzen hat wohl vor allem Ernst Stegemann in den Vorbereitungsjahren der kommenden biologisch-dynamischen Bewegung erhalten.

Im Jahre 1923 teilte nun Rudolf Steiner zum ersten Male die
Maßnahmen mit, die zur Herstellung der biologisch-dynamischen
Zusatzpräparate führen und zwar ohne jede weitere Erklärung, —
nur als Rezept: „Tun Sie das und das". Dr. Wachsmuth und der
Verfasser stellten dann das erste Präparat „500" her. Es wurde im
Garten des „Sonnenhofes" in Arlesheim (Schweiz) eingegraben.
Dann kam im Frühsommer 1924 der denkwürdige Tag, wo im Bei-
sein von Dr. Steiner, Frau Dr. Wegman, Dr. Wachsmuth, dem Verfasser, sowie einigen anderen Mitarbeitern dieses erste Präparat
Nr. 500 wieder ausgegraben werden sollte. Es war an einem sonni-
gen Nachmittag, und wir begannen an der Stelle zu graben, wo wir
der Erinnerung nach, — die Erinnerung durch einige Landmarken
unterstützt —, die Präparate zu finden glaubten. Es wurde gegraben
und gegraben. Der Leser kann sich vorstellen, wie wir nicht allein
der Anstrengung des Grabens wegen, sondern noch mehr deshalb
schwitzten, weil wir Dr. Steiners kostbare Zeit vergeudeten. Dieser
wurde dann auch ungeduldig und schickte sich an wegzugehen
mit dem Hinweis, er müsse um 5 Uhr wieder im Atelier sein. In
diesem Moment stieß der Spaten auf das erste Kuhhorn. Dr. Steiner kehrte zurück, verlangte, daß man einen Eimer mit Wasser fülle
und zeigte nun, wie der Inhalt des Hornes in Wasser verteilt und
gerührt werden sollte. Da nur der Spazierstock des Verfassers zur

Hand war, so wurde dieser zum Rühren benützt. Rudolf Steiner kam es vor allem darauf an, das energische Rühren, die Trichterbildung und das rasche Umkehren der Drehrichtung, das heißt die Strudelbildung dieses energischen Rührens, zu zeigen. Vom Rühren mit der Hand oder mit Birkenreisig wurde nichts gesagt. Noch ein kurzer Hinweis, wie das gerührte Präparat auszuspritzen und für welche Fläche die vorhandene Menge (mit einer Handbewegung über den Garten hinweisend) anzuwenden sei. Damit war der denkwürdige Vorgang vorbei, der zur Geburtsstunde einer weltumfassenden Landwirtschaftsbewegung wurde.

Was dem Verfasser auffiel und auch heute noch viel zu denken gibt, ist die von Schritt zu Schritt fortschreitende Entwicklung, aus der man ersehen kann, wie gegenständlich Dr. Steiner arbeitete, das heißt, gerade nicht aus einer vorgefaßten, abstrakten Lehrmeinung, sondern aus den tatsächlichen Gegebenheiten heraus. Für die geistige Konzentration, die Rudolf Steiner in seinen Richtlinien ausübte, spricht die Tatsache, daß oft einige Sätze oder ein Abschnitt, z. B. im „Landwirtschaftlichen Kurs", genügten, um damit die Grundlage für die gesamte Lebensarbeit eines Landwirtes oder Naturforschers zu schaffen. Man kann daher die Richtlinien nicht gründlich genug studieren und braucht nichts hinzuzuklügeln, sondern kann sich ganz von dem Vorgebrachten leiten lassen; das heißt, man braucht nur das Dargebotene auszuführen. Dr. Steiner schilderte einmal in einer anderen, sehr ernsten Situation, aber mit einem verstehenden Lächeln, daß es im Verfolg der Entwicklung der anthroposophischen Arbeit zwei Typen gebe: die Älteren, die zwar alles verstanden . . . Aber dann geschehe nichts. Die Jüngeren, die das Unverstandene oder Halbverstandene sofort ausführten. In der landwirtschaftlichen Bewegung sind wir augenscheinlich den Pfad der Jüngeren gegangen, die durch die harte Schule der Wirklichkeit zu lernen hatten. Erst heute steht das Gesamtbild des landwirtschaftlichen Impulses Rudolf Steiners als Ganzheit vor uns, wenn er auch noch lange nicht in seinen Möglichkeiten erschöpft ist. Trotz aller Erfahrung stehen

wir immer noch am Anfang. Jeder Tag bringt neue Erfahrungen
und neue Ausblicke.

*

Nun waren bereits viele Jahre früher durch den Arzt Dr. Ludwig
Noll verschiedene Anregungen für den Heilpflanzenanbau mit ver-
stärkten Metall- oder Kieselwirkungen bekannt geworden. Rudolf
Steiner betonte dem Verfasser gegenüber, daß dieses nur für Heil-
pflanzen gelte, daß man aber unter keinen Umständen Metallzusätze
zu den Präparaten für Nahrungspflanzen machen dürfe. Er wies auf
den fundamentalen Gegensatz zwischen Heil- und Nahrungspflanzen hin; dieser sei so weitgehend, daß eine nach den Gesichtspunkten
der Heilpflanze gezogene Pflanze ihre Wirkung verlieren könnte,
wenn sie wie eine Nahrungspflanze stark gedüngt würde. Andererseits würde die Anwendung der Metalle auf Nahrungspflanzen sogar gesundheitsschädigend wirken. Es bezog sich dies, wie wir es
auffaßten, natürlich vor allem auch auf die Anwendung von metal-
lischen Saatbeizen und Schädlingsbekämpfungsmitteln (Kupfer, Blei,
Quecksilber, Arsen), sowie gewisser Gesteinsmehle.

*

Gegen das Jahr 1924 zu begann sich Graf Keyserlingk zu bemühen, Dr. Steiner zu einem landwirtschaftlichen Kurs zu veranlassen.
Doch da dieser stark mit Arbeit, Reisen, Vorträgen überlastet war,
verschob er die Entscheidung von Woche zu Woche. Daraufhin
sandte Graf Keyserlingk kurzerhand seinen Neffen nach Dornach.
Dieser junge Mann erklärte, er werde sich einfach vor Dr. Steiners
Türschwelle niedersetzen und nicht mehr weggehen, bis er die Zusage zum Kurs erhalte. Diese wurde dann auch gegeben.
   Der landwirtschaftliche Kurs wurde vom 7. bis 16. Juni 1924 in
Koberwitz bei Breslau in dem gastfreundlichen Hause von Graf und
Gräfin Keyserlingk abgehalten. Daran schlossen sich einige Aus-
sprachen und anthroposophische Vorträge in Breslau, unter ande-
ren auch die bekannte Jugendansprache. Dem Verfasser war es

nicht vergönnt, an dem Kurs teilzunehmen, da Dr. Steiner ihn gebeten hatte, an der Pflege eines Schwerkranken teilzunehmen. „Ich
werde dann schreiben, was auf dem Kurs vor sich geht", sagte er zum
Troste. Der Brief kam aber, wohl infolge der Arbeitsüberlastung,
nicht zustande, was verstanden und verschmerzt wurde. Doch wurde,
als Dr. Steiner wieder nach Dornach zurückkehrte, die allgemeine
Situation mit ihm besprochen. Die Frage, ob man nun zunächst Versuche zur Einführung der neuen Methode anstellen solle, beantwortete er in dieser Weise: „Es kommt vor allem darauf an, daß die Segnungen der Präparate möglichst großen Landflächen über die ganze
Erde hin zugeführt werden, zur Heilung der Erde, und um die Nah-
rungsqualität der Feldfrüchte in umfassendstem Maß zu verbessern.
Darauf sollte man das Augenmerk richten. Die Versuche könnten
dann später noch gemacht werden." Anscheinend dachte er sich, daß
die vorgeschlagenen Wege sofort angewandt werden sollten.

Man versteht das Gesagte besser, wenn man den Hintergrund berücksichtigt, der in einem Gespräch Pfeiffers mit Rudolf Steiner auf
einer Fahrt von Stuttgart nach Dornach schon vor der landwirtschaftlichen Tagung behandelt wurde. In diesem Gespräch wies Rudolf Steiner zunächst auf die Notwendigkeit der esoterischen Vertiefung hin und zeigte einige Mängel auf, die innerhalb geistiger Bewegungen vorhanden seien. Pfeiffer fragte daraufhin: „Wie kommt
es, daß trotz Ihrer großen und zahlreichen Anweisungen der geistige
Impuls, insbesondere der innere Schulungsweg, in den einzelnen
Menschen so wenig wirksam wird und die Betreffenden trotz ihrer
Bemühungen so wenig Manifestation des geistigen Erlebens auf-
weisen können? Wie kommt es vor allem, daß trotz theoretischer
Einsicht der Wille zur Tat, zur erfolgreichen Durchführung der geistigen Impulse so schwach ist?" Es kam Pfeiffer vor allem darauf
an, eine Antwort auf die Frage zu erhalten, wie die Brücke zur Tat,
zum aktiven Mittun und Ausführen geistiger Intentionen geschlagen
werden könne, ohne durch persönlichen Ehrgeiz, Illusionen und
Eifersüchteleien vom rechten Weg abgelenkt zu werden. Diese drei
negativen Eigenschaften waren von Rudolf Steiner als die wesent-

lichen erwähnt worden, welche als innere Hindernisse im Wege stehen. Es kam nun die denkwürdige und überraschende Antwort: „Dies ist ein Ernährungsproblem. So wie die Ernährung heute gestaltet ist, gibt sie den Menschen gar nicht mehr die Kraft, das Geistige im Physischen manifest zu machen. Die Brücke vom Denken zum Wollen und Handeln kann nicht mehr geschlagen werden. Die Nahrungspflanzen enthalten gar nicht mehr die Kräfte, welche sie den Menschen geben sollten." Ein Ernährungsproblem, dessen Lösung die Möglichkeit schaffen soll, daß der Geist manifest wird und sich durch Menschen verwirklichen kann! Auf dem Hintergrunde dieser Äußerung kann man verstehen, wenn gesagt wurde, daß die Segnungen der biologisch-dynamischen Düngerzusatz-Präparate „einer möglichst großen Landfläche möglichst rasch zugeführt werden sollten, — zum Heile der Erde."

Auf diesem Hintergrunde muß man den gesamten in Koberwitz gehaltenen „Landwirtschaftlichen Kurs" sehen: daß hier eine Einleitung zum Verstehen und Praktizieren jener Kräfte gegeben wurde, welche die geistigen Kräfte, die man auch vielfach die kosmischen nennt, wieder in die Pflanzenwelt einführen.

Bei jener Besprechung über die nun durchzuführenden Maßnahmen wurde auch gesagt, daß die Wirkungen der Präparate und die Methode „für alle sei, für alle Landwirte", das heißt, nicht das Privileg einer kleinen, auserwählten Gruppe. Es ist dies umsomehr zu betonen, da ja zu dem landwirtschaftlichen Kurs nur solche Landwirte, Gärtner und Naturwissenschafter zugelassen wurden, die auf der einen Seite den sachlichen, auf der anderen Seite den geisteswissenschaftlich-anthroposophischen Hintergrund hatten. Der letztere ist nötig, um das zu verstehen und zu würdigen, was Rudolf Steiner ausführt; die biologisch-dynamische Methode aber kann von jedem Landwirt angewandt werden. Dies muß erwähnt werden, da bei manchen später der Gedanke auftrat, man könne nicht biologisch-dynamisch arbeiten, wenn man nicht Anthroposoph sei. Daß auf der anderen Seite die Erkenntnisse der biologisch-dynamischen Wirtschaftsweise den Anwender allmählich zu einem anderen Weltbild führen, daß er insbesondere zunächst die biologischen — das heißt Lebensvorgänge und Zusammenhänge —, anders beurteilen lernt als der materialistische, chemisch angehauchte Landwirt, und daß er auch dem Dynamischen, das heißt dem Kräftespiel der Natur, einen höheren Grad von Interesse und Bewußtheit entgegen bringen wird, all dies ist ja selbstverständlich. Man muß verstehen lernen, daß ein Unterschied besteht zwischen dem bloßen Anwenden und dem schöpferischen Mitarbeiten. Es wurde insbesondere auch auf die Zusammenarbeit der Praxis mit dem geistigen Zentrum, der Naturwissenschaftlichen Sektion am Goetheanum in Dornach hingewiesen. Von dieser sollte das geistesbefruchtende schöpferische Element ausgehen, während jene anderen die Fragen und die Ausführung dazubrachten. Der Name „Biologisch-dynamische Wirtschaftsweise" wurde übrigens nicht von Dr. Steiner gegeben, sondern entstand aus dem Kreise derer, welche sich zunächst um die praktische Anwendung der neuen Denkrichtung bemühten.

Rudolf Steiner hatte in dem „Landwirtschaftlichen Kurs", an dem etwa sechzig Persönlichkeiten teilnahmen, die grundlegenden neuen Gedankengänge über die Zusammenhänge der Erde, des Bodens mit den Bildekräften des Ätherischen, des Astralischen und der Ichwirkung in der Natur angeführt. Er hatte insbesondere gezeigt, wie die Gesundheit des Bodens und der Pflanzen- und Tierwelt davon abhängt, daß die Natur wieder in Zusammenhang mit den kosmischen, schöpferischen und gestaltenden Kräften gebracht werde. Die praktischen Durchführungsmaßnahmen, welche für die Behandlung des Bodens, Mistes, Kompostes und auch sonst von Rudolf Steiner gegeben wurden, insbesondere die Herstellung der biologisch-dynamischen Düngerzusatz-Präparate, sollten vor allem dem Ziele dienen, die in der Natur und modernen Landwirtschaft verlorengehenden Naturkräfte wieder anzuregen. „Es kommt nun darauf an", so sagte Rudolf Steiner einmal zu dem Verfasser, „dies in der Praxis durchzuführen." — Wie sehr die Zusammenarbeit der Hochschule für Geisteswissenschaft mit der Lebenspraxis ihm am Herzen lag, kam auch in dem Ausspruch zur Geltung, der bei einem anderen

Anlaß getan wurde. Damals führte Dr. Steiner aus, daß ein Lehrer
an der Hochschule nur einige Jahre lang dort wirken sollte (genannt
wurden drei Jahre), um dann wieder drei Jahre in der Praxis draußen zu arbeiten, damit durch dauernde Abwechslung niemals der
Zusammenhang mit dem realen Leben und seinen Bedingungen und
Anforderungen verloren ginge.

Der Kreis derer, die durch den landwirtschaftlichen Kurs inspi-
riert wurden und aus der Praxis sowohl wie aus der Wissenschaft
an dieser Aufgabe mitarbeiteten, war in stetigem Wachstum begrif-
fen. Man braucht nur Namen zu nennen wie Guenther Wachsmuth,
Graf Keyserlingk, Ernst Stegemann, Erhard Bartsch, Franz Drei-
dax, Immanuel Vögele, M. K. Schwarz, Nikolaus Remer, Franz
Rulni, Ernst Jakobi, Otto Eckstein, Hans Heinze und manche andere, die mit der Zeit dazukamen; Dr. Werr als erster Tierarzt. Aus
der Zusammenarbeit der Praxis mit der Naturwissenschaftlichen
Sektion am Goetheanum entstand dann die biologisch-dynamische
Bewegung. Sie griff bald nach Österreich, der Schweiz, Italien, England, Frankreich, die nordischen Länder, nach den Vereinigten Staaten über und hat heute Mitarbeiter in allen Weltteilen.

*

Zur Zeit, als der landwirtschaftliche Kurs gehalten wurde, standen sich die biologisch-dynamische Denkrichtung und die Agrikul-
turchemie gegenüber. Die letztere fußt im wesentlichen auf der Anschauung Justus v. Liebigs und sah in den Befunden der substan-
tiellen Stoffaufnahme der Pflanze aus dem Boden die einzige Erklärung für das sogenannte Nährstoffbedürfnis der Pflanzen. Aus
ihr entstand die einseitige chemische Düngerlehre des Stickstoff-Phos-
phat-Kali-Kalkbedarfes der Kulturpflanzen. Diese Düngerlehre beherrscht auch heute noch die orthodoxe, wissenschaftlich orientierte
Landwirtschaft. Doch wird man mit dieser Lehre nicht einmal
J. v. Liebig voll gerecht. Liebig hatte selbst Zweifel geäußert, ob die
exakte Anwendung der NPK-Lehre auf alle Böden zutreffe. Mangelerscheinungen traten stärker auf humusarmen Böden auf als auf

humusreichen. Das folgende Zitat läßt aber in noch viel tieferem Sinne vermuten, daß Liebig gar nicht der hartgesottene Materialist war, zu dem ihn seine Nachfolger machten. „Die unorganischen Kräfte schaffen nur immer Unorganisches. Durch eine in dem lebendigen Leib wirkende höhere Kraft, deren Diener die unorganischen Kräfte sind, entsteht der organisch, eigentümlich geformte, vom Kristall verschiedene und mit vitalen Eigenschaften begabte Stoff." Und: „Die kosmischen Bedingungen des Pflanzenwesens sind Wärme und Sonnenlicht."

Die in dem lebendigen Leib wirkende höhere Kraft, — die kosmischen Bedingungen: die Antwort auf diese Frage gab Rudolf Steiner. Er hat damit das Problem, das Liebig aufwarf, gelöst, gerade dadurch, daß er nicht bei der rein stofflichen Seite des Pflanzenlebens stehenblieb, sondern geistesmutig und unvoreingenommen den nächsten Schritt tat.

Nun entwickelte sich eine interessante Situation. Die Anhänger der reinen Stofftheorie, welche glaubten, den durch Rudolf Steiner gezeigten fortschrittlichen Gedanken ablehnen zu müssen, sind heute durch die Tatsachen der bodenbiologischen Forschung gezwungen, wenigstens einen Schritt weiter zu gehen. Was in den Kreisen der biologisch-dynamischen Erkenntnis schon 1924 bis 1934 allgemein anerkannt wurde: die Bedeutung des Bodenlebens, der Boden als lebendiger Organismus, die Rolle des Humus, die Notwendigkeit, diesen unter allen Umständen zu erhalten und, wo er fehlt, zu erzeugen, — all dies ist heute Allgemeingut geworden. Zu der ja nicht zu verneinenden Nährstoffbeziehung zwischen Pflanze und Boden sind heute Erkenntnisse der biologischen, organischen Gesetzmäßigkeiten dazugekommen. Man kann so weit gehen und sagen: von der biologisch-dynamischen Methode ist der biologische Teil Allgemeingut geworden. Ja, man ist vielleicht sogar übers Ziel hinausgeschossen. Aber selbst die biologischen Bedingungen des In-, Durch- und Nebeneinander der Pflanzenwelt, die Struktur des Bodens, die biologische Kontrolle der Schädlinge, die Fortschritte auf dem Gebiete der Humuswirtschaft, — so wichtig dies alles ist, es gibt doch noch keine

Antwort auf die Frage der Energie- oder Kraftquelle, das heißt der kosmischen Bedingungen des Pflanzenlebens. In gewisser Weise ist die „biologische" Denkrichtung aufgenommen, aber vermaterialisiert worden. Die dynamische Seite harrt noch immer des Verstehens, zu welchem die grundlegenden Ausführungen Rudolf Steiners den Weg gebahnt haben.

Seit 1924 sind manche Arbeiten erschienen, die als ein erstes Tasten der Wissenschaft in diese Richtung genommen werden können. Gemeint sind alle Arbeiten über wachstumsregulierende Faktoren, sogenannte Wuchsstoffe, Enzyme, Hormone, Vitamine, Spurenelemente und Biokatalysatoren. Aber dieses Tasten bleibt noch immer im Stoffbereich. Man ist allerdings so weit, daß Feinstoffwirkungen in Verdünnungen von 1 : 1 Million, ja 1 : 100 Millionen nicht mehr ins Gebiet des Unglaublichen, Phantastischen gehören, also keinem ungläubigen Lächeln mehr begegnen, wie es den Anwendungsregeln der biologisch-dynamischen Düngerzusatz-Präparate geschah, die selbst bei Verdünnungen zwischen 1 : 10 bis 1 : 100 Millionen ja noch recht faßbar sind (faßbar nach dem heutigen Stand der Erkenntnis). Man hat in der Erkenntnis der Photosynthese, das heißt des Aufbaues der Substanz in der lebenden Pflanzenzelle, bereits das Problem des Energie-Einflusses (Sonne, Licht, Wärme, Mond), also der Umwandlung kosmischer Kraftquellen in chemisch-stofflich wirksame Energie und Zustände, aufgerollt. So kann man Folgendes lesen (Principles of Agriculture 1952, W. R. Williams, Member of the Academy of Sciences USSR, englische Übersetzung von G. V. Jacks, Direktor des Englischen Staatsinstitutes für Bodenwirtschaft): „Die Aufgabe der Landwirtschaft ist es, die bewegliche Sonnenenergie, die Energie des Lichtes, in die innere Kraft der menschlichen Nahrungsmittel umzuwandeln. Das Licht ist der grundlegende Rohstoff der landwirtschaftlichen Industrie." Ferner: „Licht und Wärme sind die notwendigen Bedingungen des Pflanzenlebens. Licht ist der Rohstoff, aus dem die landwirtschaftlichen Produkte gemacht sind, und Wärme ist die Kraft, durch welche der Mechanismus der Pflanze getrieben wird. Die dynamische Energie der Sonenstrahlen wird durch die grüne Pflanze in die materielle Form der organischen Substanz verwandelt. Daher ist unsere erste konkrete Aufgabe die fortdauernde Erzeugung organischer Substanz, um die innere Kraft für das menschliche Leben aufzuspeichern."

Weiterhin: „Man kann die vier wesentlichen Faktoren, je nach ihrem Ursprung, in zwei Gruppen teilen: Licht und Wärme als kosmische Faktoren; Wasser und Pflanzennahrung als terrestrische Faktoren. Die erste Gruppe stammt aus dem interplanetarischen Weltenraum . . ."

Oder: „Die kosmischen Faktoren wirken direkt auf die Pflanze, während die terrestrischen Faktoren nur durch einen Vermittler (die Substanz, d. V.) wirken." Von dem Verfasser dieser ursprünglich in russischer Sprache erschienenen Arbeit wird die Erkenntnis des Zusammenwirkens der kosmisch-terrestrischen Faktoren als erstes Objekt der Landwirtschaftswissenschaft, die der organischen Substanz (Humus) als zweitwichtigstes Objekt der landwirtschaftlichen Produktion bezeichnet. So veröffentlicht 1952. 1924 hatte Rudolf Steiner auf die Notwendigkeit hingewiesen, die kosmischen Kräfte bewußt, direkt und indirekt, wiederum in die Wachstumsvorgänge einzuführen, das heißt die Erkenntnis des Pflanzenwesens aus der stofflichen, rein terrestrischen Isolierung zu erlösen. Nur dadurch würde es möglich sein, auch gesundheitsbildende und aufbauende, der Degeneration entgegenarbeitende Kräfte wieder wirksam zu machen. „Um die Mitte des Jahrhunderts", so führte er in seinen Anweisungen an den Verfasser aus, „muß die geisteswissenschaftliche Erkenntnis Lebenspraxis geworden sein, um unsagbares Unheil an der Gesundheit der Natur und des Menschen zu verhindern."

*

Unsere Forschungsarbeiten gingen davon aus, zunächst die Bildekräfte zu demonstrieren und überhaupt ein Reagenz auf Bildekräfte zu finden. Hierfür wurden Anregungen gegeben, die in der Kristallisationsmethode des Verfassers erst später verwirklicht werden konnten. Dann: die schwachen Punkte des materialistischen Konzeptes aufzuzeigen und die materialistischen Forschungsresultate mit ihren eigenen Versuchsmethoden zu widerlegen, das heißt, auf stofflichem Gebiete exakte analytische Methoden anzuwenden und weiter auszubilden. Es war durchaus vorgesehen, auch quantitativ zu arbeiten, nicht nur qualitativ. Der Verfasser mußte zum Beispiel während seines Hochschulstudiums in jedem Semester bei Rudolf Steiner antreten, seinen Lehrplan vorlegen, und wurde weitgehend in der Auswahl der Fächer von ihm beraten. Dabei kam es vor, daß Rudolf Steiner zwei, ja drei chemische, analytische, physikalische und botanische Vollpraktika (d. h. jedes sechs Stunden pro Tag) zu gleicher Zeit vorschlug. Auf den Einwand, daß das gleichzeitig nicht möglich sei, antwortete er nur: „Oh, Sie werden das schon bewältigen."

Immer wieder kam der Hinweis auf praktische und Laboratoriumsarbeit, aber nicht theoretisches Ausklügeln.

Im Verlauf der jahrzehntelangen Arbeit, die sich daraus ergab, standen diese Anregungen vor der Seele des Verfassers und veranlaßten ihn, nicht nur in Laboratorien zu arbeiten, sondern auch die Realität der begonnenen Erkenntnisse in der Führung landwirtschaftlicher Betriebe anzuwenden, sowohl im biologisch-dynamischen, wie auch im wirtschaftlichen Sinne. „Ohne daß man wirtschaftlich, d. h. gewinnbringend arbeitet, geht es ja überhaupt nicht", wurde er bereits von Dr. Steiner belehrt, der dann verlangte, daß außer dem naturwissenschaftlichen Studium auch volkswirtschaftliche Fächer und Vorlesungen besucht wurden. Nationalökonomie, Handelsgeschichte, Wirtschaftswissenschaft, ja sogar Massenpsychologie und andere verwandte Fächer wurden vorgeschlagen; über die Resultate mußte dann jeweils berichtet werden. Dabei zeigte sich eine außerordentliche Kenntnis Rudolf Steiners nicht nur der einzelnen Fächer, sondern sogar der Lehrmethode und Wesensart der verschiedenen Universitätsprofessoren. Zum Beispiel sagte er: „Der X ist ein außerordentlich gescheites Haus mit weitfliegenden Ideen, es fehlt ihm aber die solide Einzelkenntnis; jener ist ein eleganter Schönredner, Sie brauchen ihm nicht alles zu glauben, aber seine Methode der Darstellung müssen Sie gründlich verstehen."

Aus diesen und manchen anderen Anregungen ergab sich ganz klar, was für die Einführung der biologisch-dynamischen Methode getan werden mußte. Da war der große Kreis der praktischen Landwirte. Diesen oblag es, die Anwendung der Methode in ihren Betrieben durchzuführen. Die günstigsten Bedingungen für die Präparate, — Humusbildende anstelle von Humus-zerstörenden Fruchtfolgen — mußten gefunden, die Gesichtspunkte für Tier- und Pflanzenzucht entwickelt werden. Jahre waren nötig, bis die „Übersetzung" der grundlegenden Ideen in die Praxis vollbracht war. All dies wurde durch harte Lebenserfahrung erprobt, bis das vollständige Bild einer lehr- und erlernbaren Methode dastand, an der jeder Landwirt zu seinem Vorteil teilhaben kann. Fragen der Bodenbearbeitung, Fruchtfolgen, Mist- und Kompostbehandlung, Umstellung im geeigneten Zeitpunkt der Viehhaltung und Viehzüchtung, der Obstbaumpflege und manches andere konnte nur in der Praxis gelöst werden.

Dann erfolgte die Auseinandersetzung mit der Landwirtschaftswissenschaft. Hierzu mußten in den Laboratorien und durch Feldversuche Tatbestände, Beobachtungsmaterial geschaffen werden. Nun kam dem Verfasser die ihm empfohlene technische und quantitativchemische Ausbildung zustatten. Es ist ja das Gebiet, auf welchem sich vielleicht am klarsten die Mängel und Schwächen der chemischen Boden- und Nährstofftheorie zeigen, und wo man heute, nach mehr als dreißig Jahren, die Möglichkeit sieht, eine Brücke zwischen der Anschauung der kosmischen Kräfte und einer exakten Wissenschaft zu schlagen.

Die erste Möglichkeit zur Durchbrechung der festgefahrenen Lehrmeinungen ergab sich vielleicht durch die Entdeckungen, die sich um den Begriff „Spurenelemente" gruppierten. 1924 hatte Rudolf Steiner auf diese feinsten, in der Atmosphäre oder sonst verteilten Feinstoffe hingewiesen, und insbesondere erwähnt, daß diese sehr viel zum gesunden Aufbau der Pflanzenwelt beitragen. Es blieb dabei die Frage noch offen, ob diese Feinstoffe durch die Wurzeln aus dem Boden oder durch die Blätter und andere Organe aus der Atmosphäre aufgenommen wurden. Im Anfang der 30er Jahre wurde durch die

Spektralanalyse festgestellt, daß fast alle Elemente in der Größenordnung 10^6 bis 10^9 in der Atmosphäre vorhanden sind. Die Tatsache, daß diese Spurenelemente auch aus der Luft aufgenommen
werden können, wurde zunächst an der Tillandsia usneodis festgestellt. Heute ist es in Kalifornien und Florida allgemein üblich, Zink
und andere Spurenelemente nicht mit der Düngung durch die Wur-
zel zuzuführen, sondern auf das Blatt aufzutragen, da die Blätter
gar wohl die Feinstoffe aufnehmen, sogar besser als die Wurzeln.

Es wurde entdeckt, daß durch einseitige Mineraldüngung die Böden und Pflanzen an Spurenelementen verarmen. Und vor allem
wurde gefunden, daß eine Zufügung der Spurenelemente durchaus
nicht bedeutet, daß die Pflanzen diese auch immer aufnehmen können. Die An- oder Abwesenheit von Zink in der Größenordnung von
1 : 100 Millionen entscheidet bereits, ob ein Orangenbaum gesunde
Frucht trägt. 1924 bis 1930 belächelte man die biologisch-dynamischen Präparate, „weil man mit hohen Verdünnungen doch nicht die
Pflanze beeinflussen könne."

Wir erwähnen Zink in diesem Zusammenhang, da auf der einen
Seite dieses Spurenelement für die Gesundheit mancher Pflanzen wie
auch für den Ertrag so außerordentlich notwendig ist, — gerade in
den höchsten Verdünnungen —, auf der anderen Seite wird es in
den Pilzen besonders angereichert. Eine Bemerkung Rudolf Steiners
weist auf einen interessanten Zusammenhang, der im Lichte der
neuesten Forschung (aus den letzten zehn Jahren) überhaupt erst
voll verstanden werden kann. Seite 107 des „Landwirtschaftlichen
Kurses" lesen wir: „Und die schädlichen Parasiten halten sich mit dem
Pilzartigen zusammen . . . dadurch entstehen jene Pflanzenkrankheiten, entstehen auch größere Schädlichkeiten . . . Und man sollte
darauf sehen, daß die Auen besetzt sind in ihrem Boden mit Pilzen.
Und da wird man das Merkwürdige erleben, daß, wo eine Aue, eine
pilzreiche Aue, wenn auch vielleicht gar nicht von starker Größe, in
der Nähe einer Landwirtschaft ist, daß da dann diese Pilze nun durch
ihre Verwandtschaft mit den Bakterien und dem anderen parasitären
Getier, dieses Getier abhalten. Neben solchen Dingen . . . besteht

noch . . . im Großen die Möglichkeit, durch Anlegung von Auen das schädliche Kleingetier . . . von der Landwirtschaft abzuhalten."

Zu den Pilzen und pilzartigen Organismen zählen auch die sogenannten fungi imperfecti und ein botanisches Zwischenglied, die Strahlenpilze oder Actinomyceten und Streptomyceten, von denen in den letzten Jahren die antibiotischen Medikamente extrahiert werden. Diese Organismen, so fand der Verfasser, sind an der Humusbildung und Verrottung ganz besonders beteiligt und in den biologisch-dynamischen Düngerzusatzpräparaten besonders angereichert. In diesen Präparaten findet nun auch eine Anreicherung mancher wichtigster Spurenelemente statt, wie Molybdenum, Kobalt, Zink u. a., deren Wichtigkeit heute experimentell erkannt ist.

Mit Bezug auf die Böden ergab sich nun eine eigenartige Situation. Die Analyse auf verfügbare Pflanzennährstoffe zeigte nämlich, daß sich an ein und demselben Boden zu verschiedenen Jahreszeiten ganz verschiedene Resultate ergaben. Es zeigten sich jahreszeitliche, ja sogar tägliche Schwankungen. Die Unterschiede dieser zeitlichen Schwankungen sind oft größer an derselben Probe als zwischen zwei benachbarten Feldern, einem guten und einem schlechten Boden. Jahreszeitliche und tägliche Schwankungen sind aber durch die Stellung der Erde innerhalb des Planetensystems bedingt, d. h. sind kosmischen Ursprungs. Man findet in der Tat Tages- und Jahreszeiten, die die Löslichkeit und Verfügbarkeit der Nährstoffe verschieden beeinflussen. In der Physiologie der Pflanzen, Tiere (Drüsensekretionen, Hormone) finden sich zahlreiche Phänomene, die solchen Einflüssen unterliegen. Das Bryophyllum-Blatt enthält Oxalsäure, deren Konzentration mit der Tageszeit beinahe wie ein Uhrzeiger mitläuft. Obwohl hier und in vielen anderen Fällen die stoffliche Nährgrundlage dieselbe ist, können Pflanzen unter verschiedenen Lichtrhythmen und Zyklen einen ganz verschiedenen Stoffauf- und -abbau haben. Joachim Schultz, der leider zu früh verstorbene Forscher am Goetheanum, begann eine wichtige Angabe Rudolf Steiners experimentell zu prüfen, nämlich daß die Lichtwirkungen in den Morgen- und Abendstunden das Pflanzenwachstum anders (befördernd) be-

einflussen, als die Lichtwirkungen der Mittags- und Mitternachts-
stunden (hemmend).

Dem Schreiber dieser Zeilen fiel bei Besichtigung der Schultz'schen
Versuche auf, daß Pflanzen, auf derselben Nährlösung gewachsen,
je nach den Lichtrhythmen völlig verschiedenen Stoffaufbau zeigten,
z. B. in bezug auf Stickstoff. In den Morgen- und Abendstunden
zeigten sie reiches, von Stickstoffwirkung begünstigtes Wachstum, in
den Mittagsstunden Verkümmerungen, Mangelerscheinungen. Damit ist nun experimentell der Weg gebahnt, aufzuzeigen, daß die sogenannte „kosmische" Wirkung des Lichtes, der Wärme, der Sonne
insbesondere, aber auch anderer Lichtquellen, dem Stoffesgeschehen
übergeordnet sind. Sie regulieren den Ablauf stofflicher Veränderun-
gen. Wann, in welcher Richtung dieser überhaupt verläuft, inwie-
weit dadurch das gesamte Wachstum, die Form der Pflanze beein-
flußt wird, dies hängt von der kosmischen Konstellation und Kraftquelle ab. Gerade die neueste Forschung auf dem Gebiet der Photosynthese ist geeignet, sogar dem materialistischen Beobachter die
Augen für solche Vorgänge zu öffnen. Rudolf Steiner erscheint uns
auch hier als der Vorläufer, der einer neuen Forschungsrichtung die
Bahn geebnet hat. Es ist im Rahmen dieses Aufsatzes nicht möglich,
über alle bereits bekannten Phänomene zu berichten, da diese mehr
als ein ganzes Buch füllen würden. Den Einfluß der kosmischen
Kräfte mit dem Wort „Aberglauben" abzutun, ist nicht mehr möglich, sobald man die physiologische und biochemische Abhängigkeit
der Stoffwechselfunktionen des Bodenlebens, des Saftstromes in der
Pflanze, insbesondere auch die Prozesse in der Wurzelsphäre in Betracht zieht.

*

In einer älteren, zum Teil auf Mysterientradition, zum Teil auf
instinktivem Hellsehen aufgebauten Naturbetrachtung, ausgehend
von den Zeiten des Aristoteles und seines Schülers Theophrastus, des
Botanikers, bis in die Zeiten des Albertus Magnus und die spätmit-
telalterliche Signaturenlehre, wurden Beziehungen der einzelnen
Pflanzengattungen zu bestimmten kosmischen Konstellationen an-

gegeben. Diese Konstellationen sind die schöpferischen Momente, unter deren Einfluß die Gattungen sich differenzierten, und verschiedene Formen des Daseins entstanden. Wenn man bedenkt, daß kosmische Rhythmen einen so bedeutenden Einfluß auf die Physiologie des Stoffwechsels, der Drüsenfunktion, des Saftstromes und Saftdruckes (Turgor) ausüben, dann ist nur noch ein kleiner Schritt zur nächsten Erkenntnis — einer bewußten, künftigen Forschung —, die schöpferischen Konstellationen auch einmal experimentell zu erfassen. Zahlreiche Mitarbeiter Rudolf Steiners haben bereits in Experimenten (Steigbildmethode: L. Kolisko) oder in Pflanzen- und Kristallisationsversuchen die übergeordnete Wirkung der Formkräfte demonstriert (Pfeiffer, Krüger, Bessenich, Selawry u. a.).

Eine besondere Aufgabe ergab sich aus Anregungen Rudolf Steiners für die Pflanzenzucht. Die diesbezüglichen Forschungen sind von dem Verfasser und anderen Mitarbeitern (Immanuel Vögele, Erika Riese, Martha Kuenzel, Martin Schmidt) zum Teil in Zusammenarbeit, zum Teil unabhängig voneinander durchgeführt worden. Von dem Grundgedanken der kosmischen Schöpfungskonstellation ausgehend, kann man annehmen, daß in jeder Gattung oder Unterart der Ursprungsimpuls langsam abebbt und sich verliert. Dieser Ursprungsimpuls als Formkraft wird durch die Vermittlung bestimmter Organe (Chromosome z. B.) in der Pflanze vererbt. Einseitige Stoffdüngung verdrängt allmählich das Nachwirken der Ursprungskräfte, so daß die Pflanze „schwächer" wird. Die Samenqualität degeneriert. Dies war die Frage, die zuerst an Rudolf Steiner herangebracht wurde und die Entstehung der biologisch-dynamischen Methode auslöste.

Die Pflanze als Kräftesystem unter dem Einfluß der kosmischen Wirkungen wieder dem Naturganzen zurückzugeben, war die Aufgabe. Rudolf Steiner wies darauf hin, daß manche der „vergewaltigten", d. h. ihrem Ursprung entfremdeten Naturpflanzen bereits so degenerieren, daß man sich am Ende des 20. Jahrhunderts nicht mehr auf ihren Anbau werde verlassen können. Es wurden u. a. der Weizen und die Kartoffel erwähnt, aber auch Getreidesorten wie Hafer,

Gerste, sowie Luzerne gehören hierher. Skizzenhaft wurden die
Wege gewiesen, wie aus wilden, noch „unerschöpften" Verwandten
der Kulturpflanzen neue, samenkräftige Sorten gezogen werden können. Diese Arbeiten sind erfolgreich begonnen worden. Heute schon
sind neue Weizensorten vorhanden. Martin Schmidt hat noch unver-
öffentlichte, aber bedeutende Arbeiten durchgeführt, um den Rhythmus der Samenstellung in der Ähre und insbesondere die Verschieden-
heit der Nahrungspflanze von der Saatgutpflanze aufzuzeigen. Nach
Rudolf Steiner ergibt sich nämlich diese grundverschiedene Beschaf-
fenheit, je nachdem die Aussaat näher am Winter oder Sommer vollzogen wird. Im Aufbau der Eiweißstoffe, Aminosäuren, Phosphor-
lipoiden, Enzymsysteme usw. wird der Biochemiker mit den Methoden moderner Chromotographie diese Unterschiede späterhin
auch stofflich verfolgen können.

Die Degeneration des Weizens ist heute zur Tatsache geworden.
Selbst auf guten Böden sinkt der Eiweißgehalt ab (von 13 % auf
8 % in manchen Gegenden der Vereinigten Staaten während der
letzten 30 Jahre bei Rotweizen). Wer Kartoffel anbaut, weiß, wie
schwer es ist, überhaupt noch eine gesunde, nicht von Insekten und
Viren angegriffene Kartoffel zu ziehen, von schmackhaften Kartof-
feln schon gar nicht zu reden. Biologisch-dynamisch gezogener Weizen hat sich auf dem hohen Eiweißniveau erhalten. Die vielverspre-
chenden Kartoffelzüchtungsarbeiten sind leider durch den Krieg und
andere Störungen unterbrochen worden.

Vom dynamischen Gesichtspunkt aus gesehen, ist das Schädlings-
problem eines der interessantesten und lehrreichsten. Das biologische
Gleichgewicht ist gestört, Degeneration erfolgt. Schädlinge und
Krankheiten treten auf. Die Natur selber liquidiert, was nicht mehr
lebensfähig ist. Schädlinge sind daher eine Warnung der Natur, daß
die Ursprungskräfte verloren gegangen sind, und man sich gegen das
Gleichgewicht versündigt hat. Für diese Warnung bezahlt heute die
amerikanische Landwirtschaft nach offiziellen Angaben 5000 Millionen Dollar an Ernteverlusten, dazu 750 Millionen Dollar für
Schädlingsbekämpfungsmittel. Daß man mit Schädlingsgiften das

Ziel nicht erreicht, vielmehr trotz der Vernichtung eines Teiles der Schädlinge doch nur neue und widerstandsfähigere erzeugt, beginnt man bereits einzusehen. Daß z. B. durch einseitige Düngung das Gleichgewicht der Eiweiß-Kohlehydrate in der Pflanzenzelle zu Ungunsten des Eiweiß und der schützenden Wachsschichten auf der Außenseite der Blätter verschoben wurde, und daher die Pflanzen für den Angriff der Schädlinge „schmackhafter" wurden, wird bereits von den fortgeschrittensten Wissenschaftern (Albrecht, Missouri) festgestellt. Daß Schädlingsgifte nur einen beginnenden „Leichnam der Natur" konservieren, aber nicht das allgemeine Absterben aufhalten können, ist eine bittere Einsicht. Schon machen sich Stimmen erfahrener Entomologen geltend, die das Versagen der chemischen Schädlingsbekämpfung und die damit verbundene Möglichkeit von Gesundheitsstörungen einsehen und biologische Kontrolle verlangen. Biologische Kontrolle ist aber, nach den Anweisungen z. B. der Versuchsanstalten in den U.S.A. nur dann möglich, wenn man keine Gifte anwendet und versucht, das Naturgleichgewicht wieder herzustellen. Daß Gesundheit und Widerstandsfähigkeit eine Funktion des biologischen Gleichgewichtes unter Einbeziehung kosmischer Faktoren ist, war bereits von Rudolf Steiner in seinen Angaben zum landwirtschaftlichen Kurs ausgeführt worden. Auch hier zeigt sich, wie sehr diese auf Goethe aufbauende geisteswissenschaftliche Denkweise der Zeit voranging.

Es ist dem Verfasser durchaus bewußt, daß diese Darstellungen nur einen ganz kleinen Teil des gesamten Fragenkomplexes berühren, der durch Rudolf Steiners neue Landwirtschaftsmethode erschlossen wurde. Er ist sich auch bewußt, daß jeder andere Mitarbeiter ganz anders und ganz anderes schreiben würde. Man möge daher diese Zeilen als das lesen, was sie sein wollen: Ausblick aus einem einzigen Fenster in einem Hause, in dem viele Räume sind.

MARIA RÖSCHL-LEHRS

Rudolf Steiner als persönlicher Lehrer

Die Begegnung mit einer großen Persönlichkeit in Form des Schüler-Lehrer-Verhältnisses ist eine Kraftquelle fürs Leben. Die daraus erfließende Stärkung kann man versuchen auszuleben innerhalb der Aufgaben, die einem das Leben stellt. Die einzelnen Inhalte der Schulung selbst sind nicht geeignet, als solche geschildert zu werden. Was hier gegeben werden kann, ist allein ein erinnerndes Sich-Besinnen und eine Summe von Eindrücken, die beitragen können, das Bild der Lehrerpersönlichkeit zu verdeutlichen.

Rudolf Steiner gab in verschiedenen seiner veröffentlichten Bücher Anleitungen zur inneren Entwicklung des Menschen. Diese seien hier kurz als „Lehre" bezeichnet. Daneben unterwies er auch einzelne als seine Schüler in individueller Weise. Man kann dies „persönliche Führung" nennen. Es ist der Unterschied zwischen „Lehre" und „persönlicher Führung" besonders zu beachten.

Die Lehre vom inneren Pfade, die ein großer Geist in seine Zeit hineinstellt, gehört der Geschichte des Geisteslebens an. Sie erwächst aus den Entwicklungsbedingungen und Entwicklungstatsachen der Zeitperiode, in der sie gegeben ist und greift im Sinne der Weiter- und Höherentwicklung in diese ein. Sie wendet sich an die vielen, die auf diesem Gebiete suchen und streben wollen und bereit sind, solche Hinweise zu befolgen. Sie ist in einer Form gegeben, die den gesunden allgemeinen Kräftedurchschnitt berücksichtigt und bei richtiger Befolgung eine harmonisch fördernde Entfaltung des Menschen mit sich bringt.

Da sich die Lehre an die Allgemeinheit wendet, kann sie in unsrer Zeit im Druck veröffentlicht werden. Denn die Menschen entwickeln sich dahin, die bisher unerfaßten und vielfach unbekannten Seiten des Wesens Mensch an sich und anderen zu erleben. Die Romantiker des beginnenden 19. Jahrhunderts sprachen da von den „Nachtseiten" der menschlichen Natur. Viele widmeten ihnen besondere Aufmerksamkeit, z. B. Justinus Kerner, der die „Seherin von Prevorst" pflegte u. a. Doch handelte es sich damals bei dem öffentlich bekannt Gewordenen im großen ganzen um vereinzelte Erscheinungen ungewohnter und vielfach chaotischer, krankhafter Art. Jetzt liegt eine Erweiterung des Erlebnis- und Erfahrungsfeldes der menschlichen Seele ins Gebiet des Übersinnlichen auf der allgemeinen Entwicklungslinie der Menschheit. Es ist darum nötig, verstehen zu können, wie solche Phänomene zum Wesen des Gegenwartsmenschen stehen, wie sie richtig verstanden und beherrscht werden können. Hier liegt der Grund, warum Erklärungen und Anweisungen für eine gesunde innere Entwicklung von Rudolf Steiner, der volle Einsicht in dieses Gebiet hatte, aus Verantwortungsgefühl veröffentlicht werden mußten. Denn werden diese Erscheinungen des Seelenlebens nicht verstanden, so können sie für Krankheiten gehalten oder als solche hingestellt werden, auch wo sie dies nicht sind. Es können auch gefahrvolle und ungesunde Ablenkungen ins Mediumistische und Spiritistische vorkommen, die nichts zu tun haben mit einer gesunden Entfaltung des Menschen in das Gebiet des übersinnlichen Erlebens, wie sie Rudolf Steiner durch seine Lehre ermöglicht.

Es steht in der Freiheit des einzelnen, solche Bücher Rudolf Steiners zu bemerken und zu lesen, oder sie zu versäumen — sie oberflächlich durchzufliegen oder ihren Wert zu erkennen — sie zu verhöhnen oder aktiv davon Gebrauch zu machen. Es waltet da Freiheit — jene Freiheit, die auch dem folgenschweren Versäumnis Raum gibt. Es waltet hier auch Verantwortung moralischer Art, ob man die neu in der Menschheit aufkommende Phase erkennen und verstehen will oder meint, auf Grund bisheriger Normen das Neue bekämpfen zu müssen.

Rückblickend auf die geschichtliche Entwicklung, könnte man die
Frage aufwerfen: Warum entstehen immer wieder neue Anweisungen für die innere Schulung des Menschen? Die kürzeste Form der
Antwort wäre: Weil jede Entwicklungsstufe der Menschheit eine
Modifizierung des bisherigen inneren Pfades braucht infolge der Veränderung der menschlichen Psyche und Physis. Anderes war richtig
für den Orientalen, anderes für den Griechen der Antike, anderes
für den mittelalterlichen Christen, anderes für den Menschen unserer Zeit.

Die erlebende Verbundenheit des Menschen mit der göttlich-gei-
stigen Welt, wie sie uns aus alten Menschheitsdokumenten religiöser
und literarischer Art entgegentritt, wie sie namentlich in Mythen
lebt, beruhte auf dem leiblichen und seelischen Anders-Sein des alten
Menschen. Diese Hell-Sichtigkeit ging verloren und mußte verloren
gehen. Dem unvoreingenommenen Forschenden wird deutlich, daß
der Mensch sein Ergreifen und Beherrschen der Stoffeswelt, diese un-
geheure Erweiterung seines Erlebensfeldes in der Sphäre des Sinnlichen, mit einer großen Verengung seines Bewußtseins im Übersinnlichen erkauft hat. Wie könnte denn auch ein Mensch in der modernen Technik und Maschinenwelt tätig drinstehen, wenn er diese Stof-
fesgewalten als Wesen erlebte wie der Mensch alter Zeiten?

Insofern hat der Mensch seine „Ganzheit" eingebüßt. Der Teil seines Wesens, der sich einst mit der realen übersinnlichen Welt erlebend in Verbindung setzen und daraus Kraft und Lenkung gewinnen konnte, mußte für eine lange Zeit verstummen. Der Mensch ist
aber Geist-Träger und kann auf die Dauer nicht seinem wahren Wesen entsprechend wirken und leben ohne die Kraftquellen seiner
übersinnlichen Ursprungswelt. Gegenwärtig wächst die Zahl derer,
denen dies zum Bewußtsein kommt, weil sie innerlich zusammen-
brechen an der modernen Zivilisation und ihren Anforderungen. Und
so wird immer mehr der Schrei nach der „Ganzheit" des Menschen
laut. Man erkennt, daß man „unvollständig" geworden ist und dadurch an Macht verloren hat. Diese Macht möchte man wiedergewin-
nen, sich in seiner Ganzheit erleben. Und so weisen Vorträge und

Bücherverzeichnisse zurück zu alten Religionsformen und ihrer Schulung, zu orientalischen Büchern und Schriften meditativen Inhalts — vieles steht da zur Wahl. In Rudolf Steiners Buch „Wie erlangt man Erkenntnisse der höheren Welten?" ist der dem europäischen und westlichen Menschen *unsrer* Zeit gemäße Weg zum Ganz-Werden gewiesen. Er führt nicht zu persönlicher Macht, wohl aber zur Läuterung moralischer Art, zur Bewußtseins-Erweiterung ins geistige Erleben und zur Möglichkeit eines vollwertigen Dienstes am andern, an der Menschheit. Das ist die „Lehre" Rudolf Steiners.

*

Die persönliche Führung setzt beim Schüler volle Berücksichtigung der Lehre voraus, also Befolgung der allgemein giltigen Richtlinien. Ihre individuelle Note gewinnt sie dadurch, daß ihre Grundlage die Erkenntnis des Wesens und Schicksals des Schülers ist, die der Lehrer gewinnt. Die individuelle Vergangenheit, die den Schüler so gestaltet hat, wie er heute vor dem Lehrer steht, ergibt den Ausgangspunkt der Schulung. Und wenn die persönliche Führung Frucht trägt, führt sie früher oder später dazu, daß auch der Schüler seinen Lehrer erkennt in seinem überzeitlichen Signum. Eigentlich beginnt die volle Schülerschaft erst, wenn dies Erkennen erreicht ist. Um *Wesens*erkenntnis handelt es sich hier.

Eine solche Stellung zwischen Lehrer und Schüler ist so einmalig wie das Einzelschicksal. Und da sich die persönliche Führung von seiten des Lehrers auf solchen Grundlagen aufbaut, ist es nicht möglich, was der Lehrer an Anweisungen und Übungen in einem solchen besonderen Fall übermittelt hat, unmittelbar weiterzugeben, als wären sie auch für andere giltig. Denn diese Unterweisungen fußen auf Voraussetzungen, die für einen andern nicht gelten können: auf der besonderen Veranlagung des Schülers — bis ins Physiologische. Sie berücksichtigen auch die besonderen Gegebenheiten seiner völkischen Abstammung, seiner schon erreichten Entwicklungsstufe. Es besteht somit ein tiefgreifender Unterschied zwischen Lehre und persönlicher Führung.

Wenn also die Aufgabe gestellt ist, ein Bild von Rudolf Steiner als persönlichem Führer zu geben, so kann dies nur in individuellen Zügen geschildert werden, zu deren Verständnis als Basis auch wieder rein persönliche Voraussetzungen hingestellt werden müssen. Doch werde ich hier eine einzelne Linie herausgreifen, die auf dem Hintergrunde unsrer gegenwärtigen Kultur etwas durchaus Allgemeines ist und somit objektiv Verständliches darstellt.

*

Zwei innerlich miteinander durchaus zusammenhängende Komplexe treten da in den Vordergrund, die beide von sehr früher Kindheit an meine Aufmerksamkeit beherrschten. Zunächst und zeitlich früher das sinnende Erleben des Kindes, daß die einen Menschen als wichtig und wünschenswert erlebt werden, die anderen das Gegenteil an Gefühlen erregen. Allmählich formte sich daraus bei dem heranreifenden jungen Menschen der Begriff des „Kernes" eines Menschen. Dieser Kern war bei den einzelnen ganz verschieden — bei den einen gewichtig und kraftvoll, bei anderen leicht und unbedeutend. Die einen konnten still und zurückgezogen, ja nach außen unbedeutend erscheinen, hatten aber einen wertvollen Kern. Die anderen waren oft farbig glitzernde Erscheinungen, man erlebte aber an ihnen als Kern etwas ganz Enttäuschendes. Später wurde dieser Kern als „Persönlichkeit", als Ich des andern erkannt.

Und ebenso stand von früher Kindheit an die Frage da, warum man denn bei Nacht, während man doch schläft, so viel Schönes, aber auch Grausiges erlebt. Da waren tagsüber die reichen, so wichtigen Eindrücke aus der Umwelt, die das Kind in allen kleinsten Einzelheiten mit Aufmerksamkeit in sich aufsog. Zarte Unterschiede in Blüten- und Wachstumsvorgängen im Frühling an den Bäumen unten im Garten, das Verhalten verschiedener Tiere im anstoßenden Hofe, genau erfaßte Krankheitssymptome an Spielkameraden und Menschen der Umgebung. Dies alles wurde intensiv aufgenommen und blieb klar in der Erinnerung stehen als isolierte Eindrücke, über die man weder nachgrübelte noch andre fragte. Erst später, vielfach

erst nach Jahren, schlossen sich solche Erinnerungsreihen — oft blitzartig — zu klaren Erkenntnissen zusammen und ergaben durch die
besonders weit zurückreichenden Kindheitserinnerungen etwas wie
eine breitere Verstehensbasis des Wachlebens.

Eine große Frage aber blieb das Träumen und Schlafen, die sich
allnächtlich in jenes andere Erleben einschoben. Da waren Träume, in
denen die Gestalten der Märchen wiederkehrten, die Menschen des
Tages. Da waren aber auch Träume, die keine waren, und erschüt-
ternd, scharf umrissen in der Erinnerung des Schulkindes stehen blieben, unverwischbar. Auch darüber befragte man niemanden; es blieb
stehen als Frage. So drängte sich das Rätsel der verschiedenen Be-
wußtseinsstufen frühzeitig auf. Wie kam all dies zustande? Darauf
gaben auch die Universitätsstudien keine Antwort, auch nicht der
Reichtum einer von hoher Kunst durchsetzten Kultur der Heimat-
stadt. Und so blieb nur die Möglichkeit einer genauen Beobachtung
und selbständigen Studiums.

Goethe wurde da Freund und Führer. Ein eingehendes Studium
seines gesamten Lebens und Schaffens brachte zwar nicht die Erkenntnis, wie Traum und Schlaf zustande kommen, wohl aber die be-
reichernde und wichtige Einsicht, daß der Traum von ganz besonderer Bedeutung für sein Schaffen war. Sein Dichten quoll von Jugend
an aus diesem Bewußtseinszustand. Er wies selbst hin auf die reiche
Welt des dem Menschen noch nicht bewußt Erfaßbaren. Was ihn an
solchen traumartig-schöpferischen Zuständen in jungen Jahren ge-
waltig, fast gewaltsam überkam, lernte er durch ein „tätig-nach-
denkliches" Leben beherrschen, kommandieren. Goethe hatte also gelernt — wie er selber mitteilte — solche Bewußtseinsphänomene zu
beherrschen. Dies hatten mir meine Goethestudien gezeigt. Sie hatten
meiner Frage einen vertieften und bedeutsamen Hintergrund gegeben. Aber mein Rätseln und Suchen nach dem Zustandekommen von
Schlaf und Traum wurde weder durch diese Arbeit noch durch Studien von Philosophie und Psychologie beantwortet. Die Antwort
darauf fand ich erst mehrere Jahre später in dem Menschenbilde, das
Rudolf Steiner hinstellte.

Als ich dann Rudolf Steiner persönlich begegnete, und er mich in
das Lehrerkollegium der ersten Waldorfschule aufnahm, schloß er das
Gespräch mit den Worten: „Sie werden sich hier einsam fühlen. Wenden Sie sich mit Fragen der inneren Entwicklung stets nur an mich selber." Damit begann die persönliche Schülerschaft. Und ohne daß ich
gesprächsweise jene Fragen berührt hätte, die mich in der eben geschilderten Weise von Kind auf beschäftigten, setzte diese Schulung genau
da ein, wo diese Fragen wurzelten.

*

Es gehört zum Wesen des inneren Pfades, wie ihn Rudolf Steiner
hinstellt, daß man im Streben nach Selbsterkenntnis sich selber be-
obachtend gegenübersteht. Das gilt auch für den persönlichen Übungsweg. Daraus erwuchs auch eine besondere Aufmerksamkeit für die
Art seiner Führung, für die Stufen von Gespräch zu Gespräch, und
damit ein besonderes Erleben des Aufbaues dieser Führung. Sie
wurde mir deutlich als ein lebendiges Kunstwerk an feiner, sich stetig
steigernder Klärung und Vertiefung. Jedes Gespräch war ein Schritt
nach vorwärts, eine Bereicherung des inneren Menschen: Man lernte,
was Feinheit der Beobachtung war, man wurde beschenkt mit Le-
bensbelehrung durch Besprechung von Situationen und Erscheinungen, mit denen man zu tun hatte, — ein Reichtum, nicht nur fürs
innere Streben, sondern auch für das Erfassen der Forderungen des
äußeren Lebens ergab sich aus diesen Gesprächen. Es war beglük-
kende Schönheit, die darin lebte, und alles war durchleuchtet von
weiser Güte.

Diese Güte wurde für die Seele des Schülers der lebendige Nähr-
boden für etwas, was dem Wesen des Menschen eingeboren ist, und
doch vom Leben so selten in seiner Entfaltung gefördert wird: Man
erlebte, was Wahrheit ist. Nicht als logische Übereinstimmung von
Tatsachen oder Gedanken und dergleichen. Man erlebte sie in sich
selber aufstrahlen als ein Licht, das den ganzen Menschen durch-
leuchtete. Es blieb kein Wunsch in der Seele als der, durchsichtig zu

werden mit seinem ganzen Sein für den Blick des Lehrers. Dieser Wunsch war ohne eigene Zweck- oder Zielsetzung. Man erlebte, daß man ohne dieses Durchsichtig-Werden-Wollen jenes Licht nicht in sich haben kann, das nicht nur das eigene Sein durchleuchtet, sondern auch die Umwelt mit ihrem Leben und ihren Geschöpfen in ihrem eigentlichen Wesen erkennbar machen kann. Seine Strahlen fielen auch auf den Lehrer und in ihrem Lichte wurde sein Wesen immer durchsichtiger.

In diesem Lichte festigte sich auch ein Selbstvertrauen, das jene innere Freiheit gab, die unabhängig macht vom Ge-wirre und Ge-irre gewohnheitsmäßiger Urteilsbildung. Diese Art von Selbstvertrauen gründet sich nicht auf Anerkennung durch andere oder auf Selbsteinschätzung der eigenen Persönlichkeit, sondern auf das Erleben der Brücke zu jenen Welten, die menschliches Geschick aus göttlicher Weisheit lenken. Es gründet sich auf Gottvertrauen, — ein Wort, dessen wahren Sinn man allmählich zu ahnen begann.

Ein ganz besonderer Zug in Rudolf Steiners Führung war die Sorgfalt, mit der er den andern frei ließ. Nie empfand ich mich an einer bindenden Kette von Verpflichtungen, die den eigenen schöpferischen Willen unterdrückt hätten. Nie gab er eine weitere Weisung, außer wenn man im Streben oder Suchen an ein Hindernis kam, allein nicht weiterfand und um Hilfe fragte. Der eigene Strebenswille entfaltete sich in der harmonischen Übereinstimmung im Ziele: der Erkenntnis des Zieles, zu der er half, und des Willens zum Ziele, der in mir darauf antwortete. So erlebte man Rudolf Steiner als Hüter der Freiheit.

Dies sind Andeutungen über das lebendige Kunstwerk seiner persönlichen Führung, das ich zwar als solches unmittelbar erlebte, das aber doch erst viel reiferem Alter und späterer Erkenntnis in seiner umfassenden Bedeutung für die eigene Entwicklung und Gestaltung erkennbar wurde. Rudolf Steiner kannte nicht Schulmeisterei am Wesen des andern, vielmehr half er, dieses zur Entfaltung und Blüte zu bringen in einer bedingungslosen, objektiven Art, wie die Sonne die einzelnen Pflanzen und Blumen fördert. Man erlebte sich im

wahrsten Sinne des Wortes einer Weltenkraft gegenüber stehend,
die in milder, liebevoller Art fördert und hilft. Dadurch wurde man
erlöst von der Engheit des menschlich Allzu-Persönlichen sowohl in
der Selbstbeurteilung wie auch in der Einschätzung der helfenden
Positivität des Lehrers, weil diese dem objektiv Großen im höheren
Wesen des Schülers galt, das dieser noch nicht erreicht hatte, aber
willens war, als Ziel anzustreben, seine „Ganzheit" suchend.

Diese Wesenszüge Rudolf Steiners bleiben in der Erinnerung stehen als Ideale für das eigene Streben und für das Verhältnis der
Menschen untereinander. Trotz aller unerbittlichen Klarheit seiner
Beurteilung war bei Rudolf Steiner doch vor allem im Vordergrund
die Pflege des Schicksals des andern, seine helfenden Hinweise auf
Aufgaben und Möglichkeiten, die im eigensten Wesen des andern
begründet waren. Er brauchte und gebrauchte den andern nicht, —
er führte zum Erreichen des Besten, was im andern lebte. So lernte
man, *Schüler* zu sein in Freiheit und im stetig fördernden Erleben
von Wahrheit und Güte, die sich mir nicht überwältigend, sondern
in Schönheit zum Erlebnis brachten.

Hatte ich in der Zeit meiner Goethestudien das Glück erlebt, in
Goethe ein Kunstwerk des Lebens zu erkennen, so erlebte ich in
Rudolf Steiner einen Künstler des Lebens, der in der Erinnerung
dasteht, den Gur, den noch trüben, ungeformten Schicksalsstoff des
Schülers, klärend und läuternd.

Aus der Waldorfschülerschaft

„Rett' uns Herr, aus allen Nöten,
Sankt Georg hilf den Drachen töten,
ein armes Volk, vom See bis Danzig
sind wir im Jahre dreiundzwanzig."

Noch höre ich die Stimme unseres Religionslehrers diesen Vers sagen, es ist jetzt dreiunddreißig Jahre her. Erinnere ich mich recht, so hatte man die Inschrift gerade im Jahre der tiefsten Inflation auf einem alten, wohl hundertjährigen Gedenkstein gefunden.

Aber waren die Deutschen im Jahr 1923 ein armes Volk?

Wir waren aus allen Himmelsrichtungen in Stuttgart zusammengeströmt, es gab Schüler aus Österreich und der Schweiz, aus England und Portugal, aus Dänemark und Italien. Wir alle sind uns, glaube ich, noch heute darüber einig, daß wir zu keiner andern Zeit und nirgendwo sonst die Tiefen des Reichtums der Welt so hätten erfahren können wie in jenen Jahren, während alle alten Vorstellungen und Gewißheiten ins Wanken gerieten, Abgründe der Not sich auftaten und der Drache der Weltangst mit seinem Atem die Menschengemüter vergiftete.

Uns wurden Mutkeime zu Menschentaten in die Seele gepflanzt durch die Ansätze einer neuen Erziehungskunst, die in der Waldorfschule ihre Pflege fand. Woher kam sie?

In Breslau hatte ich den Geigenbauer Thomastik aus Wien einen Lehrerkurs referieren hören, den Rudolf Steiner am Goetheanum

gehalten hatte. Es wurde geschildert, wie einseitig unser Schulwesen
auf das Kopfwissen hin orientiert sei. „Ist es nicht eine Schande, daß
ein Weltkrieg kommen mußte, damit ein Mann lernen konnte, sich
selbst einen Knopf anzunähen?" In der Waldorfschule lernten auch
die Knaben stricken, erzählte Thomastik, — und ich dachte dabei
sehnsüchtig an meine geliebte schwedische „Samskola" zurück, in
der es ein wichtiges Fach gegeben hatte: slöjd, das ist Handwerks-
unterricht. Rilke hatte diese Schule anläßlich eines Besuches bei Ellen
Key kennengelernt und dann in Deutschland begeistert von ihr berichtet. Aber hier sprach noch etwas anderes, das hörte ich aus Tho-
mastiks Worten heraus; was mochte es sein?

Ich selber war ein Schulmädchen, das jeden Tag müder und ge-
langweilter aus der Höheren Töchterschule kam und sich mühsam
zu den Hausaufgaben zwang. Mitten in den Vortrag hinein flüsterte
ich mir zu: ich werf den ganzen Krempel hin . . . Und ging nach
Hause und sagte meinen Eltern, sie hätten mich falsch erzogen, sie
hätten den „Gliedmaßenmenschen" vergessen. Ich würde keinen Tag
länger in die Höhere Töchterschule gehen, die Reifeprüfung könnte
ich später noch anderswie machen. Zunächst müsse ich Dienstmäd-
chen werden.

Mein Vater verstand und billigte den Entschluß seiner Siebzehn-
jährigen, von der bislang zwei bis vier Dienstboten Besen und Bügel-
eisen, Staubtuch und Scheuerlappen ferngehalten hatten. Er selbst
hatte einst als schwedischer Gymnasiast sein Herbarium mit den ge-
trockneten Löwenzähnen und Schachtelhalmen aus dem Fenster geworfen und war auf die Werft gegangen, um schmieden zu lernen.
Die Mutter allerdings weinte, denn ich war von der Wiege an für
eine akademische Laufbahn bestimmt. Da sie aber größtes Vertrauen
zur Persönlichkeit Friedrich Rittelmeyers besaß, leuchtete ihr der
Vorschlag meines Vater ein, mich als Haustochter in dessen Familie
zu schicken.

In dem Zehnpersonen-Haushalt des ersten Leiters der Christengemeinschaft in der Stuttgarter Urachstraße sollte ich nun Gelegenheit finden, die versäumte Betätigung des „Gliedmaßenmenschen"

beim Gemüseputzen und Bodenwaschen nachzuholen. Auch gehörte
es zu meinen Pflichten, das Wohn- und Speisezimmer der vielköpfi-
gen und gastfreien Familie mittwochs und samstags des Alltäglichen
zu entkleiden und in einen Altarraum zu verwandeln. Nun, ich tat
meine Pflicht zwar willig, aber mehr schlecht als recht, und bestaunte
neidvoll die Schreib- und Malhefte, mit denen die Kinder des Hauses — aller Altersstufen — jeden Tag nach Hause kamen, aus der
Waldorfschule am Kanonenweg.

Eigentlich hatte ich die Absicht, an Ort und Stelle zu erkunden,
ob nicht die Waldorfschule zum mindesten meine jüngste Schwester
noch retten könnte, so daß bei ihr die rechte Harmonie von Hauptes-,
Herzens- und Handbetätigung erreicht würde ... Für die eigene
Person würde ich, alt wie ich war, wohl auf Selbsterziehung angewiesen sein. Aber war ich wirklich zu alt? Das Gerücht drang zu mir,
in der obersten Klasse der Waldorfschule sei eine der Schülerinnen
sogar verlobt und der junge Graf Keyserlingk zähle angeblich auch
schon an die zwanzig. Das machte mir Mut. Ich hatte ja keinen höheren Wunsch, als mich in die Schar derer zu mischen, die alltäglich den
Kanonenweg mit ihrem fröhlichen Gewimmel erfüllten. Vor keinem
Schultor meiner in Österreich, Deutschland und Schweden gesam-
melten Erfahrungen hatte ich je soviel Freude auf den Gesichtern
gelesen. Sie sahen alle aus wie eine neue Art von Menschen schlechthin, als könne man mit ihnen singen: Mit uns geht die neue Zeit ...

Der Tag und die Stunde, die Farben der Zimmerwände, der Schim-
mer des Tageslichts jenes Schicksal-tragenden Gesprächs mit einem
Freund, das den Entschluß besiegelte, mich als Schülerin in der Waldorfschule anzumelden, sind mir für immer in die Seele geschrieben.
Erwartungsvoll ging ich am 18. Februar 1923 die breite Steintreppe
hinauf zu Herrn Stockmeyer. „Was sagen denn Ihre Eltern dazu?"
war seine erste Frage. — „Die wissen es noch gar nicht." — „Dann
fragen Sie zuerst Ihre Eltern. Wir haben eigentlich nicht mehr die
Absicht, Schüler in die obersten Klassen aufzunehmen, nach den
schlechten Erfahrungen, die wir damit gemacht haben ... Gehen
Sie noch zu Herrn Baumann hinauf, ins Gesangzimmer." — So be-

trat ich zum erstenmal den Raum, von dem aus wir dann später die
vielen farbengewaltigen Sonnenuntergänge über Stuttgart sehen
konnten, wenn der Chor der Oberklassen Baumann-Lieder sang:
„Wind, du mein Freund — lang hielten Berge mich grämlich um-
zäunt . . ." Herr Baumann meinte, man müsse Dr. Steiner fragen.
Ob ich abends ins Gustav-Siegle-Haus kommen könne? Dann würde
er mich nach dem Vortrag Herrn Dr. Steiner vorstellen.

Jetzt wird es entschieden, dachte ich, — denn wenn Rudolf Steiner Ja sagt, wird mein Vater nicht Nein sagen.

Ich hatte Rudolf Steiner schon mehrfach gesehen und gehört. Zuerst, ehe ich ihm selber begegnen durfte, sah ich sein Bild. Mein Vater, ein schwedischer Ingenieur, hatte wie mancher seiner Landsleute
jahrzehntelang als eine Art Friedensstifter zwischen Deutschen und
Slawen in Böhmen und Oberschlesien gewirkt, war aber nach Schweden zurückgekehrt, weil er meinte, die politische Entwicklung solcher Grenzgebiete lasse nicht jene Atmosphäre des Friedens aufkom-
men, in der man seine Kinder zu rechten Menschen erziehen könne.
Im Bibliotheksraum meines schwedischen Patenonkels sah ich dann
nicht nur zum erstenmal den Christuskopf des Lionardo, die Erschaf-
fung der Welt und des Menschen in Michelangelos Darstellung und
auf dem Bücherbrett eine Goethebüste, sondern auch das etwa post-
kartengroße Bild eines Menschen, das mir sofort einen unauslösch-
lichen Eindruck machte. — Das war Rudolf Steiner. So war er für
mich vom ersten Augenblick an umgeben von Bildwerken, die Got-
tesnähe und Menschengeistesgröße bekundeten. Gesehen hatte ich ihn
dann bei einer Eurythmie-Aufführung im Breslauer Lobetheater,
als er die einführenden Worte sprach, und nach Schluß der Aufführung wieder, als eine huldigende Menge sein abfahrendes Auto um-
ringte. Er winkte und lächelte und meine gleichaltrige Freundin sagte
zu mir: „Spricht nicht aus diesem Lächeln die Güte selbst?"

Tags zuvor, am 31. Januar 1922, im Breslauer Konzertsaal war
er für einen Augenblick in der mittleren Türöffnung des Konzert-
saales erschienen, er hatte noch seine hohe Pelzmütze auf dem Kopf;
gleich sollte der Vortrag beginnen. Ruhevoll schaute er über die Fülle

seiner Zuhörer hin, die in erregter Erwartung auf- und abwogte, und verschwand wieder. Damals war sein Name in aller Munde. „Alles was geistig auf sich hält, ist heute hier", hörte ich hinter mir eine Stimme aus dem Publikum. Im langen schwarzen Gehrock trat Rudolf Steiner dann raschen Schrittes zum Rednerpult. Seine Vortragsart bezeichnete ich vor mir selbst als heilig-nüchtern, es war nichts Suggestives, Fanatisches oder Mystisches darin, obwohl man gerade solche Eigenschaften von ihm erwarten mochte. Er befand sich auf einer dreiwöchentlichen Vortragsreise. Dies war der neunzehnte Abend; er schien mir überanstrengt auszusehen und zunächst sprach er mit geschlossenen Augen, als wolle er von sich abhalten, was aus dem Publikum neugierig und fordernd auf ihn eindrang.

Ich war zwar kaum mehr als ein Backfisch, hatte aber doch schon in drei Ländern die Schule besucht, und was mir die Schule jeweils erträglich machte, war, daß es immer die eine oder andere Lehrerpersönlichkeit gab, die man lieben konnte. Einen noch so interessanten Stoff, von einem unmöglichen Lehrer vorgebracht, konnte ich nicht verarbeiten. Was an diesem Abend zu mir sprach, war nicht in erster Linie die Persönlichkeit des Sprechenden, auch nicht der Inhalt seiner Rede. Es war das Wie des Sprechens, die Methodik, die Art, den Stoff anzupacken. Wegen dieser völlig selbstlosen Hingabe an sein Thema erschien mir der Redner als das Vorbild, das Urbild eines echten Lehrers.

Nun, ein Jahr danach, war also der Augenblick gekommen, wo er bestimmen sollte, ob ich noch als Schülerin im eigentlichen Sinne für die Waldorfschule in Frage käme. Es handelte sich hierbei nicht so sehr um mein hohes Alter von nunmehr achtzehn Jahren, sondern um die Tatsache, daß gerade aus der obersten Klasse vor kurzem einige Schüler als unheilbare Störenfriede hatten entlassen werden müssen. Man wollte nicht gern neue Experimente dieser Art machen.

Herr Baumann führte mich hinter die Kulissen im Gustav-Siegle-Haus und brachte Rudolf Steiner das Anliegen vor. Einen Augenblick schaute er mich an; ich sah eine Erinnerung in ihm aufsteigen. „Karin Ruths — — Tochter von Karl Ruths, nicht wahr? Ja, war-

um denn nicht? Warum denn nicht?" Es beglückte mich, daß er sich
in diesem Schicksal-besiegelnden Augenblick meines Vaters erinnerte,
den er, soweit mir bekannt war, zwei Jahre zuvor unter mehr tragischen als erfreulichen Umständen gesehen hatte, — mußte ich mir
doch gerade die Erlaubnis des Vaters erst noch einholen. Ich erhielt
sie und sein leises „Ja", — er trennte sich ungern auf lange Sicht
von einem seiner Kinder —, klingt nach durch die Jahre, über seinen
Tod hinaus, wie etwa das Ja am Traualtar durchs ganze Leben nach-
hallt.

*

Der erste Schultag kam, es war um Ostern. Die Lehrer der Freien
Waldorfschule hatten bei Schuljahrsbeginn die Gepflogenheit, jede einzelne Klasse vor der in der Turnhalle versammelten Gesamtschüler-
schaft feierlich zu begrüßen. Dieses Mal war Rudolf Steiner, der
Lehrer der Lehrer, selbst anwesend. Wie die anderen trat auch er
aufs Podium und sprach die Schüler an. Hatte mich in Breslau vor
allem die Sachlichkeit seines Vortrags beeindruckt, so ergriff mich
jetzt inmitten meiner Schulkameraden wie diese eine Herzensbegei-
sterung, wie ich sie noch nie erlebt hatte. Was er im einzelnen sagte,
weiß ich nicht mehr, nur daß er seine Ansprache in die Frage aus-
münden ließ: „Habt ihr eure Lehrer lieb?" Und daß ich, die Neue,
in das jubelnde Ja der anderen mit einstimmte, daß die Wände wie
die Mauern von Jericho einzustürzen drohten.

Ich wußte es schon in den ersten Schulstunden, daß diese Lehrer
wahrhaft liebenswert waren und auch das, was sie zu lehren hatten,
— das Was und das Wie. Keine einzige Stunde in dem darauffolgen-
den, leider auch einzigen Schuljahr, hat diese erste Einsicht in das
Wesen der Schule rückgängig gemacht. Es strahlte einem zu jener Zeit,
als die Gänge und Klassenzimmer aller anderen Schulen grau und
braun, kahlgelb oder höchstens weiß waren, ein Rosenschein von
allen Treppen und auch von den Wänden unserer zwölften Klasse
entgegen.

Feierstunden im Verlauf dieses Jahres waren es, wenn Rudolf

Steiner Stuttgart besuchte. Öfters wenn in anderen Zusammenhängen die Rede auf die Waldorfschule kam, hörte ich, daß er sagte:
die von Emil Molt begründete und von mir geleitete Freie Waldorfschule, — immer nannte er erst den Träger der Initiative, dann den
Anteil, den er selbst an ihr nahm. Uns, seine Schüler, sprach er bei
der Monatsfeier so an: „Seht ihr, wenn ich so zur Waldorfschule
hinaufgehe, da spüre ich immer eine große Freude, — und wenn
einer eine Freude hat, da kommen ihm auch Ideen. Und da ist mir
denn heute so eine komische Idee gekommen . . ." Er erzählte die
Geschichte, die später in Caroline von Heydebrands Lesebuch Aufnahme gefunden, die Geschichte von den zwei Kindern, die um
die Wette Blumen pflückten. Als die beiden ihre Sträuße verglichen,
hatte das eine Kind auch Disteln zwischen den Honigblumen. „Warum denn das?" fragte das andere. — „Damit auch die Eseln etwas
zu fressen haben . . ."

Aber eine gelesene Geschichte ist nicht dasselbe wie eine erzählte.
Man muß gehört haben, wie Rudolf Steiner „Eseln" sagte, das „l"
so, wie nur die Österreicher es sprechen; wie er das „o" breit und
rund machte, als er sagte: so eine komische Idee . . .; und man mußte
die Augen der Kinder sehen, wie sie an seinem Munde hingen, denn
es war seine Kunst, die Aufmerksamkeit der Kleinsten wie der Größten zu wecken. Kunst? Es war das Natürlichste auf der Welt. Er
hatte ja selbst gesagt: er freute sich, wenn er zu uns auf Besuch kam.
Und alle Kinder freuten sich. Wenn er über den Schulhof ging, hingen die Kinder an ihm wie die Beeren an einer Weintraube. — Eine
größere, erst kürzlich in die Schule eingetretene Schülerin, die auch
wegen ihres Gesundheitszustandes Rudolf Steiner vorgeführt wurde,
fragte er, wie ihr's in der Schule gefiele. „O, sehr gut", sagte sie,
„bloß die Geometrie, die darstellende, mag ich nicht." — Da war er
ganz enttäuscht. Darstellende Geometrie — das sei doch das Schön-
ste, was man sich denken könne! (Man erinnere sich, wie Rudolf
Steiner in seinem „Lebensgang" beschreibt, welches erste, reinste
Glückserlebnis ihm als Kind die Begegnung mit der Geometrie gewesen war.)

Einmal geschah es mir, ganz im Anfang einer Mathematikstunde, daß ich an die Tafel gerufen wurde, um die Hausaufgabe zu demonstrieren. Ich konnte sie aber nicht und erhob mich nur zögernd von meinem Platz. Wer beschreibt aber meinen Schrecken, als die Tür sich auftat und Dr. Steiner, unser „Schulinspektor", in die Klasse kam. Blitzartig sah ich mich selbst von oben bis unten. Es war der berühmte Augenblick, wo man unter die Erde versinken will. Alles wurde mir bewußt, von den Kleidern, die mich umhüllten, bis zum Allerinnersten, das nun auch in seiner ganzen Unvollkommenheit, in seinem Nichtkönnen zutage trat. Zitternd ging ich zur Tafel vor, es gab kein Zurück. Rudolf Steiner setzte sich, den schwarzen, breitrandigen Hut noch in der Hand, in die linke hintere Ecke des Klassenzimmers.

Verzweifelt bemühte ich mich, irgend etwas von der Aufgabe zu erinnern, an die Tafel zu schreiben und zu zeichnen. Plötzlich wich die ganze Aufgeregtheit. Es war, als sei der Friede selbst in die Klasse gekommen, vollkommene Ruhe erfüllte mich. Und aus dieser Ruhe heraus löste ich die Aufgabe. — Diese Begebenheit ist mir später immer als urbildlich für die Wirkungsweise Rudolf Steiners erschienen: erst peinlichstes Selbstgericht, schmerzhaftes Bewußtwerden dessen, was man nicht ist, nicht kann. Dann Seelengleichgewicht, innere Ruhe, aus der heraus die Kraft kommt, das Mögliche zu versuchen.

Schüler, die besondere Schwierigkeiten oder Gesundheitsstörungen hatten, wurden ihm gelegentlich einzeln vorgeführt. Ich erinnere mich gehört zu haben, daß er einem Jungen riet, das Schuhe-besohlen zu lernen. Einem jungen Mädchen, das an depressiven Zuständen litt, sollte der Schularzt, Dr. Kolisko, alle sechs Wochen ein Zugpflaster aufs Kreuzbein legen lassen. Darum befragt, was dies bedeuten solle, erklärte ihr Dr. Kolisko: „Schauen Sie, wer zur Schwermut neigt, der geht mit hängendem Kopf und gebeugtem Rücken. So ein Zugpflaster, das regt die Aufrichtekräfte an."

In meiner Familie waren mehrere Fälle einer Krankheit vorgekommen, die allgemein als erblich galt. Nun, da die Zeit nahte, wo wir uns zu entscheiden hatten, auf welchen Berufswegen wir die Impulse, die wir in der Waldorfschule empfangen hatten, weitergeben wollten, wurde mir dies zur Lebensfrage. Würde eine solche Krankheitsdisposition nicht eher Belastung als Förderung für die Bewegung bedeuten? Der Lehrer, den ich um Rat fragte, schickte mich zu Rudolf Steiner. Das Gespräch fand im Lehrerzimmer der Freien Waldorfschule statt. Dr. Steiner empfing mich stehend, prüfend, ernst... Mein Grußlächeln wurde nicht erwidert. Das wirkte wie ein Schock — im Lächeln geht man ja aus sich heraus, Lächeln ist „verbindlich" —; ich fühlte mich auf mich selbst, auf meine eigene Person zurückverwiesen. Er wollte meine Handschrift sehen. Ich lief ins Klassenzimmer zurück — glücklich, daß ich gerade heute mein sauberst geführtes Heft dabei hatte. Dr. Steiner schob es fast unmutig zur Seite: „*Die* Schrift ist für mich nicht charakteristisch, die haben Sie sich erst angewöhnt." — In der Tat, das war nicht die Schrift, die aus mir herauszufließen pflegte, hier hatte ich mich bemüht und angestrengt.

„Was soll ich tun?" fragte ich ihn, nachdem ich meine Pläne und Befürchtungen dargelegt hatte.

„Sie dürfen überhaupt nicht an Vererbung denken", erwiderte er sehr nachdrücklich.

„Ich fürchte sie nicht, ich rechne nur damit."

„Sie dürfen auch nicht damit rechnen", wies er mich ebenso energisch zurück. „Sie brauchen eine große Mannigfaltigkeit" — er beschrieb mit einer weiten Geste die Mannigfaltigkeit. — „Werden Sie doch Waldorflehrerin. Wenn Sie so vor einer Klasse stehen —, da haben Sie die Mannigfaltigkeit, die Sie brauchen." Jetzt lächelte er, und ich ging von diesem Gespräch, als hätte ich die Flügel des Merkur an den Füßen.

Warum wohl hatte alles, was Rudolf Steiner sagte, ein solches Gewicht? Es gibt eine schöne Geschichte, die mir dafür illustrierend scheint; wir hörten sie in einer Unterrichtsstunde, die uns über Gegenwartsfragen orientieren sollte. Es war Dr. Walter Johannes Stein, unser Geschichtslehrer, der sie erzählte. Er war in der Zeit nach dem ersten Weltkrieg mit dem „Aufruf an das deutsche Volk und an die

Kulturwelt" an einige führende österreichische Persönlichkeiten, darunter auch an den Schriftsteller Hermann Bahr herangetreten. „Vom Steiner Rudi?" sagte Bahr, noch ehe er den Aufruf gelesen hatte; „was von dem kommt, das unterschreib ich." Und als er dann gelesen hatte: „Das hätt ich auch unterschrieben, wenn's nicht vom Steiner Rudi wär." Man fühlte, durch dieses Persönliche spricht das objektiv Wahre selbst.

*

Die Zeit des Schulabschlusses nahte. Die Waldorfschule war noch keine fünf Jahre alt, also hatte niemand aus unserer Klasse sie ganz durchmachen können, und wir alle hätten lieber erst angefangen anstatt schon aufzuhören. Da, eines Tages, in der späten Nachmittagsdämmerung, als wir uns, ungern wie immer, von unserm Klassenzimmer trennen sollten, kam einer von uns auf einen Gedanken. Ich glaube, es war Valdo Bossi, der Italiener. „Ob wir nicht alle zusammen um ein Gespräch mit Herrn Dr. Steiner bitten könnten, ehe wir von hier fort müssen?"

Es wurde uns zugesagt.

Die Sonne schien ins Lehrerzimmer, alle unsere Lehrer saßen an den Wänden entlang, um uns herum, während wir aufgefordert wurden, am Konferenztisch Platz zu nehmen, an dessen Kopfende sich Rudolf Steiner, von Frau Dr. Wegman begleitet, niederließ. Ein Menschheitsführer, der umfassendste Geist unserer Zeit — nein, ganzer Epochen, — und er nahm uns, eine Handvoll schulentlassene Jugend, so ernst, daß er jeden einzeln anhörte. Aber zuerst redete er uns gemeinsam an. Er sagte, wir würden es erleben, wenn wir im Leben vor wichtigen Entscheidungen stünden, daß der Geist der Waldorfschule hinter uns stehen und uns die rechten Entschlüsse ins Ohr flüstern würde. „Die Gespräche mit Ihren Kameraden werden später das Wichtigste für Sie sein, greifen Sie nur immer wieder darauf zurück."

Dann sollten wir sagen, was wir werden wollten. Er könne sich denken, daß recht viele von uns Waldorflehrer sein möchten, — natürlich nicht alle an dieser Schule, denn unsere lieben Lehrer würden doch hoffentlich nicht so bald sterben. (Er zeigte gegen die Wände, an denen entlang, wie edle Früchte an Spalieren, unsere geliebten Lehrer zu sehen waren.)

Wirklich erklärte sofort unser „Bester", jedenfalls unser tüchtig-ster Mathematiker, seine Bereitschaft, Lehrer zu werden. Aber ihm wurde eine kaufmännische Ausbildung angeraten. „Gehen Sie nach England und Amerika — schauen Sie, wie es dort gehandhabt wird, — und dann kommen Sie zurück und machen es so, wie man es *hier* machen muß." Ein anderer wollte Architekt werden; ihm schlug Rudolf Steiner die Technik vor, er solle versuchen, das Künstlerische, das er erstrebe, gerade auch in die Technik hineinzutragen.

Physik, Chemie, Philosophie und Psychologie zu studieren, schlug er zweien von uns vor, die unmittelbar ins Pädagogische strebten. Zu einer Klassenkameradin, die daran dachte, Kindergärtnerin zu werden, meinte er, dabei käme es einzig und allein darauf an, daß die Kinder sie lieb hätten, — eine Kindergärtnerin könne ganz dumm sein . . . Nachträglich will es mir scheinen, als habe Rudolf Steiner damals — bei liebevollstem Eingehen auf unsere jugendlichen Lebensprobleme — uns zugleich auch die Köpfe zurecht rücken wol-len, damit vor allem kein geistiger Hochmut um sich greife; das Fol-gende mag dies noch besser erläutern.

Unsere Älteste, die bereits verlobt war, hatte ursprünglich Medi-zin studieren wollen, doch waren wir alle so durchdrungen von dem radikal Neuen des Waldorfunterrichts, daß uns der Schritt in das überlieferte Universitätsleben wie ein Rückschritt vorkam. „Man kann doch nach der Waldorfschule nicht ein Medizinstudium durch-machen, da geht man ja zugrunde", sagte unsere Freundin mit Em-phase. — „Ja, warum denn?" erwiderte Rudolf Steiner und, auf die Ärztin Frau Dr. Wegman, die neben ihm saß, liebenswürdig hin-weisend: „Sie hat sich doch recht wohl konserviert . . ." — Er fuhr fort: „In Ihrer Lebenslage (er meinte als demnächst verheiratete Frau) wäre es gut, Heileurythmie zu erlernen, da das kein voller Beruf ist." (Er war es damals noch nicht.)

Dann wandte er sich zu uns, die wir uns über unsere „hohen geistigen Zukunftsaufgaben" die Köpfe zerbrachen: „Überhaupt, meine lieben jungen Damen, es wäre ja das Furchtbarste, was der Waldorfschule passieren könnte, wenn aus ihr lauter alte Jungfern hervorgingen, — Sie werden doch hoffentlich auch heiraten wollen."

Beinahe empört rief ich aus: „Aber, Herr Doktor, heiraten ist doch kein Beruf!"

„Wieso denn nicht? Sogar ein behördlich anerkannter."

„Aber Männer heiraten doch auch und haben einen Beruf."

„Nun ja, ich meinte ja auch nur in diesem ganz speziellen Falle."

Zu einem Mädchen, das Krankenschwester werden wollte, sagte er: „Das ist ein opfervoller Beruf. Die Kranken in der Klinik in Arlesheim werden ja nicht auf einmal gesund, weil oben im Goetheanum ein interessanter Vortrag stattfindet, den die Schwester gern hören möchte . . . Eine gute Krankenschwester muß so sein, daß die Patienten gleich gesünder werden, wenn sie nur zur Tür hereinkommt."

Einer Mitschülerin, die künstlerisch arbeiten wollte, wurde vorgeschlagen, nach Dornach zu gehen. Dabei wurde auch darüber gesprochen, daß das Goetheanum noch nicht das Hochschulstudium ersetzen könne, — in dem Sinne, wie die Waldorfschule jetzt schon die Stelle einer „gewöhnlichen" Schule einnahm. Mir wurde aber in diesem Gespräche deutlich, daß Dr. Steiner es als anstrebenswert ansah, eine wirkliche Hochschularbeit zu inaugurieren.

Als er dann vorschlug, wir sollten im Herbst wieder nach Stuttgart kommen, um die ersten Erfahrungen auf unseren Lebenswegen auszutauschen, erschien mir unser jetziges Zusammensein wie ein Anfang und Neubeginn; ich glaubte Dr. Steiner dahin zu verstehen, daß er meinte, wir sollten alljährlich in unseren Ferien wiederkommen und mit unseren früheren Lehrern, unter ihrer Leitung, eine Art Ergänzung des Studiums erarbeiten.

Im September 1924 hatten wir die zweite und letzte Zusammenkunft mit Rudolf Steiner. Aufmerksam hörte er unseren Erzählungen zu, besonders erinnere ich mich, daß er sich zu freuen schien, als einer unserer Mitschüler von seiner Arbeit in einer Fabrik berichtete und schilderte, wie ganz andersartig der Charakter einer Abteilung sei, in der Holz verarbeitet werde, gegenüber einer anderen, in der man Eisen bearbeite. Er ging darauf ein und fing dann an, mit uns von der Dreigliederung zu sprechen. „Die Dreigliederungsidee ist nicht tot", sagte er, „sie ist nur zunächst nicht verstanden worden. Und ich hoffe, daß gerade aus den Kreisen der Waldorfschüler Verständnis für die Dreigliederung erwachsen wird." So ungefähr habe ich es in Erinnerung. — Als einer unserer Mitschüler davon sprach, er wolle nach Südamerika reisen, um dort auf seinem Gebiet wissenschaftliche Gesichtspunkte herauszuarbeiten, wurde ihm erwidert: was man auch studiere, Pflanzen oder Gesteine, man suche sie doch nicht in Museen oder künstlichen Anlagen zu erforschen, sondern am Standort, in der natürlichen Umgebung.

Wir wurden dann noch zu dem pädagogischen Jugendkurs eingeladen, der für November in Aussicht stand. Aber zu diesem Kursus kam es nicht mehr. Schon am 28. September hielt Rudolf Steiner seine letzte Ansprache, und bei den künftigen Herbsttreffen ehemaliger Waldorfschüler, die wir seiner Anregung verdanken, sollte er selbst nicht mehr dabei sein.

In den ersten Apriltagen des Jahres 1925 begegneten einige ehemalige Waldorfschüler einander in der Dornacher Schreinerei. Unverabredet waren wir an der Schwelle des Ateliers aufeinandergestoßen, — dort wo die Erdenhülle unseres Lehrers aufgebahrt war. Wir durften eintreten. Der Atem des Lebens im Tode wehte durch die Stille des Raumes, in dem der Größte unserer Zeit zu Füßen seines Werkes lag, — der Statue des Repräsentanten der Menschheit. —

Bei der Entlassung von der Waldorfschule hatte er uns einen Geleitspruch mit ins Leben gegeben, den wir damals stehend anhörten. Später durften wir diesen Spruch schriftlich bei ihm abholen und noch bei der letzten Zusammenkunft riet er uns nachdrücklich, ihn fleißig zu meditieren, — wir würden schon sehen, was das für Folgen haben würde. Dieser Spruch bestärkte und besiegelte die Tatsache, daß unsere Jugendschulung unter der Führerschaft des Geistes stand und daß, was die Herzen aufnehmen durften, sich spiegeln sollte in den Weiten der Lebenswege und bewahrt werden in den Tiefen der Erinnerung.

Die Entstehung der anthroposophischen Heilpädagogik

Als Student nach dem ersten Weltkrieg nach Jena gekommen, lernte ich dort Mitarbeiter eines größeren Erziehungsheimes kennen; sie wollten sich über Anthroposophie unterrichten. Einer nach dem andern kam heran; schließlich waren es acht. Eines Tages wurde ich von der Leitung um einen Besuch gebeten und gefragt, ob das anthroposophisch sei, was die jungen Leute auf der Konferenz vorbrächten (es handelte sich um die Erziehung von Hilfsschul-Kindern). Da diese nun weder als pädagogisch erfahren noch als anthroposophisch geschult gelten konnten, lag mir daran, für Verstärkung zu sorgen und das gelang. Erst wurde Siegfried Pickert, dann Franz Löffler Lehrer in dem genannten Erziehungsheim; beide waren, wenn auch nicht nennenswert älter, so doch länger mit Anthroposophie bekannt.

Nun stand in Dornach die große Weihnachtstagung 1923 bevor, unser sieben oder acht wollten dahin fahren; nach Beschaffung der Reisegelder — Deutschland stellte sich gerade von den Papierbillionen auf die Rentenmark um, und wir alle waren bettelarm —, fuhren wir los. Den Freunden Pickert und Löffler, die ja nun mit Hilfsschulkindern zu tun hatten, war es schmerzlich, ihrem Streben nach Menschen- und Welterkenntnis nur abseits von der eigentlichen Berufstätigkeit nachgehen zu können und andererseits im Zusammenleben mit kranken Kindern täglich vor Entscheidungen zu stehen, die lediglich aus einem gefühlsmäßigen Kontakt, nicht aus eindrin-

gender pädagogischer Erkenntnis getroffen werden konnten. Das
war die Kluft, die meine Freunde erlebten.

Ich selbst war durch ein inneres Erlebnis, das ich als Fünfzehn-
jähriger gehabt hatte, früh dazu geführt worden, nach der Erkenntnis dessen, was das Leben eigentlich ist, zu suchen. Daß Rudolf Steiner der Initiierte dieses Geheimnisses war, wurde mir klar, als ich,
noch nicht zwanzigjährig, aus dem ersten Weltkrieg zurückkam und
ein Freund mir binnen weniger Tage das Buch „Geheimwissenschaft"
vorlas.

Da es hieß, Rudolf Steiner werde im Zusammenhang mit der
Weihnachtstagung einen Medizinerkurs halten, dachte ich, dieser
biete vielleicht auch eine Möglichkeit für meine pädagogischen Freunde. Nun waren freilich zur Tagung etwa achthundert Menschen in
Dornach zusammengeströmt; wie sollte man da an Rudolf Steiner,
dessen Arbeitslast so sichtbar zutage trat, als junger Mensch herankommen? An einem der ersten Tage — wir hatten in der Kantine
zu Mittag gegessen —, ging ich vom „Glashaus" den Hügel hinauf zur
„Schreinerei", gedankenverloren, und als ich den Kopf hob, stand
Dr. Steiner vor mir, der allein von oben herunterkam. Ich zog den
Hut und wollte einen ehrfurchtsvollen Bogen machen. Er hielt mir
aber seine Hand entgegen und fragte: „Wie geht es Ihnen?" Diese
Frage, von ihm, dem großen Wissenden gestellt, konnte nicht die
übliche Konvention bedeuten, und so faßte ich mir ein Herz, fing
gleich von der Jenaer Arbeit zu erzählen an und fragte, ob meine
Freunde Pickert und Löffler vielleicht am Medizinerkurs teilnehmen
könnten? Ich war mit Dr. Steiner umgekehrt; wir waren abwärts
gegangen und standen nun vor dem „Glashaus". „Das muß ich mir
überlegen", sagte Rudolf Steiner, „ich muß mit Frau Dr. Wegman
sprechen, die ja den Kursus veranstaltet. Kommen Sie noch einmal
zu mir."

Von diesem Begebnis ab drängten mich Pickert und Löffler jeden
Abend nach dem Vortrag, die Antwort zu holen, doch das einzige,
was ich erfahren konnte, war: „Ich habe noch keine Zeit gefunden,
kommen Sie wieder." Nachdem ich in dieser Art mehrere Male ver-

geblich nachgefragt hatte und die Freunde nichtsdestoweniger am
nächsten Abend wieder drängten, wurde ich zornig und schleuderte
ihnen, es war im Vorraum der „Schreinerei", ein grobes, deutliches
Wort entgegen, drehte mich auf dem Absatz herum, von ihnen weg,
— und stand vor Dr. Steiner. Er erschien in einer Seitentür und
winkte mir. „Also, Sie können kommen, Sie drei." — „Herr Doktor, ich habe nur für zwei Freunde gefragt", sagte ich stockend in
der Überraschung des Augenblicks. — „Ja, kommen Sie, Sie drei",
erwiderte er ruhig, worauf ich mich verpflichtet fühlte ihm zu
sagen, daß ich ja dann der Dritte wäre, der ich doch nicht Medizin,
sondern Psychologie studiere. — „Ja, kommen Sie", sagte Rudolf
Steiner abschließend. Zehn Jahre später nahm Dr. Ita Wegman bei
einer Zusammenkunft Anlaß, diese Episode ihrerseits folgendermaßen zu erzählen: Ich habe drei junge Leute, habe Dr. Steiner ihr
gesagt, die nehmen am Medizinerkurs teil, sie sind zwar keine Mediziner, aber sie nehmen teil. Die Worte seien so entschieden gesprochen worden, daß sie gar nicht dazu gekommen sei zu fragen, was
mit den Dreien los sei. — Der Vorgang erscheint mir als ein Beispiel
dafür, daß Rudolf Steiner den Augenblick genau erkannte, in dem
die Impulse in den Seelen reif waren und daß er sie dann auch aufnahm und einordnete.

Wir saßen nun wirklich im Medizinerkurs, bescheiden in der letzten Reihe hinter den jungen Medizinern. Nach dem letzten Vortrag
ging Dr. Steiner durch die Reihen und sagte laut zu uns: „Kommen
Sie morgen früh um zehn Uhr zu mir ins Atelier". Es gab ein Staunen, Rätseln und Raten unter uns, weshalb wir gerufen wurden; wir
ahnten aber doch, was jetzt erforderlich sei, und legten uns deshalb
Fragen zurecht. Wirklich saß Rudolf Steiner, als wir zur angegebenen Stunde ins Atelier kamen, ganz ruhig abwartend in seinem
Lehnstuhl, ließ uns fragen und erzählen. Dann kamen die Antworten auf alles, was wir gefragt hatten, und weit darüber hinaus auf
vieles, was wir unausgesprochen in unseren Seelen trugen. Er sprach
so eindrucksvoll davon, wie solche „abnorme" Kinder sich mit ihrem
Ich und Astralleib nicht vollständig verkörpern können, aber gerade

deshalb schon jetzt der Ausgestaltung eines künftigen Erdenlebens hingegeben seien, daß wir nur horchten und mit allen Sinnen aufnahmen. Der Eindruck war so groß, daß späterhin keiner mehr die gesprochenen Worte verbindlich zusammenbringen konnte. Ich selbst weiß noch, daß auf meine Frage zum Schluß, was es eigentlich auf sich habe mit solchen Seelen, die ein so schwieriges Erdenleben führen, sogenannte pathologische oder schwachsinnige Kinder, Rudolf Steiner eine Weile wartete und dann ruhig zur Antwort gab: „Wenn ich rückschauend forsche, ausgehend von heutigen Genies, komme ich immer wieder dahin, daß ein Genie mindestens *eine* solche Trottelinkarnation durchgemacht hat." Siegfried Pickert erinnert sich außerdem, daß Dr. Steiner gesagt habe: „Wenn ich nach Stuttgart in die Hilfsklasse der Waldorfschule komme, sage ich mir, hier wird für ein nächstes Erdenleben gearbeitet, ganz abgesehen von dem, was jetzt erreicht wird; das aber kann recht viel sein." — Schließlich reichte er jedem von uns die Hand, sagte auf Wiedersehen und fügte hinzu: „Vielleicht wird es für mich einmal möglich sein, an Ort und Stelle Rat zu geben." Das war ein Wort, das überaus einfach klang, aber für uns alle Drei eine Prüfungsfrage bedeudete. Was war gemeint: sollten wir ihn einladen, in das anfangs genannte Erziehungsheim nach Jena zu kommen? Würde er dort Vorträge halten? Mir schien, daß er niemals dorthin kommen werde, daß die Freunde etwas Eigenes anfangen müßten; doch warfen sie ihrerseits ein, daß sie dazu zu jung und unerfahren seien.

So kehrten die Beiden wieder an ihre Arbeit zurück und ich an die Universität. Aber wenn mir auf dem Weg dahin jemand unterkam, fragte ich ihn, ob er nicht ein großes Haus in Jena wisse, das zu haben wäre? Die Medizinerin Ilse Knauer kam schließlich mit der verheißungsvollen Neuigkeit, dort oben auf dem Berge, dem Lauenstein, sei ein großes leeres Haus zu vermieten. Nun hatte die Erfindung der Rentenmark nicht nur mich, sondern auch die allermeisten unserer älteren Freunde kirchenmausarm gemacht; aber das Haus besahen wir doch, Ilse Knauer und ich, und zwar sofort. Die Besitzerin nannte uns einen unverschämten Preis, worauf ich ihr die Hälfte bot.

Das war mittags. Nachmittags schickte ich den Sohn meiner Hauswirtin zu den beiden Freunden, sie möchten abends, sobald sie sich frei machen könnten, zu mir kommen. Unsere Besprechung gipfelte in der Frage: Wollt ihr nun oder wollt ihr nicht? Und sie sagten sofort: Ja.

Am nächsten Tag lieh ich mir zwanzig Mark, setzte mich in den Zug und fuhr nach Stuttgart, weil ich Dr. Steiner dort zur Ostertagung anwesend wußte. Als ich zum Gustav-Siegle-Haus kam, sagte mir ein Freund, ich solle mich an den Bühneneingang stellen, Dr. Steiner werde gleich erwartet. Es waren damals unruhige Zeiten in Deutschland, und nach bedrohlichen Vorgängen in München hatten wir angefangen, die Ein- und Ausgänge zu bewachen. Nichts tat ich lieber, und tatsächlich kam gleich darauf Dr. Steiner. Ich fragte ihn, ob ich ihn sprechen könne. Er erwiderte, das werde schwer sein, ich solle einmal vormittags in die Waldorfschule hinaufkommen und versuchen, ihn in der Pause zu fassen . . . Einmal vormittags . . . Mir aber brannte die Seele, ich war überzeugt, sofort müsse man handeln, — ich konnte nicht anders, ich sprach darauf los. Wir gingen hinter die Bühne im Siegle-Haus. Am Fenster stehend, erzählte ich Dr. Steiner von der Möglichkeit, ein Haus zu bekommen. Er hörte sich alles ruhig an. „Wenn Sie es räumlich zustande bringen, werden wir schon die Form des Zusammenarbeitens finden", sagte er dann. Da war aber noch die Zentnerlast unserer wirtschaftlichen Lage! „Ja, Herr Doktor, es ist gar kein Geld da", beichtete ich, und fügte nur noch hinzu: „Ich werde es versuchen . . ." Darauf schaute mich Rudolf Steiner von oben bis unten an und sagte mit einer Betonung, die ganz unmißverständlich der Frage des Geldes, aber nur in diesem einen Fall und in dieser bestimmten Sache galt: „Darauf dürfen Sie keine Rücksicht nehmen."

Für mittags ließ ich mich bei Emil Molt, dem hilfreichen Direktor der Waldorf-Astoria-Zigarettenfabrik anmelden. Er hatte die Waldorfschule gegründet, so würde er auch dieser neuen Gründung Verständnis entgegenbringen, dachte ich. Doch als er alles erfahren hatte, erklärte er entsetzt: „Ich bitte Sie, fangen wir nichts Neues an, wir haben

schon solche Sorgen mit der Waldorfschule!" — Die Enttäuschung
des Augenblicks gab mir eine recht freie Sprache ein, und es ist ganz
allein der Großzügigkeit Herrn Molts zu danken, wenn er mir über
sie hinweg späterhin sogar ausdrücklich seine Freundschaft bezeigte.
„Herr Molt, ich bin nicht gekommen, mir Ratschläge zu holen", sagte
ich, „sondern ich habe Sie um Geld gefragt." Stand auf und verabschiedete mich. „Warten Sie mal", sagte er, „ich gebe Ihnen tausend
Mark." — „Geliehen?" fragte ich zurück, immer noch äußerst kühl.
— „A fond perdu", erwiderte er. Das war das erste Geld für die
heraufziehende Heilpädagogik; am Nachmittag ließen sich noch ein
paar weitere Tausender zusammenbringen und per Eilbrief ging an
die Jenaer Freunde der Vorschlag eines Pachtvertrages. Zwei Tage
später traf ein Telegramm ein: „Bitte zurückkommen, Vertrag machen." Der Vertrag wurde gemacht, die Miete für einige Monate hatten wir beisammen, die nötigsten Reparaturen auf dem Lauenstein
besorgten wir selbst, und nun zahlte sich auch aus, daß ich vor zwei
Jahren im Hinblick auf den Plan, ein Studentenheim zu gründen,
dreißig alte Militärbetten erstanden hatte. Wir ließen sie kommen,
—da sie nicht zusammenlegbar waren, füllten sie einen ganzen Wag-
gon — pinselten sie an, kauften die einfachsten Matrazen, die es gab,
erbettelten die nötigsten übrigen Einrichtungsgegenstände und er-
fuhren rührende Hilfe von älteren Freunden. Im Mai dieses gleichen
Jahres 1924 konnten wir einziehen und die ersten Kinder zu uns
nehmen. Ich behielt damals immer noch mein Studentenzimmer in
der Stadt und übernahm, während Pickert und Löffler die Einrich-
tungs-Arbeit auf dem Lauenstein machten, die erforderlichen Reisen
für weitere Möbel und Geld, vor allem auch die Fahrten nach Dornach oder Stuttgart zu Dr. Steiner, dessen Rat wir immer wieder
brauchten. So meinten wir unter anderem, man müsse nun einen Pro-
spekt herausbringen und dachten, wir könnten die vorhandene Heim-
bezeichnung unseres Vorgängers auf dem Lauenstein einfach übernehmen; es war ein Arzt, der ein „Heim für pathologische und epilep-
tische Kinder" hatte gründen wollen. — „Nein", entgegnete Dr. Steiner, „es muß schon aus dem Titel ersichtlich sein, was dort ge-

schieht." Ich schaute ihn fragend an, worauf er sagte: „Heil- und Erziehungsinstitut für Seelenpflege-bedürftige Kinder". Noch immer schaute ich ihn fragend an, ich verstand die neuen Worte nicht recht, zückte aber mein Notizbuch und nun diktierte er mir Wort für Wort: „Seelenpflege groß geschrieben, bedürftige klein . . ." Und fügte hinzu: „Wir müssen schon einen Namen wählen, der die Kinder nicht gleich abstempelt." Nun erst ging mir langsam auf, daß Seelenpflege etwas war, was zu jeder Erziehung gehörte und was jeder Mensch zu treiben in die Lage kam; es war also nichts, was unsere Kinder abtrennte von den anderen. Und damit hatten die künftigen Stätten unserer Heilpädagogik ihren Namen erhalten.

*

Bei einem dieser Besuche im Dornacher Atelier sagte Rudolf Steiner unvermittelt: „Ich komme zu Ihnen." Und nach der Besprechung: „Es braucht aber niemand zu wissen . . . Ich halte Ihnen dann auch einen Kurs." Sein Besuch auf dem Lauenstein über Jena begann am 17. Juni 1924 abends gegen zwölf Uhr. Dr. Steiner kam mit dem D-Zug aus Breslau, wo er den „Landwirtschaftlichen Kurs" gehalten hatte; wir drei empfingen ihn am Bahnsteig. Seiner Weisung folgend, daß „niemand es zu wissen brauche", hatten wir, so schlecht wir uns dabei auch vorkamen, keinem der zahlreichen Jenaer Mitglieder von dieser Ankunft Mitteilung gemacht. Seine Weisung war sichtlich so gemeint, daß er bei diesem Besuch nur mit denen sprechen wollte, die mit unserer Arbeit zusammenhingen.

Es stiegen nur wenige Leute aus, er kam mit zwei Mitgliedern des Dornacher Vorstandes an, Dr. Elisabeth Vreede und Dr. Wachsmuth, ging langsam den Bahnsteig entlang und als erster durch die Sperre. Er hielt dem Bahnsteig-Schaffner seine Karte hin, — dieser aber schaute so erstaunt zu dem Ankommenden auf, daß er garnicht zufaßte, um die Karte in Empfang zu nehmen. Ich stand direkt dahinter und sah die Faszination. Einen Augenblick wartete Dr. Steiner, dann legte er ihm die Fahrkarte hin und ging weiter. — Wir fuhren mit der Taxe in das alte Hotel „Zum Bären", in dem schon Luther gewohnt hatte; durch die Halle schreitend, sah sich Rudolf Steiner die aufgehängten Ölbilder an, und auf die Aufforderung des Empfangschefs, der um die Eintragung ins Gästebuch bat, nahm er seine Füllfeder und trug ein: „Dr. Rudolf Steiner, Schriftsteller, Dr. Guenther Wachsmuth, Reisebegleiter; Dr. Elisabeth Vreede."

Am nächsten Morgen um 8 Uhr holte ich ihn ab, er saß bereits mit Dr. Vreede und Dr. Wachsmuth beim Frühstück, sagte, er habe ein schönes Zimmer gehabt und ob ich auch wisse, wer darin gewohnt habe? Ich mußte leider verneinen, obwohl ich das Zimmer angesehen und mir hatte versichern lassen, daß es das beste im Hotel sei. Die kleine silberne Platte war mir entgangen, die am Kopfende des Bettes befestigt war und besagte, Bismarck habe dann und dann da geschlafen. Beschämt steckte ich die Lehre, die nur als einfacher Hinweis vorgebracht wurde, ein. Nach einigen Minuten stand Rudolf Steiner auf, er war immer sehr pünktlich, und als wir zu viert in die Taxe stiegen, bat er, erst beim Postamt vorbeizufahren, er wolle ein Telegramm aufgeben. Zwar stieg ich mit ihm aus, eilte an den Schalter, nahm ein entsprechendes Formular und stand, die Füllfeder in der Hand, bereit, um mir diktieren zu lassen, bekam aber gesagt, er schreibe selbst. Danach fuhren wir weiter auf den Lauenstein.

Die Freunde und Mitarbeiter standen schon am Tor, auch unsere ersten Kinder, es waren fünf; dazu noch einige andere, die vorgestellt werden sollten. Wir führten Dr. Steiner durch das ganze Haus, und als wir zur Kellertreppe kamen, drückte sich in der Enge des Raumes eine Frau an uns vorbei. Gleich wurde ich nach ihr gefragt. Es sei die Reinemachefrau, erwiderte ich, und erhielt zur Antwort: „Sie müssen sehen, daß Sie mit ihr in Verbindung bleiben." (Das Merkwürdige im Schicksal dieser Frau waren zwei Kinder, 13- und 6jährig, beide Albinos ungewöhnlicher Art. Im Glanz ihrer lichten, zarten Haare sahen sie aus wie Märchenprinzessinnen. Sie sollten vorgestellt werden, was wir Rudolf Steiner noch nicht mitgeteilt hatten.)

Eine Weile standen wir auf dem Hof, man schaute sich das Gebäude von außen an, und dann das Bild der Landschaft im Sommerlicht. Diese Landschaft war so schön, daß sogar der Jenaer Reiseführer vermerkte: „Man versäume nicht, einen Sonnenaufgang auf dem Lauenstein zu erleben." — Rudolf Steiner beugte sich in diesem Augenblick zu mir und fragte leise: „Sagen Sie, wie haben Sie das eigentlich gemacht?" Ich habe wohl kaum etwas erwidert, wußte ich es doch selbst nicht genau.

Bald nach der Ankunft wollte man an die Arbeit gehen und wir führten daher die Gäste in das Empfangszimmer, in dem, weil wir sehr sparsam sein mußten, billige Stühle um den Tisch standen. Zur Feier des Tages hatten wir uns einen bequemen Lehnstuhl ausgeliehen und aus der Stadt heraufgefahren, ohne einen anderen Gedanken, als daß Dr. Steiner ihn benutzen werde, — doch hatten wir nicht mit seiner beispielhaften Höflichkeit gerechnet. Er bot ihn sofort Dr. Vreede an, der Leiterin der mathematisch-astronomischen Sektion am Goetheanum, und, nachdem diese in ihrer energischen Art erklärt hatte, „Herr Doktor, der Sessel ist für Sie", forderte er die nächste Dame auf. Diese nahm an, er selbst setzte sich auf einen der einfachen Stühle und wir hatten unsere Lektion weg.

Jetzt brachte Werner Pache, der sich bald nach der Übernahme des Lauenstein als Mitarbeiter eingefunden hatte, die Kinder, eines nach dem andern, herein. Er blieb bei den Besprechungen dabei und konnte, was für uns von großer Wichtigkeit war, stenografisch das Wichtigste festhalten. Der erste Junge, ein ganz schwachsinniges, sehr unruhiges Kind, lief erst um den Tisch herum, ging dann auf Dr. Steiner zu und lehnte sich vertraulich an ihn. Er war im Augenblick ganz ruhig und friedlich geworden, so daß sein eigentliches, feines Wesen zum Durchbruch kam. Rudolf Steiner interessierte sich für seine Sinneswahrnehmungen, und es wurde festgestellt, daß er in die Ferne nur wenig sah. Auf unsere Bemerkung wegen der schlechten Zähne des Knaben sagte Rudolf Steiner, auch die Fingernägel seien schwach und weich. „Ist Ihnen an der Mutter nichts aufgefallen?" fragte er dann. Wir kannten weder Vater noch Mutter, da wir nur schriftlich

Kontakt mit den Eltern bekommen hatten. „Nun, es ist auch ein individuelles Schicksal, es hat nicht viel mit der Familie zu tun", erklärte er. „Es ist ein merkwürdiger karmischer Fall. Der Astralleib ist überreif. Es wirkt etwas aus der vorigen Inkarnation herein. Er hat nur kurze Zeit zwischen Tod und neuer Geburt verbracht, so daß er jetzt noch etwas hereingenommen hat von dem Astralleib der vorigen Inkarnation. Noch jetzt hat er in der Nacht merkwürdige Träume. Das wird sich so äußern, daß er nach dem Aufwachen seltsame Dinge in abgebrochenen Sätzen sagt. Es könnte sein, daß er sieht, wie Schlangen sich herausschlängeln, — wofern er schon Schlangen gesehen hat. Es ist ein schlechter Astralleib, der vor allem da im Hinterkopf sitzt." (Rudolf Steiner legte mit intensivstem Interesse seine Hand auf das von starrem schwarzen Haar bedeckte Hinterhaupt des Knaben). Er fuhr fort: „Dem könnte man beikommen, wenn man die entgegengesetzte Astralität zuführt; das wäre möglich mit Hilfe von Algen. Die Algen ziehen die Astralkräfte der umgebenden Luft ein; die Pilze noch mehr. Aber man braucht nicht gleich mit dem Stärksten anzufangen. Die Schmarotzerpflanzen ziehen stark die Astralität heran. Durch Algen-Injektionen wird die gesunde Astralität herangezogen, das ist die entgegengesetzte wie die im Körper. Dort ist schlechte Astralität." Er gab darauf die Therapie, bestehend aus Algenpräparat und Belladonna, samt den genauen Potenzen an.

Beim zweiten Kind, einem Schüler, der die Volksschule normal durchgemacht hatte, aber moralische Schwierigkeiten zeigte, log, großsprecherisch auftrat, zum Stehlen neigte, konnten wir Rudolf Steiners erzieherische Haltung erleben. Als der Junge hereingeführt und vorgestellt werden sollte, ging er vor und sagte betont selbstsicher: „Guten Tag, Herr Doktor." Die Art nun, wie Dr. Steiner diesen Burschen behandelte, war, das spürte man unmittelbar, erzieherisch und heilsam zugleich. So fragte er zum Beispiel: „Kannst du rechnen und schreiben?" — „Ja, natürlich", kam es großspurig zurück. — „Wie heißt denn dein Vater?" — „Karl". — „Bitte, dann schreibe einmal auf: ich bin von Berlin, mein Vater heißt Karl." —

Rudolf Steiner erklärte uns nun, daß eine große Ich-Schwäche vor-
liege, welche die moralische Abwegigkeit verursache. Heute noch
muß ich bezweifeln, ob jemand von uns bei dem äußerlich selbst-
bewußten Auftreten des Jungen zu dieser Diagnose gekommen wäre.
Es war z. B. schon vorgekommen, daß er die Treppe herunterkam
mit den Schuhen eines unserer Mitarbeiter an den Füßen. Und als
dieser ihn zur Rede stellte, entgegnete der Junge in selbstsicherer Un-
befangenheit: „Sie denken doch nicht etwa, daß das Ihre Schuhe sind?"
— Als pädagogische Therapie wurde unter anderem angegeben, daß
er zur besseren sozialen Ordnung für alle im Hause die Schuhe repa-
rieren sollte. Dann aber kamen Angaben medizinischer Behandlung.
Wir staunten: moralische Schwierigkeiten sollten medizinisch behandelt werden? Jawohl, die Zuckerbildung des Blutes mußte geregelt
werden, man sollte auf die Wärmeorganisation wirken, da sich in
dieser die menschliche Seelenhaftigkeit entfalte.

Als alle Kinder durchgesprochen waren, fiel auch eine Bemerkung
für uns Mitarbeiter: Dr. Steiner machte darauf aufmerksam, daß
mindestens einer das Lehrerexamen haben sollte, — er schaute kommende Notwendigkeiten voraus. Nun waren wir alle drei, Pickert,
Löffler und ich, zwar längere oder kürzere Zeit pädagogisch und un-
terrichtlich tätig gewesen, doch hatte keiner in seinem Studiengange
daran gedacht, ein Lehrerexamen zu machen. Im Grunde waren wir
alle drei nicht von der Heilpädagogik ausgegangen, — Löffler war
ursprünglich ungarischer Offizier gewesen; wir hatten lediglich,
da das Schicksal uns mit den Problemen der Hilfsschulkinder zusam-
menbrachte, anthroposophische Erhellung für ein Gebiet gesucht, auf
dem andere — das sahen wir gut — hilflos waren. Der Rat in bezug auf das Lehrerexamen wurde befolgt, und es zeigte sich sehr
bald, daß dies zur Konzessionierung unserer Einrichtung notwendig
war.

Um die gleiche Zeit hatten ratlose Eltern einzelne pathologische
Kinder nach Dornach zu Rudolf Steiner gebracht, für die Dr. Wegman in ihrer zupackenden Art ein kleines Haus, „Die Holle" mietete;
an der Stuttgarter Waldorfschule waren die ersten Hilfsschüler auf-

getaucht und Rudolf Steiner hatte sie dem österreichischen Freunde
Dr. Karl Schubert anvertraut. Es war deutlich, daß die Stunde der
Neubegründung für die Heilpädagogik schlug, noch ehe wir uns über
unsern eigenen Weg zu ihr klar waren und ehe die Allgemeinheit
ahnte, daß jene Kinder, für die Rudolf Steiner das Wort „Seelen-
pflegebedürftig" fand, über die ganze zivilisierte Erde hin ein immer
drängenderes Problem werden sollten.

Es war Zeit, daß wir uns zum Mittagessen begaben, ich saß neben
Dr. Steiner und sprach den Tisch-Spruch; er fiel mit seiner warmen,
tiefen Stimme in das Amen ein, — es schien mir wie ein Segen, ein
gütiges Beschützen dieses Tisches, an dem der Sendbote des Geistes
unserer Zeit mit pathologischen Kindern, Mitgliedern des Dornacher
Vorstandes und uns Neulingen der Heilpädagogik gemeinsam aß.
Die Unterhaltung setzte ein, und es zeigte sich, daß Rudolf Steiner
Jena besser kannte als wir; er war es, der uns auf das Phänomen des
Turmes aufmerksam machte, in dem man die Sterne am hellen Tage
sehen konnte. Aber auch Scherze und Witze erzählte er, darunter
den Vorfall, der eben in Koberwitz passiert war. Nachts, bereits lie-
gend, habe er etwas geschrieben, da sei von seiner Füllfeder ein Tintenklecks auf das Kopfkissen gefallen. Doch die Gräfin Keyserlingk,
die Herrin des Hauses, sei zum Glück gar nicht spießig; als er sich
am Morgen entschuldigte, habe sie erfreut gesagt, dieses Kopfkissen
werde man aufheben. Dr. Wachsmuth beugte sich vor: hoffentlich
werde es mit diesem Tintenklecks nicht so gehen wie mit jenem andern auf der Wartburg, der von Luther stammen sollte, aber jeweils
für die Besucher immer wieder nachgefärbt werde. —

Durch den Garten gehend, sagte er uns, eigentlich müsse jedes
Kind alle Bäume und Pflanzen kennen lernen, die da wachsen, —
und soweit waren wir nun doch, um zu begreifen, daß es sich nicht
nur um ein Wecken von naturwissenschaftlichem Interesse handeln
konnte. Die Kenntnis der Umwelt wird entscheidend wichtig für das
Leben nach dem Tode, aus der genauen Kenntnis der Umwelt kann
sich für ein nächstes Leben die Kenntnis der Innenwelt formen . . .

Es ging allmählich dem Abend zu, auch wenn die Sonne auf ihrem großen Sommerbogen noch hoch am Himmel stand. Dr. Steiner mußte ans Weiterfahren denken. Gerne möchte er sich noch kurz in Weimar aufhalten, sagte er. Diesen Wunsch hörend, schlug ich vor, einen Wagen zu bestellen, der ihn die annähernd 20 Kilometer dahin fahren könne. Er antwortete nicht, sondern rief Dr. Wachsmuth, der in der Nähe stand. „Wachsmuth, können wir uns eine Taxe nach Weimar leisten? Haben wir noch so viel Geld?" Wir waren erleichtert, als die Frage bejaht wurde, denn was Dr. Steiner gerade in jenen Wochen leistete, ging über alle Vorstellung, und dunkel ahnten wir, wenn auch keiner von uns Jungen es sich bewußt machte, daß eines Tages diese Leistung über die Kraft eines Erdenleibes gehen könnte.

Der 18. Juni 1924 war zu Ende. Wenn wir in manchen Heimen bis heute diesen Tag als den Begründungstag unserer heilpädagogischen Arbeit feiern, geschieht es auch aus dem Grunde, weil dieser eine Tag, den wir zusammen mit Rudolf Steiner verbringen konnten, uns in jedem Sinn zum Urbild wurde für das ganze künftige Zusammenleben mit den Kindern. Wenn man uns später sagte, es herrsche ein besonderer Ton in unseren Heimen, so war es der Ton, den er unter uns angeschlagen hatte; ihn waren wir bestrebt zu erlernen und durchzutragen. Mir selbst ging während dieses Besuches auf, daß ich von nun an nicht nur die äußeren Verhältnisse zu arrangieren hatte, sondern mich tätig in die kommende heilpädagogische Arbeit hineinstellen sollte.

*

Zwei Tage später fuhren wir zu viert nach Dornach, weil der „Heilpädagogische Kurs" beginnen sollte. Wir mußten allerdings noch einige Tage warten, da Rudolf Steiner bei seiner Rückkehr ungeheuer viel Arbeit vorgefunden hatte. Wir wollten bei diesem Kurs unter uns sein, hatte er gesagt, nur die direkt beteiligten Menschen wolle man hereinnehmen, aus Stuttgart Dr. Schubert und Dr. Kolisko, den Heilpädagogen und den Arzt der Waldorfschule; von den Lehrern Dr. Ernst Lehrs, von der Priesterschaft der Christengemeinschaft

Lic. Bock; an einigen Tagen war auch Frau Lili Kolisko anwesend, die Begründerin des Stuttgarter „Forschungsinstituts am Goetheanum". Mit den Mitgliedern des Dornacher Vorstandes, den Ärzten der Arlesheimer Klinik, — unter denen sich Dr. med. Julia Bort befand, die sich dann ganz der Ausarbeitung der Heilpädagogik widmen sollte —, und uns Heilpädagogen waren es im ganzen etwa zwanzig Menschen. Rudolf Steiner wünschte, daß kein Stenograf zugezogen werde; nur wenn einer von uns stenografieren könne, habe er nichts gegen das Nachschreiben. Drei Teilnehmer versuchten dann ihr Bestes, um, so gut es ging, eine Nachschrift zustande zu bringen.

Wir saßen mit großen Erwartungen im Saal der Schreinerei, nur die ersten Stuhlreihen waren besetzt, und Rudolf Steiner sprach vom Podium herunter für diese ungewohnt kleine Hörerschaft. Was als Nachschrift vorhanden ist, kann niemals den Eindruck wiedergeben. Wie er den Inkarnationsprozeß entwickelte, im normalen und im abweichenden, in den verschiedenen Erkrankungen sich äußernden Verlauf; wie er die einzelnen Kinder vorstellte, die in Dornach zur Behandlung anwesend waren, ihre Krankengeschichten vorlas und dann, von den festgelegten Notizen der Ärzte ausgehend, die einzelnen Symptome, bis in das Karma hinein, erleuchtete; oder wie er selbst gelegentlich pädagogische Maßnahmen, wie etwa das Absprechen von Zwangsvorstellungen vorführte: das waren Eindrücke, die nicht wiederzugeben sind. „Ein ganzer Katechismus für werdende Heilpädagogen ist in diesen zwölf Vorträgen enthalten", sollte später Dr. med. Karl König sagen, der nach dem Tode Rudolf Steiners zu uns fand.

Ein anderer Freund wies darauf hin, daß Rudolf Steiner sicherlich mit so besonderer Freude und Genugtuung den „Heilpädagogischen Kursus" gehalten und so liebevoll auf die jungen Menschen eingegangen sei, die sich auf diesem Gebiete betätigen wollten, weil er selbst nach Beendigung seiner Universitätsstudien sich als Privatlehrer, und gerade auch auf heilpädagogischem Gebiete betätigt hatte. Von dieser Betätigung hat Rudolf Steiner einmal gesagt, sie habe ihm damals die einzige Lebensmöglichkeit eröffnet und ihn

vor Einseitigkeit bewahrt. In seinem „Lebensgang" schrieb er darüber, das Schicksal habe ihm da auf pädagogischem Gebiete eine besondere Aufgabe zugewiesen. Als Erzieher in einer Familie, in der
vier Knaben waren, hatte er dreien den vorbereitenden Volksschul-
und dann den Nachhilfeunterricht für die Mittelschule zu geben;
der vierte, ungefähr zehn Jahre alt, wurde vollständig seiner Erziehung anvertraut. Es war dies das Sorgenkind der Familie, er galt
als abnormal in einem Grade, daß an seiner Bildungsfähigkeit ge-
zweifelt wurde. „Sein Denken war langsam und träge. Selbst ge-
ringe geistige Anstrengung bewirkte Kopfschmerz, Herabstimmung
der Lebenstätigkeit, Blaßwerden, besorgniserregendes seelisches Verhalten. Ich bildete mir, nachdem ich das Kind kennengelernt hatte,
das Urteil, daß eine diesem körperlichen und seelischen Organismus
entsprechende Erziehung die schlummernden Fähigkeiten zum Er-
wachen bringen müsse . . . Ich mußte den Zugang zu einer Seele finden, die sich zunächst wie in einem schlafähnlichen Zustande befand
und die allmählich dazu zu bringen war, die Herrschaft über die
Körperäußerungen zu gewinnen. Man hatte gewissermaßen die Seele
erst in den Körper einzuschalten. Ich war von dem Glauben durchdrungen, daß der Knabe zwar verborgene, aber sogar große geistige
Fähigkeiten habe. . . . Diese Erziehungsaufgabe wurde für mich eine
reiche Quelle des Lernens. Es eröffnete sich mir durch die Lehrpraxis,
die ich anzuwenden hatte, ein Einblick in den Zusammenhang zwischen Geistig-Seelischem und Körperlichem im Menschen. Da machte
ich mein eigentliches Studium in Physiologie und Psychologie durch.
Ich wurde gewahr, wie Erziehung und Unterricht zu einer Kunst
werden muß, die in wirklicher Menschen-Erkenntnis ihre Grundlage
hat."

Man weiß, daß der Pflegling Rudolf Steiners bis zur Unterprima
weiter geführt wurde, daß er dann so weit war, keiner besonderen
Leitung mehr zu bedürfen, das Abitur und die medizinischen Staats-
examina bestand und als Arzt im ersten Weltkrieg gefallen ist. Rudolf Steiner hat uns also in seiner eigenen, ersten Lebensbetätigung
das Beispiel dafür aufgestellt, was die Heilpädagogik vollbringen

will und kann. Er selbst hat das ideale Ziel der künftigen Heilpädagogik vorgelebt. In dem „Heilpädagogischen Kurs", den er dreiein-
halb Jahrzehnte später gehalten hat, sind die konkreten Anleitungen
dazu gegeben worden. Unsere Erwartungen waren im Übermaß erfüllt. Neue beglückende Erkenntnisse waren vermittelt worden, ein
mächtiger Arbeitsenthusiasmus beseelte uns, und nur dem, was Rudolf Steiner uns geschenkt hatte, war es zu verdanken, daß nach einigen Jahren schon eine Anzahl neuer Institute entstehen konnte.

Doch waren diese Tage des Kurses zugleich unser Abschied von
ihm. Als wir das einjährige Bestehen des Lauenstein begingen, war
er schon nicht mehr auf Erden. Aber inzwischen hat sich aus den damals gelegten Keimen eine über zahlreiche Länder gehende anthro-
posophisch-heilpädagogische Arbeit entwickelt.

Die letzten Jahre

1921.

Ein Quell weittragenden Geschehens wurde im Sommer 1921 in seinen ersten Anfängen erschlossen durch die Entstehung des Forschungslaboratoriums am Goetheanum in Dornach. Solche Impulse und die daraus hervorgegangenen Institutionen kamen ja in dieser geistigen Bewegung nicht dadurch zustande, daß man aus äußeren Gründen oder Notwendigkeiten etwa nun die Begründung einer solchen Institution beschloß, um die und die Aufträge oder Versuche auszuführen oder sonstigen äußeren Veranlassungen nachzukommen, sondern sie wurden jeweils geboren aus der konkreten Lebensbegegnung bestimmter Menschen, die ihr Schicksal und zugleich ihr freier innerer Entschluß, der Geisteswissenschaft zu dienen, in einer bestimmten Lebens- und Arbeitssphäre zusammenführte. So darf ich sagen, wurde dieses Forschungslaboratorium in Dornach damals aus meiner Lebensbegegnung und Freundschaft mit Ehrenfried Pfeiffer geboren. Durch das Zusammenwirken von Schicksal und Freiheit am gleichen Ort, im gleichen Hause zusammengeführt, mit den gleichen lebendigen Interessen und aus innerem menschlichen Kontakt auf ein gemeinsames Ziel zustrebend, ergab es sich ganz selbstverständlich, daß man nach kurzer Zeit des Zusammen-Denkens und -Wollens nach einem Raum suchte, wo man experimentieren könne, um das Gedachte zu erproben und auszuführen. Es taucht manche humorvolle Erinnerung auf, wenn ich an diese ersten Anfänge zurückdenke; denn die Geburtsstunde dieses Laboratoriums vollzog sich in einem

primitiven Kellerraum, der den einzigen Vorteil hatte, Gas- und
Wasserleitung aufzuweisen, sonst aber die Öde und Leere am Anfang der Genesis veranschaulichte. Rudolf Steiner hatte uns auf unsere Bitte hin gestattet, zunächst diesen Raum im Souterrain des
Glashauses, wo oben die farbigen Glasfenster geschliffen wurden, zu
beziehen, und wir begannen nun mit dem primitivsten Schöpfungs-
akt der Laboratoriumsgründung durch Herbeischaffung einiger zu-
sammengeliehener Tische und Stühle und Anschaffung einer Anzahl
unentbehrlicher Gläser, Retorten, Bunsenbrenner usw. Die Forschungsrichtung wies auf die Einsicht in Rhythmus und Leben hin,
und so ist mir als eines der ersten Instrumente ein großes Torricelli-
sches Barometer in deutlicher Erinnerung. Es diente wegen seiner
Unhandlichkeit bald nicht mehr der Luftdruckmessung, sondern gab
sein Vakuum und sein Quecksilber willig für andere Experimente
her.

Um einen kleinen Einblick in die unbegrenzte Problematik dieses
anfänglichen Tastens zu geben, möchte ich erzählen, wie ich mit
Ehrenfried Pfeiffer, nunmehr mit Wissensdurst und einem primitiven Labor ausgerüstet, zu Dr. Steiner ging und wir ihm die Frage
stellten, wie man die Lebenskraft, die Bildekräfte bzw. das, was er
den Lebensäther nannte, aus der Natur gewinnen oder doch in den
Versuch hereinbekommen könne. Ich weiß heute nicht mehr, in-
wieweit Rudolf Steiner unsere sehr, sehr hochgreifende Frage —
alle Anfängerfragen greifen ja zunächst nach den Sternen, später
dann näher — mit vollem Ernst oder einer tüchtigen Dosis freundlichen Humors nahm, jedenfalls antwortete er uns, das könnten wir
ganz einfach haben, wir brauchten nur z. B. eine Fliege in ein Vakuum zu bringen. Mit dieser in der Freude und Erregung des schöpferischen Augenblicks von uns mehr oder weniger richtig verstandenen
Versuchsanordnung ausgerüstet, kletterten wir in unseren Kellerraum.
Es war selbstverständlich bald erreicht, die genannte Fliege zu fangen und in ein Vakuum hineinzupraktizieren. Aber als dies vollendet war, löste sich in uns beiden die entscheidende Frage aus: Was
nun? Vielleicht hatten wir ja da die Lebenskraft im Vakuum; aber

was uns fehlte, war die Möglichkeit, dies festzustellen, zu prüfen und zu bestätigen, zu messen oder anzuwenden. Dieser kleine, an sich vielleicht mehr humorvoll zu nehmende erste Versuch hatte auf uns doch einen entscheidenden Einfluß, denn wir erkannten nun: was wir vor allem brauchen, ist das Reagens, ein Test, etwas, das uns anzeigt, ob, wo und wie diese Kräfte anwesend sind, sich steigern oder schwächen usw. Es ist in diesem Rahmen nicht möglich, all die zunächst sehr labyrinthischen Wege zu schildern, die wir gehen mußten, um zum Ziele zu gelangen, all die zahlreichen weiteren und konkreteren Hinweise und Anregungen darzustellen, die uns Rudolf Steiner in den folgenden Jahren an unermüdlicher Hilfe gab, die Erfolge und Mißerfolge, Gedankenwege und Versuche nachzuzeichnen, die sich in der weiteren Entwicklung dieser Arbeit mit der Zeit ergaben. Aber es kann heute doch festgestellt werden, daß das Ziel an mehreren entscheidenden Punkten wirklich erreicht wurde, wie es mancherlei Publikationen und der Erfolg, den sie in vielen Ländern gefunden haben, beweisen. Hier sei insbesondere noch auf jene Auswertungsgebiete eingegangen, die sich nun für uns selbst im Laufe der weiteren Ereignisse ergaben. Wir waren uns bewußt, daß vor allem zwei Grundlagen für die weitere Forschungsarbeit ausgebaut werden mußten: als erstes eine erkenntnismäßige Systematik der Bildekräftelehre und dann eine praktische Erprobung von Versuchsanordnungen, welche als Reagens auf die Lebenserscheinungen und die ihnen zugrundliegenden Bildekräfteprozesse deren Wirken anschaubar, in ihren Rhythmen und Gestaltungsprozessen ablesbar, ja bis in ihre normalen und anormalen, gesunden und kranken Komponenten hinein abbildbar machen konnten. Den Versuch einer Systematik der Bildekräftelehre auf Grund der Angaben Rudolf Steiners begann ich damals nach Rücksprache mit ihm durch die Ausarbeitung des Buches „Die ätherischen Bildekräfte in Kosmos, Erde und Mensch. Ein Weg zur Erforschung des Lebendigen", über dessen Werdegang, insofern er sich unter Rudolf Steiners gütiger Anleitung vollzog, einiges berichtet werden soll.

1922.

Seit 1921 war nun also in Dornach durch die Begründung des biologischen Forschungslaboratoriums ein lebhaftes Forschen und Experimentieren auf dem Gebiete der Bildekräftelehre, der Pflanzenzucht, im Ergründen der feinen Reaktionsfähigkeiten der lebenden Organismen und der gelösten und sich kristallierenden Stoffe durchgeführt worden, wobei Rudolf Steiner ständig durch Rat und Hilfe anregend, korrigierend und richtungweisend mitwirkte. Ich hatte mit den Mitarbeitern zur Ergänzung dieser praktischen Arbeit auch einen naturwissenschaftlichen Ausspracheabend eingerichtet, der allwöchentlich in kleinerem Kreise im sogenannten „alten Baubureau" abgehalten wurde, an dem meist auch Rudolf Steiner persönlich teilnahm und uns durch Fragebeantwortung weiterhalf. Man saß im Halbkreis um eine Wandtafel herum, brachte seine Probleme, Schwierigkeiten, Erfahrungen und Gedanken vor und erhielt nun in dieser offenen und zwanglosen Aussprache von ihm Korrektur und Impuls zur Weiterarbeit. In diesem kleinen, primitiven Holzraum sind an diesen Abenden von ihm viele wichtige Resultate geistiger Forschung im lebendigen Wechselgespräch dargebracht worden. Hier wurden die Elemente einer Bildekräftelehre, Versuchsanordnungen chemischer, physikalischer, geologischer und pfllanzenkundlicher Art, aber auch allgemeine Erkenntnisfragen der Kosmogonie besprochen und erklärt. So kam man, um ein konkretes Beispiel zu geben, einmal auf die erste Entstehung der Bewegungsformen im Kosmos zu sprechen, und ich fragte in diesem Zusammenhange Rudolf Steiner, wie wohl die erstmalige Entstehung der von ihm oft angeführten Lemniskaten-Bewegung zu erklären sei. Er ging dann in anschaulicher Art auf die Uranfänge des Kosmos, den sogenannten „Saturn-Zustand", ein und schilderte, wie die erste Bewegung im Kosmos durch den rotierenden Ausgleich von gewaltigen Kälte- und Wärmekörpern entstand, wie dann das ganze kosmische System sich noch um eine andere Achse zu bewegen begann und durch die Kombination solcher Bewegungen des Systems um verschiedene Achsen und im Innern die lemniskatische Bewegung sich herausbildete. In lebendiger Weise begleitete er diese Darstellungen mit Handbewegungen oder Zeichnungen an der Tafel und ließ uns so immer tiefer in die Urgesetze des kosmischen Werdens eindringen. Diese Dienstag-Abende mit ihren lebensvollen und inhaltreichen Aussprachen bleiben unvergeßlich und haben uns viel auf den Lebensweg und für die praktische Arbeit in Laboratorium und Landwirtschaft mitgegeben. Rudolf Steiner widmete mir trotz seiner ungeheuren Arbeitslast viel Zeit; mit großer Hilfsbereitschaft gab er mir Literaturhinweise zum Vorstudium, Angaben über Richtung und Gliederung des Stoffes, Mut, Kraft und Substanz zum Bearbeiten des Forschungsmaterials für mein entstehendes Buch. Wenn man bei solcher Arbeit hie und da aus Angst vor dem Zersplittern in der Überfülle des Stoffes, der eigenen Unzulänglichkeit, diesen zu bewältigen und zu gliedern, zaghaft geworden war, konnten einige wenige Worte Rudolf Steiners im Gespräch dem Ringenden wieder für Monate Kraft und Konzentration, Selbstvertrauen und die rechte Ausrichtung der Arbeit geben. —

Da Rudolf Steiner dem von Ehrenfried Pfeiffer und mir begründeten biologischen Forschungslaboratorium schon in seinen ersten, bescheidenen und keimhaften Anfängen Anweisung zu Forschung und Experiment auf dem Gebiet der biologischen Phänomene, der Lebensprozesse und Rhythmen, insbesondere auch in der Pflanzenzucht, gegeben hatte, traten wir nun mit der Frage an ihn heran, wie diese Hinweise und Versuche für die praktische Landwirtschaft fruchtbar gemacht werden könnten, und so gab uns Rudolf Steiner zum ersten Male die Anregung, Präparate aus der Tier- und Pflanzenwelt zu gewinnen. Diese sollten in einer bestimmten Weise den Rhythmen der kosmischen und irdischen Kräfte im Sommer und Winter derart ausgesetzt werden, daß darin lebenfördernde Kräfte konzentriert bzw. angereichert würden, die dann in sehr feiner Verteilung, aber mit hoher dynamischer Wirkung in der landwirtschaftlichen Praxis gesundend angewandt werden können. Derartige Maßnahmen sind ja seither so weitgehend und mit eindeutigem Erfolg erprobt worden, daß hier nur auf Einzelheiten hingedeutet zu werden braucht. So erinnere ich mich noch lebhaft jener starken ersten

Verblüffung, als uns Rudolf Steiner den Rat gab, Kuhhörner zu beschaffen, diese mit bestimmten Substanzen zu füllen, sie dann irgendwo in der Nähe in die Erde einzugraben und dort unter dem Erd-
boden überwintern zu lassen. Natürlich stellten wir nach dem Ab-
klingen des ersten Staunens gleich zahlreiche praktische Fragen, z. B.
ob die einzugrabenden gefüllten Hörner oben abzudichten seien, mit
Leinen oder Wachs usw., wie lang die Überwinterungsperiode dauern solle, wie tief einzugraben sei usw. Alle diese Fragen wurden sofort von ihm konkret beantwortet; genau wurde beschrieben, was zu
tun und zu lassen sei. In bezug auf das zu Unterlassende entsinne ich
mich noch beispielsweise meiner Frage, ob man den tierischen und
pflanzlichen Präparaten etwa auch metallische Zusätze beigeben solle,
worauf uns Rudolf Steiner gleich ein sehr lehrreiches Kolloquium gab
über die Schädlichkeit gewisser chemischer Produkte in der heutigen
Düngung und Schädlingsbekämpfung. So sagte er z. B. auf meine
Frage bezüglich des Quecksilbers, daß dessen Verwendung sich in
seinen schädlichen Einflüssen nicht nur auf die Ernährung selbst, sondern auch auf die Generationenfolge auswirken würde und deshalb
unbedingt zu vermeiden sei.

In jener Zeit konnte ich auch auf dem Gebiete der Physik und
Technik Rudolf Steiner einige Fragen vorlegen, die uns stark beschäftigten und wo wir nach neuen Lösungen suchten. Es war ja damals die Zeit, in der nach dem Übergang von der Funkentelegraphie
zum Radio die Radioapparate, die vorher nur speziellen Zwecken
gedient hatten und, verglichen mit heute, noch eine sehr primitive
Konstruktion aufwiesen, nun mit dem Fortschritt der Technik allmählich auch in die Privathäuser eindrangen und damit begannen,
einen sehr weitgehenden Einfluß auf das tägliche Leben der Menschen zu erobern. Ich hatte so ein primitives Ding mit auswechsel-
baren Spulen — die heutige Jugend wird sich dies kaum mehr vorstellen können — in meiner Wohnung, und als ich Rudolf Steiner
fragte, ob ich ihm auch eines einbauen solle, hatte er nichts dagegen.
Doch verschonten wir sein Atelier dann hiervon. Das Problem, das
uns nun beschäftigte, war dies, daß hier zur Übertragung der Sprache,

des Wortes, also der höchsten und edelsten Äußerung des Menschen, eine Apparatur dient, die mit Elektrizität und Magnetismus, mit Kräften und mechanischen Mitteln arbeitet, die den feinsten Lebensprozessen, wie sie in der menschlichen Sprache am Werk sind, völlig fremd bleiben. In einem Gespräch, das ich, gemeinsam mit Dr. von Dechend, hierüber mit Rudolf Steiner hatte, legten wir ihm darum die Frage vor, ob es nicht möglich sei, ein feineres Reagens für die geistigen und physischen Gestaltungskräfte der menschlichen Sprache zu finden. Nach kurzem Nachdenken sagte er: Da müssen Sie mit der empfindlichen Flamme arbeiten. Er gab uns nun in diesem und weiteren Gesprächen einen tiefen Einblick in die eigenartige Stellung, welche das Wärmeelement im Übergangsbereich zwischen den seelischen und physischen Vorgängen in der Natur einnimmt, jenes feine Verwobensein von inneren, geistig-seelischen Vorgängen des Menschen mit den Wärmeprozessen im Körper, die Zusammenhänge von Bewußtsein und Temperatur in den Lebensvorgängen, die Gestaltungsprozesse, welche die Sprachorgane auf die vom Menschen ausgeatmete durchwärmte Luft beim Vorgang des Sprechens ausüben. Er erinnerte dann an die Entdeckung Tyndalls, der die feinen Änderungen in offen brennenden Gasflammen durch Geräusche, Töne und Worte im gleichen Raume beobachtet hatte, und gab uns den Rat, unsere Gedanken und Versuche in dieser Richtung zu konzentrieren. Aus diesen Hinweisen Rudolf Steiners sind dann im physikalischen Laboratorium, das neben dem biologischen Forschungslaboratorium in Dornach begründet wurde, umfangreiche Versuchsreihen hervorgegangen, die durch Paul Eugen Schiller zu wertvollen Resultaten geführt wurden. Wie im Bereich der Wirksamkeit des Lebendigen, so haben auch in der Erforschung von Substanz und Kraft, in der Physik und Technik die von Rudolf Steiner erschlossenen neuen Erkenntnisse die Arbeiten eines weiten Schülerkreises befruchtet.

Rudolf Steiner hatte mir für mein Buch über „Die Ätherischen Bildekräfte" eine eigene Handzeichnung für das Titelblatt zugesagt. Durch die viele sonstige Arbeit hatte sich dies etwas verzögert, und ich wagte nicht, nochmals danach zu fragen. Da klopfte es bei einer

Eisenbahnfahrt einmal des Nachts plötzlich an mein Schlafwagencoupé — wegen der knappen Zeiteinteilung gingen diese Reisen oft
nachts vor sich —, ich war gerade beim Einschlafen, da schaute Rudolf Steiner zur Tür herein und überreichte mir ein Blatt mit der
vollendet ausgeführten farbigen Handzeichnung für mein Titelblatt.
Trotz aller Anstrengungen hatte er also auch auf der nächtlichen
Reise noch für deren Ausführung Zeit gefunden. Dieses künstlerische
Erinnerungszeichen hat das Buch über die Bildekräfte dann durch alle
Schicksale begleitet, und er hatte in den kommenden Monaten sogar
noch die Güte, dessen Inhalte durchzulesen, eingehend mit mir durch-
zusprechen, zu korrigieren und zu ergänzen. Mit solcher geistiger
Anleitung und Hilfe war es eine Freude, ein Buch zu schreiben.

1923.

Die langen Eisenbahnfahrten mit ihm waren für uns immer die
schönsten Zeiten des persönlich-menschlichen Kontaktes mit dem
Wesen dieser großen Persönlichkeit, die doch so verständnisvoll,
herzlich und menschlich aufgeschlossen auf jeden einzelnen Menschen
eingehen konnte. So ist mir die gemeinsame Rückreise von Wien
nach Dornach am 4. Oktober 1923 mit ihrem Stimmungsgehalt noch
in lebendiger Erinnerung. Rudolf Steiner hatte während der langen
Fahrt in dem Schlafwagencoupé des Arlberg-Expreß eine kleine Feier
für meinen gerade an diesem Tage fälligen 30sten Geburtstag veranstaltet; bei solchen Gelegenheiten kam die unerschöpfliche menschliche Güte und Herzlichkeit seines Wesens so recht zum Erlebnis.
In dem engen Coupé saßen wir an jenem Tag stundenlang um
einen kleinen Gabentisch zusammen, und er ging im lebendigen
Wechselgespräch bald auf heitere Erinnerungen seines eigenen Lebens ein, um dann wieder tiefste Fragen des esoterischen Lebens, wie
sie heute vor dem Einzelnen und vor der Gemeinschaft stehen, zu
beantworten und aus großen Zusammenhängen zu deuten. — Diese
seltsame kleine Gruppe von so verschiedenartigen Menschen in jenem
Arlberg-Expreßzug muß auch die Mitreisenden irgendwie beschäf-

tigt haben, Rudolf Steiners markante Gestalt, in den schwarzen Gehrock gekleidet, daneben wir anderen mit unserem oft recht ausgelas-
senen und weltlichen Habitus, der zwischen Heiterkeit und langen
ernsten Gesprächen wechselte. So hörte einer unserer Freunde am
Morgen vor der Ankunft des Zuges im Baseler Bahnhof einen Mitreisenden an den Schlafwagenschaffner die Frage stellen, was das
wohl für Leute seien. Der Schaffner dachte einen Moment nach und
gab dann dem Fremden die Antwort: „C'est une famille religieuse".
Rudolf Steiners Vorträge und Worte waren stets der konkreten Situation, dem Wesen der jeweils anwesenden Menschen, dem Charakter des Landes, des Volkes, der Geistnatur der Umgebung zuge-
wandt, in einem Lande sprach er mehr vom philosophischen Aspekt,
im anderen Lande ging er oft mehr von Geschichte und Mythos aus
usw., in England ging er gern unmittelbar auf die Tatsachenwelt,
auf das Tatsächliche der okkulten, übersinnlichen Phänomene ein.
So waren wir alle erstaunt, wie sehr er im August 1923 in Penmaenmawr in Wales, auf einer durch die Initiative von D. N. Dunlop
organisierten „International Summer School", in seinen Vorträgen,
zu denen ja außer den Mitgliedern auch zahlreiche noch nicht mit der
Anthroposophie bekannte Teilnehmer kamen, auf die konkreten
Phänomene des übersinnlichen Erlebens, aber auch der Irr- und Ab-
wege manches okkulten Strebens einging. Er führte in konzentriertester und gleichsam schonungslosester Unmittelbarkeit in die Bereiche
der geistigen Forschung, ihre Ergebnisse, ihre Gefahren und deren
Überwindung, die drohenden und vermeidbaren Irrtümer, Anfech-
tungen und Siege, das Kampffeld der heutigen geistigen Ausein-
andersetzungen ein. Nach diesen Vormittagsvorträgen besuchte man
in größeren und kleineren Gruppen oder auch einzeln die hoch auf
den Klippen gelegenen Dolmen der alten Druidenstätten, deren ge-
schichtliches Werden und Vergehen, deren Sinn und Wirken uns in
den Vorträgen nahe gebracht worden war. Es bleibt eines dieser unvergeßlichen Erlebnisse, als Rudolf Steiner mich eines Tages auf-
forderte, mit ihm allein die Hochebene auf den Felsen über Penmaen-

mawr zu ersteigen, um die Druidenzirkel aufzusuchen. Trotz seiner
62 Jahre stieg er rasch und rüstig bergan. Der geistigen Atmosphäre
des Ortes gemäß konzentrierte sich das Gespräch auf die Mysterien
der Druiden und ihres Gegenpols in Europa, des Mithrasdienstes,
den der Süden den nordischen Mysterien gegenüberstellte. Auf diesem Spaziergang durfte ich ihm erzählen von einem seltsamen Erlebnis, das ich einige Jahre vorher bei der Entdeckung einer alten Mi-
thrasstätte an der Donau gehabt hatte. Stetig und unermüdlich berg-
aufsteigend, deutete mir Rudolf Steiner nun im Gespräch die große
Antithese des Druiden- und Mithraskults, der nordischen und süd-
lichen Mysterien Europas, wie sich die vom Norden, von Irland aus-
strahlende geistige Strömung mit der aus dem Süden in der Mitte
begegnete, wovon auch die Mysterienstätten im Donaugebiet Zeug-
nis ablegen, und wie dann beide im aufkommenden Christentum ihr
Schicksal fanden. Als wir auf den Klippen hoch oben über Penmaenmawr angekommen waren, lag vor uns der einsame Kreis der von
Felsspitzen umrandeten Hochebene, in deren Mitte die gewaltigen
Steinzeichen des Druidenzirkels standen. Es war ein Augenblick im
Leben, dessen Erinnerung immer lebendig bleibt, ein einzigartig selt-
sames Bild, als Rudolf Steiner in der Einsamkeit dieser Hochebene
in die Mitte des Druidenkreises trat. Er forderte mich auf, über die
ragenden Steine des Zirkels die Spitzen der die Hochebene umschlie-
ßenden Bergkuppen anzuvisieren, und schilderte mit einer Intensität
der Rückschau, wie wenn sich dies im Augenblick vollzöge, wie einst
die Druidenpriester durch dieses Anvisieren der am Horizont im
Jahreslauf vorbeiwandernden Sternbilder den Geistkosmos, die darin wirkenden Wesenheiten und ihren Auftrag an die Menschen erlebten. Er erzählte, wie sie die Weihefeste und Kulte des Jahres nach
diesen kosmischen Rhythmen gestalteten und ihre priesterlichen Weisungen an die Angehörigen ihrer Gemeinde gaben; wie das Geschehen der Jahreszeiten sich geistig im Kultus, physisch bis in die Handhabung der landwirtschaftlichen Arbeit hinein spiegeln müsse. Er
sprach vom Sonnen- und Schattenerlebnis in der inneren Steinkam-
mer der alten Weihestätten und von der Ausbreitung der dort er-

haltenen Schauungen und Impulse in die Weiten des Erdenkreises. Als wir den Druidenkreis und die stille Hochebene verließen, um nach Penmaenmawr am Fuß der Berge zurückzukehren, war es mir eine innere Gewißheit, daß in der Sphäre dieses Ortes etwas Reales, Überzeitliches geschehen war durch die Tatsache, daß eine Seherpersönlichkeit wie Rudolf Steiner einmal hier weilen, das Geistgeschehen der Vergangenheit an solcher Stätte ablesen und das Geschaute nun den Menschen mitteilen konnte, die in unserer Zeit den geistigen Schulungsweg für die Zukunft beschreiten wollen.

Das Opfer, das Rudolf Steiner mit der Arbeit und den Reisen zur Durchführung der umfassenden Neukonstituierung der Anthroposophischen Gesellschaft in allen Ländern brachte, wird in der Erinnerung so recht lebendig, wenn man sich rückschauend vergegenwärtigt, welche an der physischen Gesundheit zehrende Anstrengungen er in diesen Jahren auf sich nahm, um den Menschen die Wegleitung zu den bevorstehenden Entscheidungen nahe zu bringen, geistige und irdische Verantwortung tragen zu helfen. Im Jahre 1923 standen ihm auf den zahlreichen Reisen im europäischen Raume noch die Kräfte für die unsagbar anstrengende Bewältigung auch all der äußeren Maßnahmen, Vorträge, Konferenzen, Besprechungen usw. zur Verfügung. Als seine Reisebegleiter, die im täglichen Leben um ihn waren, hatten wir allerdings schon manchesmal Anlaß zur Sorge, daß die Strapazen dieses Jahres sich in ersten Symptomen der Beeinträchtigung seiner Gesundheit bemerkbar machten. Im folgenden Jahre mußte dann die Kraft, die zu all diesen Betätigungen dem physischen Kräftereservoir entnommen werden muß, mit der beispiellosen Energie, die dem nun 63jährigen eigen war, auch noch der physischen Krankheit abgerungen werden. Und doch hat er auch dann diese weiten Vortragsreisen unvermindert, ja gesteigert fortgesetzt. Bei jenen Reisen des Jahres 1923 gab er uns allen durch seine unermüdliche Unternehmungsfreude, seine herzliche Aufgeschlossenheit und die Tag und Nacht nicht abreißende Arbeitsfülle das Vorbild eines Menschen, der die größten Lasten selbst trägt und anderen die ihren auch noch abnimmt.

Es wäre ein völlig unzutreffendes Bild, wenn man meinen würde, daß Rudolf Steiner gerade in dieser Zeit, wo er geistig alle Neuschöpfungen aus dem esoterischen Kern der Bewegung inaugurierte, in seiner Umgebung die Stimmung irgendeiner Gewichtigkeit und Schwere des äußeren Gehabens geduldet hätte. Wie fröhlich, aufgeschlossen und heiter war er gerade während jener unvergeßlichen Eisenbahnfahrten, bei den Mahlzeiten und abendlichen Gesprächen in den Hotels der Großstädte Europas. Wenn wir im November 1923 zum Beispiel im altehrwürdigen Hotel „Oude Doelen" im Haag abends beisammen saßen, so erzählte er uns die schönsten und heitersten Begebnisse aus seinem ereignisreichen Leben, und wie herzlich konnte er lachen, wenn wir ihm ungeschminkt berichteten, welche törichten Kämpfe wir mit den Wasserhydranten des Hotels in unseren Zimmern in der vergangenen Nacht untereinander ausgefochten hatten. Ich entsinne mich noch eines Herrn, der bei einem Spaziergang in dieser Zeit ihm unentwegt mit der Leichenbittermiene des Tiefgründigen folgte, und wie er sich plötzlich umdrehte und den Betreffenden freundlich lächelnd fragte: „Was machen Sie nur dauernd für ein Gesicht!" Er wollte frohe, aufgeschlossene, freudige Menschen um sich haben, die im rechten Moment ernst, aber auch heiter und lebensnah waren, und er hat oft mit Humor den Ausspruch eines italienischen Mitgliedes, der Principessa d'Antuni, zitiert, die in ihrer originellen Ausdrucksweise voller Grausen von den Menschen sprach, die immer „ein Gesicht bis ans Bauch" machen. Es sei all dies nur erwähnt, um auch an kleinen Beispielen zu zeigen, welche Ausgeglichenheit von Ernst und Heiterkeit in der Atmosphäre dieses großen Menschen immer gegenwärtig war.

Rudolf Steiner hatte eine außergewöhnliche Fähigkeit, in den allzu wenigen Stunden, die der Tag für die zahllosen Anforderungen zur Verfügung stellte, eine Fülle von Arbeit konzentriert und rasch zu erledigen. Wenn ich morgens mit der Korrespondenzmappe in sein Atelier trat, hatte er meist schon eine Reihe von Besuchern empfangen oder war mitten im Verfassen eines Aufsatzes, oder er schnitzte gerade an der in diesem Arbeitsraum aufgerichteten Holz-

statue, modellierte oder malte, hatte Besprechungen oder schrieb. Inmitten solcher anderer Aufgaben war er sofort auf die Inhalte der
nun zu erledigenden Korrespondenz konzentriert, ging medias in res
und gab in rascher, eindeutig klarer Art seine Antworten, Stichworte
und Aufträge. Wer schon anderwärts Gelegenheit gehabt hatte, in
großen Organisationen dem Leiter Vortrag zu halten, dem war es
eine besondere Freude, seine Art des Schaffens zu erleben, jene ein-
zigartige Harmonie von umfassender Orientiertheit im Großen und
in allen Einzelheiten, von gütig-menschlichem Verständnis und ein-
deutiger Präzision in der Erteilung der Richtlinien zur Arbeit. Manchen, der z. B. die Biographie Goethes studiert, wird es vielleicht ge-
wundert haben, daß er, der Dichterfürst, sich zugleich als Minister
um Verwaltungsangelegenheiten, ja um Bergbau, Flußregulierungen
und Wegebauten, Rekrutenkleidung und Ökonomie oder noch spe-
ziellere Details seines Ressorts bekümmerte. Bei Rudolf Steiner war
dieses Interesse für jeden Menschen und jede Einzelheit im Betrieb
aufs Vollkommenste zu beobachten. Er widmete sich ebenso den geistigen Richtlinien der Ganzheit wie auch den speziellsten Fragen der
täglichen Arbeit. Er schuf das Modell für den neuen Bau, aber interessierte sich durchaus auch z. B. für die Frage, ob das Geschirr in
der Speisekantine in Dornach eine schöne oder häßliche Form habe.
Er konnte einem Menschen in einem Augenblick die weittragendsten
Richtlinien für die geistige Arbeit geben und beim Herausgehen die
Mahnung aussprechen, in der Hitze nicht ohne Hut herumzulaufen
oder Einzelheiten in der Ordnung der Korrespondenz zu beachten.
Er schaute jeden Menschen als ein Ganzes so an, daß ihm nichts Großes und Kleines in dessen Innerem, aber auch nichts in dessen äuße-
rem Habitus und Tun entging. Diese Allgegenwärtigkeit der Be-
obachtungsgabe Rudolf Steiners war, weil sie sich niemals pedantisch, sondern immer in Großzügigkeit, Güte und Hilfsbereitschaft
äußerte, zugleich ein kräftiger Ansporn für jeden Menschen in seiner
Umgebung, sich selbst und den Dingen des Alltags aufmerksam,
liebevoll und wach gegenüberzustehen.

1924.

Nach der Begründung der landwirtschaftlichen Bewegung auf
Schloß Koberwitz im Juni 1924 begab sich Rudolf Steiner auf der
Rückreise noch nach Jena. Er hatte mich wiederum aufgefordert, ihn
auf dieser Reise zu begleiten, und es lebt mir noch intensiv in der
Erinnerung, wie er nun während der Fahrt zwischen Breslau und
Jena nach einer Zeit stillen Nachdenkens in Rückschau auf die ver-
gangene Tagung plötzlich mit starker, freudiger Betonung sagte:
„Nun haben wir auch dieses wichtige Werk geschafft". Selten habe
ich Rudolf Steiner nach einer vollbrachten Tat so freudig bewegt
und sichtbar beglückt erlebt, wie es in diesem Augenblick nach der
landwirtschaftlichen Tagung zum Ausdruck kam. Noch mehrmals
kam er während der Fahrt mit frohen Worten auf diese Tage zurück. In der Nähe von Jena besuchten wir am folgenden Tag, dem
18. Juni, das Heim für seelenpflegebedürftige Kinder auf dem Lauenstein, wo Rudolf Steiner im Zusammensein mit den Lehrkräften die
Richtlinien für die heilpädagogische Arbeit gab. Von Jena fuhren
wir nach Weimar hinüber, und hier war es, wo Rudolf Steiner in
einem Rundgang all die Stätten aufsuchte, die für ihn selbst so reich
waren an Erinnerungen aus der entscheidenden Weimarer Epoche
seines Lebens. Er zeigte mir das Haus, wo er in jener Zeit gewohnt
hatte, blieb auf einem Platz plötzlich vor einem Hause stehen und
blickte lange schweigend zu den Fenstern im ersten Stock hinauf.
Dann sagte er, hier habe eine Persönlichkeit gewohnt, die er sehr verehrt habe, und sprach in fühlbarer innerer Bewegung von seinen Erlebnissen und Schicksalen in jener Zeit. Er führte mich auch zu dem
Café, wo er damals oft mit Künstlern, geistig regsamen Menschen
und so manchem Goethe-Enthusiasten Diskussionen geführt hatte.
Er blieb hier und da vor einem Haus oder einer Straßenkreuzung
stehen und erzählte aus der Erinnerung köstliche Anekdoten über
markante Persönlichkeiten der 80er und 90er Jahre. An diesem Tage
in Weimar war in dem Wesen Rudolf Steiners eine Stimmung der
Erfüllung, die von der Arbeit der letzten Tage getragen war, und
der Rückschau, welche die Atmosphäre von Weimar hervorzauberte.

Es waren nun gerade 35 Jahre vergangen, seit er im Jahre 1889 jene Orientierungsreise zum Goethe-Archiv nach Weimar angetreten hatte, die dann zu den schicksalsreichen sieben Jahren der Weimarer Arbeit an Goethes Naturwissenschaftlichen Schriften führte. Und diese Schicksale, Lebensschritte und Erlebnisse sind an jenem Tage in konzentriertester Erinnerung wieder erstanden beim Gang durch die vertrauten Stätten, nachdem 35 Jahre des Erdenwirkens nun erfüllt waren.

Ein kleines charakteristisches Erlebnis sei noch von diesem Weimarer Besuch berichtet, weil es nicht nur die Beziehungen zur Sphäre Goethes, sondern auch diejenige zum Werke Schillers herstellte. Beim Gang durch die Stadt blieb nämlich Rudolf Steiner plötzlich vor einer Litfaß-Säule stehen und wies auf ein Plakat, das die Aufführung eines Schillerschen Dramas an diesem Tage im Weimarer Landestheater ankündigte. Da ich nun einige Zeit vorher törichterweise irgendeine weniger begeisterte Bemerkung über manche Schillersche Dramen gemacht hatte, sagte er jetzt: „Das müssen wir uns doch ansehen". Nun wollte es der Zufall, daß dies eine nicht sehr vollkommene Spezialaufführung für die Mädchenpensionate Weimars war, und so ergab sich das eigenartige Bild im Theater — meines Erinnerns waren wir Beiden die einzigen anwesenden Männer —, die markante in Schwarz gekleidete Gestalt Rudolf Steiners in einem einheitlichen Meer weiß gekleideter junger Mädchen zu erleben, die hier im Sinne der landläufigen Erziehungssysteme mit Schillers Werk bekannt gemacht wurden. Trotz der nicht gerade erstklassigen Schauspielkunst, die sich nun darbot, beugte sich Rudolf Steiner doch mehrmals in der Loge zu mir herüber und sagte aufmunternd: „Es hat doch viele sehr gute Stellen darin!" Durch diese pädagogische Maßnahme gab er mir zugleich den weiteren Impuls, nachdem ich auf seinen Rat hin 1922 Deinhardts Werk „Beiträge zur Würdigung Schillers. Briefe über die ästhetische Erziehung des Menschen" neu herausgegeben hatte, nun auch, ungeachtet der durch die Schule einst verdorbenen Sympathien, die Beziehung zum Gesamtwerk Schillers wieder herzustellen. Es war dies ein charakteristisches Beispiel für die Art, wie Rudolf Steiner unvollständige und einseitige Urteile seiner Schüler liebevoll und zugleich wirksam berichtigte.

Von diesem stimmungs- und ereignisreichen Besuch in Weimar ging die Reise nach Stuttgart, wo noch spät am Abend gleich nach der Ankunft eine Sitzung Rudolf Steiners mit dem Lehrerkollegium der Waldorfschule stattfand. Als sein Begleiter sollte ich auch an dieser Besprechung teilnehmen, und es ist mir diese Nachtsitzung deshalb besonders stark im Gedächtnis haften geblieben, weil sich nach all den Anstrengungen der letzten Wochen, Tagungen, Reisen, ununterbrochenen Besprechungen, Besuch der Institute und Städte, bei mir eine natürliche Müdigkeit geltend machte, die erstaunlicherweise bei ihm, der ja so unendlich viel mehr geleistet hatte und im 63. Lebensjahre stand, nicht zu spüren war. Während ich in dieser Nachtsitzung mit dem Lehrerkollegium alle Kraft aufbringen mußte, um überhaupt die Augenlider offenzuhalten, war Rudolf Steiner, trotz seiner damals schon an ihm zehrenden Krankheit, von einer Wachheit und Energie, daß von den vorhergehenden Anstrengungen an ihm nichts zu bemerken war. Mit lebendigster Intensität und Konzentration leitete er die Sitzung, in der wiederum, wie so oft in den vergangenen Jahren, die Fragen der Lehrplangestaltung, die geistigen und praktischen Grundlagen der Schule durchgesprochen wurden und wobei er in der Aussprache über konkrete Erfahrungen und Sorgen der Lehrer sowohl Rat und Hilfe in jedem einzelnen schwierigen Fall als auch Grundsätzliches für die weitere Gestaltung der pädagogischen Arbeit gab.

Wenn dann eine solche Nachtsitzung nach vielen Stunden beendet war, geschah es in diesen Zeiten öfters, daß er unmittelbar nachher das Auto bestellte und wir noch in der Nacht von Stuttgart nach Dornach weiterfuhren. Rudolf Steiner hatte die Fähigkeit, auch im fahrenden Wagen — und die Straßen waren damals auf dieser Strecke alles andere als gut — für kurze Zeit zu ruhen und zu schlafen, und wenn wir dann im Morgengrauen in Dornach ankamen, konnte er sofort an die Arbeit gehen und den anstrengenden Tageslauf mit der typischen Dornacher Arbeitsfülle beginnen. Und noch am selben Abend bestieg er das Rednerpult in den Räumen der Schreinerei, stattete den ungeduldig harrenden Freunden Bericht ab über die soeben beendete Reise und schloß gleich den ersten Vortrag einer zusammenhängenden Vortragsreihe der nächsten Wochen an.

So manches Mal in diesen Jahren spielten sich diese Autofahrten von Stuttgart nach Dornach auch derart ab, daß er mich beispielsweise auf 12 Uhr mittags bestellte, mit dem Auto zur Abreise bereit zu sein. Aber der Strom der Besucher vor seinem Sprechzimmer in der Landhausstraße war um diese Zeit noch ständig im Wachsen; dann kam er freundlich lächelnd heraus, sagte: „Wir fahren erst nach dem Kaffee", und verschwand wieder zur nächsten Reihe von Sitzungen und Besprechungen. Dasselbe wiederholte sich dann noch mehrmals um 5 Uhr, 7 Uhr, 9 Uhr abends und erst, wenn wiederum die Nacht hereingebrochen war, bestieg er wirklich den Wagen und die nächtliche Fahrt nach Dornach begann.

*

In ihrem Werk „Der Sinn der Heiligen Schrift" spricht Ricarda Huch vom Schicksal der großen geistigen Führergestalten der Menschheit: „Jeder Berufene ist ein Opfer, das die Flamme verzehrt; aber während er verzehrt wird, erleuchtet und erwärmt er weithin die Welt." Dies war auch Schicksal und Tat Rudolf Steiners im 20. Jahrhundert. Die Opferflamme hat an ihm gezehrt in den Monaten, die ihm noch blieben bis zur Rückkehr in geistige Welten. Das Leiden band den physischen Körper an das Krankenlager vom September 1924 bis zu seinem Tode am 30. März 1925. Und die Opferflamme hat auch in dieser Leidenszeit erleuchtet und erwärmt.

Wo er seine Arbeitsstätte hatte, dort verblieb Rudolf Steiner nun auch in den Monaten, da er nicht mehr zu den Menschen gehen konnte. Er ist während der folgenden Zeit nicht mehr in seine Wohnung zurückgekehrt, sondern blieb bis zum Tode in seinem Atelier auf dem Hügel in Dornach, in dem schlichten, hohen Raume, wo er all die Jahrzehnte geschaffen und vielen Tausenden von Menschen Rat und Hilfe gegeben hatte. Sein Lager stand zu Füßen der Christus-Statue, an der er bis zuletzt gearbeitet hatte. Nun mußte es stiller werden in diesem Arbeitsraume. Nur wenige Menschen konnte er noch persönlich sprechen; die Stimme wurde leiser, das Hören zur Anstrengung der körperlichen Kräfte. Das Antlitz war schmaler geworden, das Leiden ließ die Formen des edlen Hauptes noch plastischer hervortreten, seine Augen sprachen von den Schmerzen, aber sie waren gütiger und leuchtender denn je. Und seine hohe geistige Kraft schuf in der Stille und Konzentration die Gaben, die von nun ab in geschriebenem Wort zu den Menschen kamen.

Wenn man das Atelier in diesen Wochen und Monaten betrat, so fand man Rudolf Steiner meist halb aufgerichtet auf seinem Lager lesend und schreibend. Er hat ununterbrochen weiter gearbeitet. Fast täglich verlangte er in dieser Zeit von mir zur altgewohnten 11 Uhr-Stunde die Vorlage der Korrespondenz, ließ sich die eingetroffenen Briefe vorlesen, diktierte die Antworten oder gab Richtlinien, Stichworte und Rat für Briefe, die in alle Welt gingen. Denn der Strom des Fragens und Ratholens der Umwelt riß nie ab. Und wenn ich versuchte, ihm zur Schonung so wenig wie möglich vorzulegen, so zogen seine Fragen das Vorenthaltene doch in die Diskussion, denn er lebte auch in der scheinbaren äußeren Trennung das Leben der Gesellschaft, der Freunde und Schüler aufs Intensivste mit.

Jede Woche erhielt Albert Steffen von ihm den im Bett mühsam und sorgfältig mit der Hand geschriebenen Beitrag zur Wochenschrift „Das Goetheanum", für die Rudolf Steiner damals das Werk „Mein Lebensgang" in fortlaufenden Aufsätzen erstmals niederschrieb. Bei diesen Besprechungen im Atelier ergaben sich immer neue Einblicke in das Wesen bedeutender Individualitäten, in Menschheitsaufgaben und Zeitereignisse. Mannigfaches in der Arbeitssphäre und insbesondere die persönliche Fürsorge und Pflege Rudolf Steiners lag in den Händen von Frau Dr. Ita Wegman, mit deren Rat und freundschaftlicher Hilfe er zutiefst vertraut war. — An die Gesamtheit seiner Schüler hat sich Rudolf Steiner in diesen Monaten jede Woche mit einem Brief „An die Mitglieder" gewandt, der im

Nachrichtenblatt versandt wurde. Darin führte er sie weiter und tiefer in das Wesen des Michaelischen ein. Diese allwöchentlichen Handschreiben an die Mitglieder gaben noch einmal ein konzentriertes Kompendium dessen, was er in den Jahrzehnten seiner Lehrtätigkeit dem Bewußtsein des heutigen Menschen nahe gebracht hatte, und zugleich die Handreichung für ein tapferes, selbständiges Weiterschreiten auf diesem Wege. Jedem dieser Aufsätze war am Schluß ein kurzer „Leitsatz" beigegeben, der es den Studierenden ermöglichte, sich in Konzentration und Meditation mit der geistigen Substanz dieser Erkenntnis zu verbinden und sie sich übend selbst zu erringen.

Neben diesen schöpferischen Arbeiten, die er Tag für Tag vom Krankenlager aus vollbrachte, hat Rudolf Steiner in diesen Monaten, wie von jeher, außerordentlich viel gelesen und sich ständig über die neu herauskommende Literatur auf wissenschaftlichen, künstlerischen, historischen und allen sonstigen Arbeitsgebieten orientiert. Da er nun nicht mehr die Buchhandlungen und schätzereichen Antiquariate selbst aufsuchen konnte, ward mir die schwierige Aufgabe zugeteilt, ihm ständig die etwa für seine Interessen in Betracht kommenden Bücher auszuwählen und zu beschaffen. Dies war eine spannende, erlebnisreiche Arbeit, denn es war ja schwer zu erahnen, was er bereits kannte, was ihn etwa interessieren würde oder nicht, was ihm wesentlich oder unwesentlich war. So suchte ich alle paar Tage die Buchhandlungen in Basel, manchesmal aber auch die in anderen Städten ab nach Büchern, die eventuell für seine Lektüre in Betracht kommen könnten. Wenn ich nun jeweils mit einem großen Stapel auf Ansicht ausgewählter Bücher an sein Krankenbett trat, dann war es immer ein spannender Augenblick, wenn er bedächtig Buch für Buch entgegennahm, Titel und Autor betrachtete, einige Seiten aufschlug und seine Auswahl traf. Die Bücher, die er behalten und lesen wollte, stapelte er jeweils auf dem rechten, die nicht interessierenden auf dem linken Bettrand auf. Ich war natürlich stolz, wenn möglichst viele Bücher auf die rechte Seite zu liegen kamen, weil dies das Zeichen war, daß die Auswahl mehrheitlich richtig war. Und mußte gleich wieder auf die Suche gehen, wenn der linke Stapel den rechten überwog. Es war auch sehr lehrreich, dabei zu erleben, was er in der Sturzflut von Neuerscheinungen der Weltliteratur für interessant und wesentlich hielt oder nicht, wobei er oft durch einige Worte Autor und Thema der Bücher charakterisierte und in größere Zusammenhänge einordnete. Wann er den mächtigen Stapel von Büchern, der am rechten Bettrand liegen blieb, dann neben all der übrigen Arbeit und trotz der Krankheit studiert hat, ist rätselhaft, aber aus gelegentlichen Bemerkungen beim nächsten Bücherrapport ging doch hervor, daß er sich seither mit den Inhalten gründlich befaßt hatte.

Als ein Zeichen der herzlichen Verbundenheit mit den Schicksalen der Menschen um ihn sei erwähnt, daß er auch auf dem Krankenlager nicht vergaß, durch ein Schreiben an die Freunde daran mitzuwirken, den 40. Geburtstag Albert Steffens am 10. Dezember 1924 würdig zu feiern. So schrieb er am Vortage einen Appell, der am schwarzen Brett der Schreinerei angeheftet wurde und worin Rudolf Steiner dem, was ihn bewegte, mit den Worten Ausdruck verlieh:

„An unsere Freunde am Goetheanum,

Freunde wünschen, am Mittwoch, 10. Dezember, zu Ehren von Albert Steffens 40. Geburtstag sich am Goetheanum zu versammeln. Ich kann nicht persönlich bei der Versammlung sein; aber ich werde im Geiste voll anwesend sein, denn mein Herz ist in bewundernder Anerkennung bei Steffens Lebenswerk; und es ist voll warmer Geistesfreude davon erfüllt, daß wir ihn den Unsern nennen dürfen."

In jenem Dezember 1924 war noch ein weiteres Aufbauwerk für die Zukunft sicherzustellen, die Errichtung des zweiten Goetheanum-Baues. Schon wuchsen auf dem Hügel von Dornach die Gerüste, Fundamente und Mauern des gewaltigen Baues nach dem Modell Rudolf Steiners in die gestaltende Form hinein, und immer wieder rief er die Mitschaffenden in dieser geistigen Bewegung zum Bewußtsein von der Bedeutung des Goetheanums und zu seiner tatkräftigen Verwirklichung auf. So schrieb er in einem Brief vom 30. Dezember 1924 die folgenden Worte zur Erinnerung, Mahnung und ehernen Beständigkeit:

„Ein Jahr lang trug ich in meinem Kopfe den Baugedanken des neuen Goetheanums mit mir herum. Die Umsetzung dieses Gedankens aus dem Holz, aus dem das erste Goetheanum gebaut war, in das künstlerisch spröde Betonmaterial war nicht leicht. Da ging ich zu Beginn dieses Jahres an die Ausarbeitung des Modells. . . . Ich habe seit vielen Jahren in meinen anthroposophischen Schriften und Vorträgen zur Geltung gebracht, daß Anthroposophie nicht nur theoretische Weltanschauung ist, sondern daß aus ihrem Wesen sich ein besonderer Kunststil ergibt. Und weil das so ist, muß ein Bau für die Anthroposophie ganz aus dieser selbst herauswachsen. . . . Ich bitte Sie, mir zu glauben, daß dies aus einer eisernen Notwendigkeit geschieht."

Dieses schöpferische Vollziehen des aus geistiger Gesetzmäßigkeit als richtig und notwendig Erkannten, aus der Anthroposophie den Bau zu errichten, wo Wissenschaft, Kunst und Religion sich zu einer neuen, geistgegründeten Einheit verbinden, hatte seinem Schaffen von Anbeginn innegewohnt. Er hat die Menschen im Geiste Michaels, des Zeitgeistes, aufgerufen, diesem Auftrag treu zu sein, das Werk weiterzuführen, das er in Raum und Zeit, in die Evolution hineinstellte. Nun rief er erneut das Bewußtsein aller Verantwortlichen zu Erkenntnis und Wollen in diesem Geiste auf und sicherte ihm die Wirkensstätte für die kommende Zeit.

1925.

Als der letzte Atemzug kam, schloß er selbst die Augen, aber dies erfüllte den Raum nicht mit dem Erlebnis eines Endes, sondern eines höchsten geistigen Tuns.

Die schreitende, in Weltenweiten weisende Gestalt der Christusstatue, die er selbst geschaffen hatte und zu deren Füßen er nun lag, sprach für das Auge der auf Erden Zurückbleibenden aus, was hier im Geiste eines großen Menschen geschah, der der Verkündigung des Christus-Wesens sein Leben geweiht hatte. Auch im Sterben hat Rudolf Steiner die Menschen beschenkt, mit der höchsten Gabe der

Tröstung, der Gewißheit, daß der Tod ein waches Eintreten ist in Welten geistigen Lebens und Tuns.

Was Rudolf Steiner der Menschheit in diesem Erdenleben schenkte, war nicht nur eine Lehre, die man annehmen oder ablehnen kann, oder nur ein Werk, das man aufbauen oder zerstören kann. Lehren und Werke sind von jeher dem Schicksal unterworfen gewesen, das ihnen ihre Zeitgenossen bereiteten. Doch Rudolf Steiner vollzog durch seinen Lebensgang die *Tat,* das Geistwesen „Anthroposophie" aus geistigen Welten zu empfangen und der Erdensphäre einzuverleiben. Ein solches Geistwesen, das nun der Erdensphäre innewohnt, kann von den Gegenmächten nicht dadurch überwunden werden, daß die eine oder andere seiner irdischen Ausdrucksformen vernichtet wird, es verliert nicht sein Dasein, weil etwa ein blindes Jahrzehnt es nicht sehen will, es stirbt nicht, selbst wenn ihm ein Teil der Erdenmenschen keine Aufnahme bereiten, Werk- und Wohnstatt versagen oder zerstören sollte. Denn es ist von übersinnlicher Wesenheit und als solches baut es sich seinen Erdenleib stetig von neuem.

Aus: Günther Wachsmuth, Rudolf Steiners Erdenleben und Wirken, Philos.-Anthropos. Verlag, Dornach 1951.

F. W. ZEYLMANS VAN EMMICHOVEN

Rudolf Steiner in Holland

Obwohl ich Rudolf Steiners Namen schon früher einige Male gehört hatte, bedurfte es noch einer Kette von Fügungen, bis ich mit ihm und der Anthroposophie in nähere Verbindung kam. Dies geschah in folgender Weise.

Von meinen Schulzeiten an hatte ich immer großes Interesse für moderne Malerei gehabt; ich führte als Realschüler meine Klassenkameraden durch Museen, war ein Verfechter von Cézanne, van Gogh und Gauguin. Vor allem die Farben interessierten mich und das Neue, das durch sie sprechen wollte. So wurde ich 1916 mit der Malerin Jacoba van Heemskerck bekannt, die der „Sturm"-Bewegung angehörte, — Franz Marc, Kokoschka und Kandinsky zählten unter anderen dazu —, und lernte in der großen Ausstellung in Den Haag nicht nur die Bilder der Malerin, sondern auch ihre Freundin kennen, Marie Tak van Poortvliet, die späterhin ihre Güter in Walcheren und Nord-Brabant ganz auf die von Dr. Steiner angegebene biologisch-dynamische Wirtschaftsweise einstellte. Von diesen beiden Damen bekam ich viele anthroposophische Bücher, die ich sämtlich las. Damals hatte ich die Anschauung: es gebe in der Welt eine kleine Anzahl bedeutender Persönlichkeiten, die im Laufe der Jahrhunderte auftauchten. Buddha und andere Führergestalten mochten dazugehören und nun wohl auch Rudolf Steiner; so dachte ich mir. Sie alle haben Aspekte der „ewigen Wahrheit" zu offenbaren. Aber mir lag der Gedanke ferne, mit einer dieser Persönlichkeiten im besonderen etwas zu tun zu haben.

Nun war ich in den Jahren 1917 und 1918 während meines medizinischen Studiums öfter bei den Freundinnen auf Walcheren zu Gast und wir besprachen Fragen der modernen Malerei, so vor allem, daß die Farben neuerdings ohne Gebundenheit an die Gegenstände gebraucht werden. Wie wirken überhaupt die Farben auf die menschliche Seele? Wir machten Versuche mit Schulkindern, und ich untersuchte, wie der Puls bei den verschiedenen Farb-Eindrücken reagierte, und dergleichen mehr.

Der Weltkrieg war zu Ende und nach Walcheren kamen deutsche Sommergäste, darunter Bekannte von Jacoba van Heemskerck: Professor Spalteholz, der Autor eines allgemein bekannten anatomischen Atlas', mit seiner Frau. Spalteholz meinte, in Leipzig seien wegen der Laboratorien von Prof. Wundt die besten Bedingungen für derartige Farbexperimente; so kam es, daß ich im Juni 1920 nach Leipzig ging. Vormittags arbeitete ich in der Nervenklinik von Prof. Flechsig, nachmittags stellte ich im Wundt'schen Laboratorium Versuche an. Wenn mir Zeit blieb, konnte ich immer bei Spalteholtz in der Mozartstraße erscheinen, wo es Musikabende gab, zu denen auch manche „Thomaner" erschienen.

Nun hatte Marie Tak mir für die Leiterin des Anthroposophischen Zweiges in Leipzig Grüße aufgetragen, die ich dann auch ausrichtete. Als ich dieser Dame erzählte, daß ich wegen Farbversuchen in Leipzig sei, meinte sie, ob ich nicht Willy Stokars Kurs über Farbenlehre anhören wolle? Das war ein junger Schweizer, der gerade in Leipzig studierte. Ich ging in seinen Kurs, fand aber alles, was er vorbrachte, grundfalsch und machte leider dem Vortragenden das Leben so schwer, daß er mir eines Tages verzweifelt sagte, wenn ich so weitermache, würde ich seinen ganzen Kurs ruinieren. Er hatte recht. Ich ging also zur Universitätsbibliothek und verlangte Goethes naturwissenschaftliche Schriften, fing mit der Einleitung Rudolf Steiners an und siehe da: plötzlich fuhr ein ganzes Bündel von Lichtstrahlen vom Himmel herunter und durch mich hindurch, als ich nämlich Rudolf Steiners Satz las: „Und somit ist das sinnenfällige Weltbild eine Summe der sich metamorphosierenden Wahrnehmungen ohne eine zugrundeliegende Materie." Dieser Satz hatte es mir angetan. Er ergriff mich so tief, daß ich auf meinem täglichen Weg von der Brockhausstraße durch den Park die Farben der Natur betrachtend, immer diesen einen Satz vor mir hatte; eine ganze Welt ging mir auf von der Farbe als einem lebendigen Wesen.

Vom Herbst an hatte ich dann viele wertvolle Gespräche mit Willy Stokar. Und als ich hörte, es habe im März ein medizinischer Kurs von Rudolf Steiner stattgefunden, — bis dahin wußte ich nicht, daß es so etwas gab —, und daß Prof. Römer, der in Leipzig die Professur für Zahnheilkunde innehatte, mit noch einigen anderen Mitgliedern der Anthroposophischen Gesellschaft diesen durcharbeiten werde, ging ich zu der Zweigleiterin und sagte ihr, daß ich in die Gesellschaft eintreten wolle. — „Warum?" fragte sie. — „Weil ich bei dieser Arbeit mitmachen möchte." — „Das ist ausgeschlossen. Was wissen Sie denn davon?" — „Sehr wenig, aber gerade deshalb will ich es studieren." — Die Zweigleiterin wollte es sich überlegen, weil ich doch, wie sie sagte, ein anständiger Mensch sei; in der nächsten Woche solle ich wiederkommen. Als ich jedoch wie verabredet kam, hatte sie die Schneiderin im Haus und öffnete die Tür nur einen Spalt breit. „Wer ist da?" fragte sie. — „Zeylmans". — „Was wollen Sie?" — „Ich möchte Mitglied werden." — „Ich habe nichts dagegen", erwiderte sie, und so bin ich durch einen Türspalt Mitglied geworden.

Im Dezember 1920 fuhr ich nach Dornach. Mein Verhältnis zur Anthroposophie war inzwischen so geworden, daß ich den intensiven Wunsch hatte, Rudolf Steiner zu begegnen. Es wurde das entscheidende Ereignis. Im einzelnen ging es so vor sich, daß ich am 17. Dezember abends mit meiner Braut, die in Dornach Eurythmie studierte, in der Schreinerei saß. Wir genossen das Glück des Wiedersehens und erwarteten Rudolf Steiners Vortrag. Draußen war es bitterkalt; Dornach lag im Schnee. Plötzlich ging der blaue Vorhang neben der Bühne auf, und Rudolf Steiner, den ich aus Bildern kannte, ging zum Rednerpult. In diesem Augenblick hatte ich das unmittelbare Erlebnis des Wiedererkennens. Das ging so weit, daß gleichzeitig eine ganze Reihe von Bildern auftauchte, unbestimmt auf frühere Situationen hindeutend, als sähe ich ihn als meinen Lehrer durch die Jahrtausende. Es war das mächtigste Erlebnis, das ich in meinem ganzen Leben gehabt habe. Lange saß ich wie geistesabwesend da und bemerkte erst später, daß sein Vortrag bereits begonnen hatte, — der erste der drei Vorträge, die später unter dem Titel „Die Brücke zwischen der Weltgeistigkeit und dem physischen Menschen" gedruckt wurden, und auf die er selbst hinwies, als einige Jungmediziner ihn fragten, was er ihnen zur Vorbereitung empfehle.

Als ich aus dem vorhin geschilderten Zustand wieder aufwachte und Rudolf Steiner da oben auf dem Pult stehen sah, hatte ich die ganz merkwürdige Empfindung: daß ich zum ersten Mal einen Menschen sah! Es ist nicht leicht, diesen Eindruck zu umschreiben. Ich war vielen bekannten und berühmten Menschen begegnet, Professoren und bedeutenden Künstlern, hatte immer in Kreisen verkehrt, wo manches vor sich ging, — es war keine Philisterexistenz gewesen. Nun aber wurde mir deutlich: so ist der Mensch gemeint! Ich fing an, mich selbst zu fragen: was soll das heißen, du hast doch schon viele Menschen gesehen, — was also soll das bedeuten? Da mußte ich mir erstens sagen, es ist die ganze Haltung, wie er da steht; so steht man, wenn man wie ein Baum ist, der ganz frei zwischen Himmel und Erde wächst. Das hing nicht nur zusammen mit seiner geraden, aufrechten Gestalt, sondern vor allem mit seiner Kopfhaltung, — er schwebte zwischen Himmel und Erde. Das zweite war etwas, das mich tief ergriff: die Stimme, diese schöne, mächtige Stimme, die ich so erlebte: da werden Worte geboren, und sie bestehen weiter, auch wenn sie aus seinem Mund hervorgekommen sind. Und das dritte waren die Gedanken. Die kann ich nicht immer verstehen, mußte ich mir sagen, aber sie sind nicht nur zum Verstehen da, sie haben noch eine ganz andere Bedeutung. Wenn man vor den Professoren saß, handelte es sich immer darum, ob man alles verstand. Hier war es nicht das Wesentliche, ob ich „verstand", es ging noch um anderes. Heute könnte ich von „Ideen" und „keimhaften Wirkungen" sprechen, aber das tat ich damals nicht. Nur daß es um andere Wirkungen ging, wußte ich.

Als der Vortrag zu Ende war, sagte meine Braut, jetzt werde sie mich mit Rudolf Steiner bekannt machen; denn das habe er gern, er wolle junge Menschen kennen lernen. Daran hatte ich nicht gedacht, aber wenn es so Sitte war, sollte es geschehen. Ich ging mit ihr nach vorne und wurde vorgestellt. Da sagte er: „Ich habe Sie schon lange hier erwartet." — Ich dachte, er meine, ich sei schon länger in Dornach. „Aber, Herr Doktor, ich bin erst heute am späten Nachmittag angekommen." — Darauf lächelte er fröhlich: „Das ist es gar nicht, was ich meine." — Da ich nun schon vorgestellt war, wollte ich auch bestimmte Fragen stellen, die mir in Leipzig bei meinen Farbversuchen gekommen waren, und ich bat, ihn einmal sprechen zu dürfen. „Bitte kommen Sie morgen um 3 Uhr in mein Atelier", sagte er.

Am nächsten Tag kam ich pünktlich in den Vorraum des Ateliers, wo eine Frau an einer Holzplastik schnitzte. Sie fragte nicht sehr freundlich, was ich wolle? — „Ich habe eine Verabredung mit Dr. Steiner." — „Herr Dr. Steiner empfängt heute nicht." — „Aber bitte, er hat es gesagt." — „Nein, er empfängt heute niemanden." — Das ging mir doch zu weit. „Bitte wollen Sie die Güte haben, mich ihm zu melden." — Bevor eine neue Ablehnung kam, öffnete sich die Tür, und heraus trat eine Dame, die sich als Holländerin erwies und sagte: „Kommen Sie doch herein, der Herr Doktor wartet auf Sie." So ging ich also hinein. Dr. Steiner saß bei einem rotglühenden Ofen, und da war ein leerer Stuhl, der genau so dicht am Ofen stand wie der seine. Glücklicherweise liebe ich die Wärme auch und fühlte mich also sehr wohl.

Meine Frage bezog sich nun auf folgendes. Ich hatte bei meinen Versuchen herausgefunden, daß die sogenannten aktiven oder warmen Farben das Willensmäßige im Menschen aufrufen, die passiven oder kalten Farben dagegen eine psychische Verlangsamung bewirken. Wenn ich die Versuchspersonen sich äußern ließ, sie fragte, was sie dabei erlebten, war es tatsächlich so, daß nach dem Anblick akti-

ver Farben Ausdrücke gebraucht wurden, die der Willens- oder Lei-
denschaftssphäre entstammten; während sie nach Eindrücken der
blau-violetten Seite mehr aus dem Gedanklichen, Beschaulichen oder
Mystischen kamen. Das Grün lag in der Mitte und ergab neutrale
Gefühlsqualitäten, reine Lust- und Unlust-Nuancen; beim Purpur,
das auf der andern Seite in der Mitte des Spektrums lag, auch in
einem Nullpunkt, ergab sich eine Art synthetischer Steigerung, es
kamen alle Qualitäten von rechts und links zusammen. Das Grün
war ein Nullpunkt, weil sich hier die Gefühle im Gleichgewicht befanden; das Purpur, weil höchste Willensaktivität der höchsten Steigerung von Denk- und Betrachtungsqualitäten die Waage hielt. Dieses hatte ich experimentell herausgefunden, aber manches war mir
noch unklar; besonders hatte ich noch eine Reihe von Fragen, die sich
auf das Purpur bezogen.

„Haben Sie das alles wirklich gefunden?" sagte Dr. Steiner mit
einem Lächeln. — „Ja, Herr Doktor, das ist bei den Versuchen her-
ausgekommen." — „Dann haben Sie Glück gehabt. Das hätten Sie
nach der Art, wie Sie experimentieren, eigentlich gar nicht finden
sollen. Denn" — er nahm Block und Bleistift — „sehen Sie, das
ist mit den Farben so: das Spektrum mit den sieben Farben ist nur
ein Teil des ganzen Spektrums, nur das, was im Sonnenspektrum
sichtbar wird. Um das ganze Spektrum zu verstehen, muß man einen
Kreis ziehen und dann sind hier die sieben Farben vom Sonnenspektrum und auf der anderen Seite die fünf Purpurfarben. Und von
diesen zwölf hätten Sie eigentlich ausgehen sollen." — Dann sagte er
weiter: „Diese sieben Farben, die sieht man, weil da der Astralleib
sozusagen in den Farben schwimmt. Das Purpur aber ist so zart, daß
es draußen in der Natur kaum in Erscheinung tritt; aber da lebt das
Ich im Aetherischen. Purpur ist nämlich die Farbe des Aetherischen."

Er erklärte das alles ganz ruhig, riß das Blatt ab und legte es mir
auf die Knie; es war ganz grob ein Kreis gezeichnet, um ihn herum
hatte er auf der einen Seite die sieben Farben mit Buchstaben vermerkt, auf der anderen Seite die Purpurfarben.

Ich saß wie verzaubert da und fand es unglaublich, daß man so über die Farben sprechen könne; damit waren alle Fragen, die ich gar nicht stellen konnte, die ich aber unbewußt das letzte halbe Jahr in mir getragen hatte, beantwortet. Darauf sagte Dr. Steiner ganz unvermittelt: „Sie sind doch Arzt, nicht wahr? Was die Ärzte heutzutage nicht kennen, was sie aber verstehen sollten, das ist das Gesetz der Umstülpung." Er machte die Gebärde des umgedrehten Handschuhs, den man im Abziehen umstülpt, so daß, was erst nach innen gerichtet war, sich jetzt nach außen kehrt; was erst nach einem Mittelpunkt hintendierte, wird durch die Umstülpung auf das Weltall hinorientiert. „Erst wenn man das versteht, versteht man die menschlichen Organe in ihrer Beziehung zum Weltall. Darauf soll man besonders beim Rückenmark und beim Gehirn achten ... Goethe hat das vermutet, aber er hat es nicht ganz verstanden."

Es wurden noch einige andere Beispiele von Organ-Metamorphosen gegeben, dann stand ich auf, um mich zu verabschieden und sah erst jetzt, daß ich die ganze Zeit mit dem Rücken zur Christusstatue hin gesessen hatte. Ich fand die Statue nach meiner ganzen künstlerischen Vorbildung eigentlich nicht schön, aber sie ergriff mich doch, und er sah, was ich empfand. „Ja, das ist der Christus, so hat mein geistiges Auge ihn in Palästina geschaut", sagte er. Ich blieb eine zeitlang stehen, er wartete ruhig ab. Und dann fuhr er fort: „Aber es ist sehr schwer, das alles herauszuarbeiten, was nun eigentlich notwendig wäre." Er wies auf das Gewand hin. „Wenn es richtig dargestellt werden könnte, sollte es nur strömende Liebe sein." — Er nahm Rundeisen und Hammer, die da lagen. — „Da habe ich eine eigene Technik finden müssen, sehen Sie, so ... Man muß immer darauf achten, daß die linke Hand in drehender Bewegung ist, während die rechte den Hammer hält." Er tat einige Schläge, während ich sprachlos dabeistand, und dann verabschiedeten wir uns. Später erst begriff ich, daß er mich gerade damit in gewisse Gesetze des Aetherischen einführen wollte, in die Bewegungen, die man als Arzt kennen lernen sollte.

Bei diesem Gespräch hatte ich zu meinem Erstaunen die größte innere Freiheit erlebt, die ich je einem Menschen gegenüber empfun-

den habe. Und dabei stellte man sich doch vor, man komme zu Rudolf Steiner, dem großen Eingeweihten, der schaue durch einen hindurch, man stehe vollkommen durchsichtig vor ihm, — und erwartete eine große Befangenheit. Zu meinem Erstaunen war es genau
umgekehrt: ich fühlte mich freier als je, wie aufgenommen in eine
andere Welt, in der nur das Wesentliche zählt; in der das, was man
sonst für wesentlich hält, als unwesentlich wegfällt. Das ergab ein
wunderbares Empfinden, ein Gefühl von Glück und Freiheit. Daß
man räumlich nebeneinander, nicht sich gegenüber saß, und er einen
nicht die ganze Zeit ansah, unterstützte das Gefühl der Freiheit. Er
sah eigentlich fast immer vor sich hin, nur ganz plötzlich bei entscheidenden Momenten drehte er sich um, und dann kam einem die
ganze Sonnenkraft der Augen entgegen. Es gab Augenblicke, wo er,
ohne sich unhöflich zu zeigen, doch innerlich nicht hörte, wenn ich
etwas erzählen wollte, sondern offenbar hinhörte auf etwas anderes
in meiner Seele.

*

Als ich Ostern 1921 wieder nach Dornach kam, enthüllte mir das
Goetheanum in seiner Blütenumgebung deutlicher als vor drei Monaten, daß es nach den Gesetzen des Pflanzlichen, des Lebendigen, gestaltet war; ich empfand es als ein Lebewesen, dem ich mich von da
an verbunden fühlte und versuchte nun zu verstehen, wieso ein solches Riesengebäude so organisch-lebendig wirken konnte. Als ich es
das erste Mal sah, fühlte ich nur, daß etwas Besonderes hier wirkte,
konnte es aber nicht fassen; jetzt wurde es Erlebnis. Mir gingen die
Formen in ihren Metamorphosen auf, ich verstand, warum hier wiederum Säulen standen, die doch in der modernen Architektur keine
eigentliche Rolle mehr spielen, und empfand sie als das Ichhafte in
diesen sich metamorphosierenden Formen. Das farbige Licht der
Glasfenster paßte so wunderbar in die Frühlingsnatur hinein.

Sehr eindrucksvoll war auch das Sprechen Rudolf Steiners im
großen Goetheanum-Saal, — ich hörte ihn hier zum ersten Mal, denn
in der Weihnachtszeit hatte er im Vortragssaal der Schreinerei, jenes

Holzgebäudes, das dem Aufbau des Goetheanums diente, gesprochen. Es war, als ob seine Stimme sich erst hier ganz entfalten könne. Seine Worte blieben im Raum stehen und existierten weiter. In einem der Vorträge — er hatte in dem gleichzeitig stattfindenden zweiten Mediziner-Kurs davon gesprochen, aber jetzt geschah es vor der allgemeinen Zuhörerschaft —, führte er aus, wie die Naturwissenschaft zur Geisteswissenschaft weiterentwickelt werden müsse, und daß man nicht magisch wirken dürfe. In einem Zwischensatz rief er aus: „O, man könnte es schon!" Da stand er plötzlich, scheinbar übergroß, wie ein Magier, mit ausgestreckten Armen. Es war ein tief bewegender Augenblick, weil man spontan die strenge Geradlinigkeit erlebte, die er seiner Lebensbahn vorgezeichnet hatte.

Dieser zweite Ärztekurs war, wie auch der erste, ganz auf Fragen aufgebaut. Er fand im „Glashaus" statt, und beim ersten Vortrag kamen einige um Minuten zu spät. „Pünktlichkeit ist eine Zier, doch später kommt man ohne ihr", bemerkte Rudolf Steiner, worauf von da ab zur angegebenen Minute niemand mehr fehlte. Das Gebotene bedeutete ein schweres Ringen. Würde man überhaupt fähig sein, es in Zusammenhang zu bringen mit dem, was man aus der Studienzeit wußte, und was man zu denken gewohnt war nach sieben- bis achtjähriger Studienzeit? Andererseits verstärkte sich bei jedem Satz das Gefühl, daß eine Tür sich öffnete in eine unbekannte Welt.

Damals hatte ich mit Dr. Steiner auch einige Gespräche über Patienten, z. T. aus meiner eigenen Praxis, denn ich hatte inzwischen eine Stelle als leitender Abteilungsarzt in einer Irrenanstalt in der Nähe von Rotterdam angenommen. Meine Fragen beruhten auf der Hoffnung, daß man von jetzt an alle Kranken werde heilen können. Doch Rudolf Steiner erklärte mir an bestimmten Fällen, wie es im Schicksal begründet sein könne, daß nichts mehr zu erreichen sei; trotzdem bekam ich in jedem Fall einen Rat in bezug auf Heilmittel, was mich sehr überraschte, denn in der herkömmlichen Medizin gibt es diese Einstellung nicht: daß man versucht zu heilen, auch wenn nichts erreicht werden kann.

Im Frühjahr 1921 machte Rudolf Steiner eine große Tournee

durch Holland, sprach im Haag über Dreigliederung und Pädagogik, und betonte in der Öffentlichkeit die Notwendigkeit eines Weltschulvereins zur Förderung eines freien Schulwesens. Es schmerzte ihn sehr, daß ein Professor von der Technischen Hochschule, der den Gedanken hätte aufgreifen können, es nicht tat. Es hätte eine großartige Manifestation des freien Geisteslebens über die freie Welt hin sein können, etwas, was hätte neutral und vom politischen Geschehen unabhängig bleiben können.

Zu Ostern 1922 fand dann im Haag ein Hochschulkurs statt. Rudolf Steiner hielt eine Reihe sehr eindrucksvoller Abendvorträge, und ich hatte mehrmals Gelegenheit, mit ihm zu sprechen, meist über medizinische Fragen. Damals wünschte er von den Ärzten, daß sie ein medizinisches Vademecum herausbrächten, ein direkt ins Praktische gehendes Handbuch; das tiefste Esoterische und die handgreiflichste Praxis standen bei ihm immer im Gleichgewicht. So war es auch, als er einmal zu mir sagte, wenn das Biodoron, — das Mittel der „Weleda" gegen Migräne —, geschickt vertrieben würde, könnte man allein davon das Goetheanum finanzieren. In bezug auf das Vademecum fragte einer von uns, wann der letzte Termin sei, zu dem es erscheinen sollte. Er entgegnete: „Letzter Termin? Juni 1921!" (Wir schrieben bereits April 1922!).

In diesem Frühling hatte ich mit einem Freund die Möglichkeit besprochen, eine Klinik zu begründen. Nun bat ich Dr. Steiner um seine Ansicht und brachte dabei vor, daß ich eigentlich zu jung sei und zu wenig von Anthroposophie wisse. Er beruhigte mich: „Daß Sie jung sind, macht gar nichts aus, denn jeden Tag werden Sie einen Tag älter. Und daß Sie von Anthroposophie noch wenig wissen, macht auch nichts, denn Sie werden jeden Tag mehr verstehen." Dann wurde er aber doch ganz ernst und verwies mich an Frau Dr. Wegman: „denn sie hat den richtigen Mut des Heilens".

Im November 1922 hielt er neuerdings Vorträge in Holland, die ziemlich schlecht besucht waren; besonders in Rotterdam kamen so wenig Menschen, daß wir ganz deprimiert waren. Aber er selbst dachte anders darüber, denn im Gespräch mit Freunden bemerkte er:

„In Rotterdam war eine sehr schöne Zuhörerschaft." Man hatte den Eindruck, er sah bestimmte Seelen, die ihm wertvoll waren, und ob im Saal mehr oder weniger Menschen saßen, war ihm nicht so wichtig.

Noch immer war ich Arzt in jener Irrenanstalt auf einer der Inseln in Süd-Holland; im Innern froh und befriedigt darüber, daß ich die Linie Goetheanismus - Anthroposophie und Rudolf Steiner wie aus alter Vergangenheit als meinen Lehrer gefunden hatte. Nun aber taten sich einige ältere Anthroposophen zusammen, die fanden, die Arbeit gehe schlecht voran, es müsse sich ein Kreis bilden, der sich geistig verantwortlich fühle, und dieser solle sich Dr. Steiner zur Verfügung stellen. Ich wurde aufgefordert dabei zu sein, obwohl ich geltend machte, daß ich in der Problematik der Gesellschaft nicht zuhause sei; ich begrüßte jedoch die Gelegenheit, mit Rudolf Steiner zusammenzutreffen. Das Festlich-Freudige stellte sich bei jeder Begegnung ein, ob ich über einen Krankheitsfall oder anderes mit ihm sprechen durfte, ob die Unterredung eine halbe Stunde oder nur zwei Minuten währte, — was sicherlich auch andere empfunden haben.

Was dann bei der Zusammenkunft von einem der Teilnehmer mit bestem Willen vorgebracht wurde, schien Rudolf Steiner garnicht zu gefallen. Er saß da, hörte ruhig zu, wippte ein wenig mit dem Fuß. Ich wartete in größter Spannung, was nun kommen würde. „Sehen Sie, solange unsere Gesellschaft solch einen sektiererischen Charakter hat, wird man überhaupt keinen Schritt weiterkommen", sagte er; ein kleiner Kanonenschuß hätte nicht heftiger wirken können. Er sprach weiter. Unsere Gesellschaft könne so, wie sie jetzt funktioniere, von der Welt noch nicht ernst genommen werden. Und nun berichtete er, daß ein katholischer Geistlicher ihn unlängst um ein Gespräch gebeten habe. Endlich einmal habe er mit jemandem über wichtige Weltangelegenheiten sprechen können; auch der Pater habe sich gefreut und ihn zu sich eingeladen. Er bedaure, daß er keine Zeit gefunden habe, diese Einladung anzunehmen; auch hätte er gern jenen Pater nach Dornach eingeladen, unterließ es dann 'aber, weil er nicht wissen habe können, wie die Mitglieder sich verhalten würden. — Schließlich fragte er, ob man in Holland keinen Menschen habe, der öffentlich über Anthroposophie vortragen könne? Es entstand betretenes Schweigen, denn einige hatten sich in dieser Tätigkeit ohne Erfolg versucht; es waren kaum Zuhörer erschienen. Ich hatte ganz anfängliche Vorträge gehalten, lediglich auf Wunsch der Mitglieder, weil sie meinten, ein Arzt mit dem Doktortitel werde mehr Eindruck machen; es waren dann auch etwas mehr Menschen gekommen, aber die Zahl hundert wurde nicht erreicht. Als jetzt einer der Anwesenden meinte, ich hätte einige gut besuchte Vorträge gehalten, war es für mich wie für die anderen eine Überraschung, als Dr. Steiner daraufhin sagte: „Nun, da brauchen Sie doch nichts anderes zu tun als Dr. Zeylmans für die Anthroposophie freizumachen und ihm einen glänzenden Gehalt anzubieten." Er wandte sich zu mir: „Wollen Sie das, Herr Doktor?" — Nun hatte ich von meiner Vortragstätigkeit nicht den Eindruck, daß sie etwas tauge, es waren für mein Qualitätsgefühl ganz unwesentliche, sogar stümperhafte Leistungen, in denen ich mit Müh und Not meine wenigen Kenntnisse zusammenfügte. Aber ich sagte: „Ja, Herr Doktor, wenn Sie der Meinung sind, daß ich das kann, werde ich es selbstverständlich gerne tun." Er wiederholte, daß ich dann allerdings für die Anthroposophie frei sein müsse. Danach herrschte Schweigen; man hatte anderes von ihm erwartet. Ein einziger der Freunde, Pieter de Haan, griff die Sache auf, und ihm sagte ich, obwohl seelisch errötend, ich würde versuchen, nach dem Haag überzusiedeln, um vielleicht eine Klinik zu gründen und von meiner Praxis leben zu können.

Als bald nachher das Goetheanum in Flammen aufging, war ich noch in jener Irrenanstalt tätig und hatte nicht die Möglichkeit, nach Dornach zu reisen, denn wenn ich auch mehr „Studienurlaube" bekam als andere, so war doch das Maximum bereits überschritten. Erst anläßlich der Delegiertenversammlung im Juni 1923 sah ich Dr. Steiner wieder. Zwar nahm ich an den Beratungen über die Geldbeschaffung für das neu zu erbauende Goetheanum teil, doch mit ihm selbst sprach ich wie gewöhnlich in der Hauptsache über Patienten. Schließlich fragte ich ihn auch, was es mit den Skulpturen auf sich habe, die man vor einiger Zeit an der Küste von Walcheren gefunden hatte.

Darunter war die Statue einer Göttin, die man Nehallenia nannte. Ich hatte Bilder mitgebracht, die ich ihm nun zeigte. „Ja", sagte er, „das ist einer der Aspekte der Göttin der Fruchtbarkeit, ähnlich der Hertha, germanisch-keltischen Ursprungs. Sehen Sie, da ist auch die Viergliedrigkeit des Menschen zu finden: der physische Leib ist der Tempel, der Aetherleib ist der Hund, der Astralleib ist in den Früchten angedeutet, und das Kind ist das werdende Ich. Weiter ist es mir noch nicht ganz klar. Man muß dort in der Umgebung weitersuchen. Die ganze westliche Küste Hollands ist von Bedeutung, weil da von je ein Zusammenhang mit Britannien bestanden hat."

Für November 1923 war die Gründung der holländischen Landesgesellschaft geplant, wie überhaupt die verschiedenen anthroposophischen Landesgesellschaften neu begründet werden sollten. Rudolf Steiner hielt an den Abenden im Haag einen Zyklus „Der übersinnliche Mensch anthroposophisch erfaßt", ferner gab es zwei öffentliche Vorträge, zwei in der eben gegründeten Klinik, (ich war nun nach dem Haag übersiedelt), eine Reihe Mitgliederversammlungen, — kurz es war ein Riesenprogramm. Sowohl die kleine Klinik, zunächst in einem Privathause untergebracht, wie auch die kleine Schule erhielten nun ihre eigentliche Eröffnungsweihe.

Ich holte Dr. Steiner mit einigen Freunden vom Bahnhof ab. Als der Zug langsam einfuhr und ich ihn am Fenster sitzen sah, erschrak ich sehr, weil er so müde und blaß aussah, — und erkannte zugleich das Überzeitliche seiner Physiognomie. Es war, als ob das Antlitz aus einem Felsen herausgearbeitet sei, der Eindruck ging mir durch Mark und Gebein. Dann kam das Übliche: ich half ihm beim Aussteigen, man begrüßte die Freunde, die mit ihm gekommen waren: Frau Dr. Steiner, Myta Waller, Frau Dr. Wegman, Dr. Wachsmuth; und als ich schließlich mit ihm die Treppe vom Bahnsteig abwärts ging, fragte ich, ob er eine gute Reise gehabt habe? Er blieb mitten im Strom der Reisenden stehen, drehte sich zu mir um und fragte erstaunt zurück: „Was nennen Sie eine gute Reise?" Plötzlich wurde mir klar, was er sagen wollte. Ich hatte ihn einfahren sehen, unsere Blicke hatten sich getroffen, ich sah, wer er war, und er sah, daß ich

es sah, — und nun fragte ich, ob er eine gute Reise gehabt habe. Er
wollte sagen: erwache! sei kein Philister! — Immer noch standen wir
unbeweglich im Strom der Passanten. „Ich meine nur, ob es keine
äußeren Unannehmlichkeiten gegeben hat", sagte ich schließlich. —
„Ach so, das meinen Sie! Ja, dann habe ich eine gute Reise gehabt."
    Er besuchte die kleine Schule. Es waren nicht mehr als ein paar
Zimmer in einem Privathaus und ganz wenige Kinder in drei Klassen, aber er behandelte die Gründung mit einem Ernst und einer
Sorgfalt, als ob es schon eine große Schule wäre, sah sich die Kinder
an, gab für jedes einzelne einen Rat, manchmal auch einen medizinischen. Für mich, der ich als Schularzt fungierte, waren gerade diese
medizinischen Bemerkungen recht oft überraschend. Da war ein kleiner magerer Bub mit graublasser Hautfarbe, ein Kind aus dem Volk.
„Der ist bis in seine Organe hinein verängstigt", sagte Dr. Steiner,
„er muß heileurythmisch ein ‚I‘ machen, indem er über einen Stab
springt . . . Und dann selbsverständlich Prunus spinosa . . ." Ich
hatte nie von Prunus spinosa gehört, denn die Pflanzenkunde war
bei uns auf der Universität kaum mehr vertreten, und nun fühlte
ich mich wie der dumme Hans; alles war neu und überraschend. „Hy-
pericum perforatum . . das kennen Sie doch? Die Blättchen sind alle
durchlöchert, da kann man die Öltröpfchen drin sehen", sagte er zu
mir, der ich mit meinem Schreibblock weiter hinten saß. — So ging es
drei Vormittage hindurch mit den zwei Lehrern van Bemmelen, Frau
Mulder und der Eurythmie-Lehrerin Frl. Hoorweg.
    Die Klinik war auch nur ein Privathaus, in dem ich mit einer
Krankenschwester arbeitete; zunächst hatten wir nur eine einzige
Patientin, die sich aber als Pensionärin betrachtete. Und wieder verhielt sich Rudolf Steiner, wie wenn ein großes Krankenhaus eröffnet
sei. Für zwei medizinische Vorträge, die er dann hielt, hatte ich etwa
35 Ärzte und ältere Studierende zusammengebracht; die Vorträge
wurden erstaunlich gut aufgenommen, obwohl die meisten zum erstenmal etwas über Anthroposophie hörten. Nach dem zweiten Vortrag
nahm ein älterer Arzt das Wort. Es habe ihm das Ganze einen großen Eindruck gemacht, sagte er, es stelle ein einheitliches System dar,

in dem es zwar noch viele Lücken gebe, aber er begreife, daß durch weitere Vorträge auch diese sich schließen würden. „Auch meine naturwissenschaftliche Anschauung ist ein geschlossenes System", fügte er hinzu, „ebenfalls mit Lücken, aber auch diese können verschwinden. Für welches soll ich mich nun entscheiden?" — Der betreffende Arzt, der dies fragte, saß ganz hinten. Dr. Steiner ging durch beide Zimmer langsam auf ihn zu, stellte sich an seinen Stuhl und sagte: „Da haben Sie ganz recht. Weiter kann man tatsächlich nicht kommen. Aber das Herz entscheidet." — Dieser Arzt hat mich am nächsten Tage angerufen und gesagt, er sei zwar nicht ganz überzeugt, möchte aber doch der anthroposophischen Heilkunst eine faire Chance geben und bat mich, ihn wegen seiner Angina pectoris zu behandeln.

Nach den Abendvorträgen gingen wir, eine Gruppe von Freunden, mit Rudolf Steiner ins Hotel. Nachdem er etwas gegessen hatte, saßen wir in der Halle um ein offenes Feuer, und es wurde oft bis tief in die Nacht hinein über literarische Neuerscheinungen, politische Ereignisse und anderes gesprochen. Dr. Steiner war meist heiter, erzählte Anekdoten oder beantwortete Fragen. So wollte z. B. Herr van Leer wissen: „Ein Wunderrabbi wie der Baalschem kann doch ungeheuer viel, — muß man in ihm einen Eingeweihten sehen?" — „Nein, es ist schon wahr, so ein Mann kann wirklich sehr viel, aber er ist doch noch nicht einmal ein halber Eingeweihter", war die Antwort.

Dieses Jahr nach dem Goetheanum-Brand stand im Zeichen der Neugründung der Anthroposophischen Gesellschaft. Dr. Steiner, der bis dahin für seine Person ausdrücklich nicht Mitglied der Gesellschaft war, sondern seine Aufgabe nur darin sehen wollte, Anthroposophie zu lehren, erwartete, daß aus den Kreisen der Mitglieder heraus genügend kräftige Impulse und Bemühungen um eine neue soziale Formgebung aufgebracht würden. Ein erster Schritt war die Gründung selbständiger Landesgesellschaften in den verschiedenen Ländern. Und so war auch in Holland manches unternommen worden, um die in Gegenwart von Dr. Steiner zu vollziehende Gründung der Landesgesellschaft vorzubereiten. Man versuchte zu verstehen, was

Dr. Steiner, der darüber immer nur in Andeutungen gesprochen hatte, eigentlich erwartete. In zahlreichen Vorversammlungen kam man jedoch nicht viel weiter, als daß man sagte, es solle keine Organisation, sondern ein Organismus entstehen. Manche tiefsinnigen Betrachtungen im goetheanistischen Stil ließen sich daran knüpfen, doch im Grunde war man ratlos.

Auch jetzt, im November 1923, hatten wir, da Dr. Steiner im Haag war, in seiner Anwesenheit einige Versammlungen. Es wurde aus den verschiedenen Arbeitsgebieten berichtet; auch ich hatte ein Referat zu halten, was für mein Empfinden recht kümmerlich herauskam, so daß ich mich genötigt fühlte, mich bei Dr. Steiner zu entschuldigen. Er lachte ganz heiter und sagte: „So etwas ist gar nicht schlimm; erst wenn man einmal hundert Vorträge gehalten hat, kann man darauf rechnen, daß dann auch ein guter darunter ist." Dies fand ich recht ermutigend.

Während der Besprechungen für die zu vollziehende Gesellschaftsgründung saß Dr. Steiner meistens schweigend und abwartend da. Er wollte eben, daß die Mitglieder selbst das jetzt Notwendige finden sollten. Dabei studierte er z. B. den Mechanismus der Schreibtafel einer Dame, die neben ihm saß, man konnte das Geschriebene mit einem Griff auslöschen —; mir nahm er den Tabaksbeutel, den ich versehentlich aus der Tasche zog, aus der Hand, betrachtete eingehend die damals neue Erfindung des Reißverschlusses und meinte zu mir: „Wie schade, daß unsereiner so etwas nicht erfunden hat!"

Am Abend vor der eigentlichen Gesellschaftsgründung war er ganz traurig und sprach die bittersten Worte über die Mitglieder. Sie seien voll guter Absichten, aber das Eigentliche, das von der geistigen Welt gewollt sei, nähmen sie nicht auf. Wir saßen ganz zerschlagen da; wir mußten verspüren, welch tiefer Schmerz ihn erfüllte und welch schwere Sorgen auf ihm lasteten. Nur ganz langsam kam das Gespräch wieder in Gang und Dr. Steiner erklärte deutlicher, inwiefern er von der Gesellschaft überall und immer wieder enttäuscht sei und was er in ihr vermisse. Auch sagte er, er habe doch bestimmte Anregungen gegeben; jetzt komme man, statt diese Anregungen aufzugreifen, mit ganz anderen, völlig unzureichenden Vorschlägen. Es war spät in der Nacht — am nächsten Morgen, Sonntag, den 18. November, stand die Gründungsversammlung bevor, — als nach vielem Hin und Her das Gespräch zu Ende ging. Ich erklärte mich Rudolf Steiner gegenüber bereit, das Amt des Generalsekretärs der holländischen Landesgesellschaft auf mich zu nehmen.

Die Versammlung am nächsten Morgen war ganz unerwartet die heiterste, die man sich denken konnte. Wir blamierten uns zwar ab und zu sehr, aber Dr. Steiner saß ganz zuversichtlich dabei und skizzierte schließlich einen Entwurf für die Prinzipien der Gesellschaft in Holland. Wir sollten ihn ausarbeiten und späterhin in Einklang bringen mit dem, was zu Weihnachten in Dornach als Allgemeine Anthroposophische Gesellschaft begründet werden würde.

Nach dem Lunch sprach er mit mir über meine Funktion als Generalsekretär. „Bedenken Sie", sagte er, „Sie haben von jetzt an die ganze esoterische und exoterische Verantwortung für alles, was auf anthroposophischem Gebiet hier in Holland geschieht." Er nahm meine beiden Hände und schaute mich lange an. Das war das Letzte im Jahre 1923 vor der Weihnachtstagung.

᠅

Als wir Weihnachten 1923 zur Begründung der Allgemeinen Anthroposophischen Gesellschaft nach Dornach kamen, war mir von dem Momente an, als Rudolf Steiner die „Grundsteinlegung" vollzog, unmittelbar klar, daß wir Zeugen einer Mysterientat waren, die der ganzen Menschheit galt; der ersten Mysterienhandlung, die in voller Öffentlichkeit vollzogen wurde. Die etwa achthundert Anwesenden waren zwar Mitglieder, aber doch Mitglieder so verschiedener Art und Entwicklungsstufen, daß man schon sagen konnte, es vollzog sich diese Tat in der Öffentlichkeit. Einige Freunde empfanden wie ich, daß man zugleich eine Art eigener Geburtsstunde erlebte; jetzt bin ich als geistige Persönlichkeit geboren worden. Allmählich ging mir auch auf, inwiefern diese Grundsteinlegung mit der ursprünglichen Grundsteinlegung für das erste Goetheanum am 20. September 1913 zusammenhing. Damals war der Grundstein in Form eines doppelten Dodekaeders in die Erde gelegt worden, und auf ihm hatten die Formen des Goetheanums sich erheben können. Jetzt, nachdem dieses Goetheanum im Feuer untergegangen war, kamen alle seine Kräfte und Formen und Farben, alles was daran sichtbar gewesen, als eine Art verdichteter Imagination in den Worten der Grundsteinlegung zu Weihnachten 1923 aus der geistigen Welt zurück als Inspiration.

Der zweite Eindruck hing zusammen mit dem, was nun als Freie Hochschule für Geisteswissenschaft mit drei Klassen von Rudolf Steiner geplant war. Dr. Steiner wollte diese Hochschule als etwas betrachtet wissen, was offen in der Welt steht; die verschiedenen Klassen sollten nur auf Grund einer tatsächlich durchgemachten inneren Entwicklung absolviert werden können. Auch hier das Offenbare und das Geheimnis zugleich: das offenbare Geheimnis im Sinne Goethes.

*

Während dieser Tage hatte ich auch verschiedene Gespräche mit Dr. Steiner, die soweit wie möglich hier wiedergegeben seien. Zunächst fragte ich über ein verstorbenes Mitglied, eine Malerin, und die Möglichkeit der Verbindung. „Man kann sich ihr nähern", sagte er, „wenn man einen bestimmten Augenblick heraufholt, der von Bedeutung war, zum Beispiel, wie man vor einem ihrer Gemälde stand, an dem sie gerade malte. Man stelle sich eine solche Situation in allen Einzelheiten vor. Wenn sie einem ganz lebendig geworden ist, soll man das wache Bewußtsein abdämpfen und das, was innerlich darin lebt, fortsetzen und dann herauftragen zu ihr in die geistige Welt. Dann soll man in aller Ruhe auf Antwort warten. So kommt dann ein Gespräch zustande." — Ein andermal fragte ich ihn über die Arbeit, die ich jetzt in Holland zu leisten hätte. Es sei mir sehr schwer, meine ärztliche Tätigkeit auszuüben, für die anthroposophische Heilkunst zu arbeiten, und nun auch die großen Aufgaben als Generalsekretär zu übernehmen. Besonders das Letztere, die Arbeit für die Gesellschaft, sei mir sehr schwer, denn dafür hätte ich weniger Interesse als für die Anthroposophie. „Das ist nun aber Ihr Karma, dagegen läßt sich nichts machen", sagte er. Wir redeten weiter, er sagte es noch einmal, und schließlich noch ein drittes Mal. Auf meine Bemerkung, die Kombination von Arzt und General-sekretär fände ich recht schwer, war seine Antwort: „Sie sollten ge-rade als Arzt Generalsekretär sein, denn die Gesellschaft wird das Therapeutische immer mehr brauchen." Und in bezug auf die Ar-beit: „Es wird sich schon alles entwickeln, aber zuerst muß die Hoch-schule geordnet sein. Und was die Gesellschaftsfragen betrifft, das können Sie so betrachten: die Gesellschaft stellt immer Aufgaben; in der Einsamkeit der Seele kommen die Lösungen."

Noch von der Begegnung sei erzählt, die ich im Mai 1924 in Paris mit ihm hatte, wo er in der Salle Solférino, Boulevard St. Germain, einen großen Vortrag hielt. Jules Sauerwein, der bekannte Redak-teur des „Matin" übersetzte, und unter den Zuhörern saß der alte Edouard Schuré. Zwischen den Mitgliedervorträgen und den vieler-lei anderen Inanspruchnahmen Rudolf Steiners durfte ich doch ein längeres, mich beglückendes Gespräch über die Arbeit in Holland mit ihm führen, das tief und heiter zugleich war. Dann ging ich eines Vormittags spazieren und in der Nähe von Notre Dame kamen mir, den großen Platz überquerend, Rudolf Steiner und Frau Dr. Weg-man entgegen; offenbar waren sie gerade in der Kathedrale gewesen. Ich ging auf sie zu. „Waren Sie schon in der Sainte Chapelle?" fragte ich und meinte damit jene historische Kapelle aus dem 13. Jahrhun-dert, die einst Schauplatz feuriger Geisteskämpfe zwischen den Pro-fessoren der Sorbonne, den großen Dominikanern war, und jenen, die man Arabisten nannte. „Wir wollen gerade nach der Sainte Cha-pelle", antwortete Dr. Wegman, „aber wie kommt man dahin?" — Da ich eben von dort kam, wies ich den Weg durch das Tor, zeigte das Türmchen, das man von hier sehen konnte, — nichts wei-ter. Und doch schien es mir mehr, als sich sagen läßt.

Schon während der Weihnachtstagung hatte ich Dr. Steiner gefragt, ob er bereit wäre, uns in Holland einen pädagogischen Kurs
zu halten, und er gab sofort von sich aus die Daten an. „Und was
möchten Sie, daß ich dann tue?" Ich präsentierte meinen Wunsch-
zettel, auf dem erstens ein öffentlicher pädagogischer Kurs stand,
zweitens einige öffentliche Vorträge mit medizinischem Thema und
drei Mitgliedervorträge. Ohne Bedenken akzeptierte er das ganze
Programm. Später kamen noch zwei Stunden für Angehörige der
Hochschule und eine Jugendansprache hinzu.

Wir hatten lange darüber nachgedacht, wo dieser Kurs stattfinden
sollte, viele Orte besucht, die dafür in Betracht kämen, und schließlich Arnhem gewählt, weil da ein schönes Konferenzhaus direkt am
Rheinufer zu mieten war. In der Umgebung lagen auch noch Remi-
niszenzen aus altgermanischer Zeit; derartige historische Traditionen
sind selten auf dem jungen Boden von Holland. Kurz, wir waren
überzeugt, das Richtige gefunden zu haben. Doch als Rudolf Steiner
ankam, zu seinem Hotel fuhr, sah er sich ein wenig um und sagte
dann: „Ach so, das ist hier wohl so eine Art Ferienort? Es wird das
scheinbar immer mehr Sitte, anthroposophische Studien mit einer
Sommerfrische zu verbinden." Wir schauten alle ein wenig verlegen
aus.

Kurz vorher hatte ich eine der schwersten Entscheidungen meines
Lebens treffen müssen. Dr. Steiner hatte telegraphiert, daß er ver-
spätet ankomme, also seinen ersten Vortrag nicht werde halten können, und als ich ihn zur angegebenen Stunde mit Pieter de Haan,
Michael Tschechow und einem anderen russischen Schauspieler an der
Bahn abholte, — es war der 17. Juli 1924 —, erschrak ich, wie tod-
müde und krank er aussah. Wir gingen zum Auto und noch ehe es
anfuhr, sagte er zu mir: „Ja, ich habe also heute Morgen meinen
ersten Vortrag nicht halten können, was meinen Sie, Herr Doktor,
soll ich diesen Vortrag heute Nachmittag nachholen?" Ich hatte den
Eröffnungsvortrag notgedrungen selbst halten müssen, weil sich verschiedene Autoritäten und namhafte Gäste eingefunden hatten.
Dr. Steiner wußte davon. — Ein Nachholen komme nicht in Frage,

weil der Herr Doktor von den verschiedenen Sitzungen in Stuttgart sehr erschöpft sei, erklärte Frau Marie Steiner; unbedingt müsse er sich heute Nachmittag ausruhen. Man konnte dies völlig mitempfinden. Dr. Steiner aber sah unverwandt nur mich an und wiederholte, ich müsse entscheiden, denn ich hätte die Verantwortung für diese Tagung. „Was meinen Sie, soll ich diesen Vortrag halten oder nicht?" — Erneut warf Frau Marie Steiner dazwischen, es sei unmöglich, und wiederum betonte Dr. Steiner, ich hätte zu entscheiden, es sei meine Verantwortung. Alles in mir schrie auf: Ruhen Sie sich aus, sagen Sie die ganze Tagung ab! Aber auf der anderen Seite dachte ich: hier walten andere Gesetze. Schließlich sagte ich: „Herr Doktor, ich glaube, Sie sollten den Vortrag halten", und er entgegnete ruhig, es sei gut, er werde ihn halten.

Während dieser Tagung war nicht mehr zu verkennen, wie krank Rudolf Steiner war. Wenn andere vortrugen, — Dr. Schubert, Dr. von Baravalle, van Bemmelen, Stibbe und ich im Rahmen der Pädagogik —, war es herzbedrückend zu sehen, wie erschöpft er schien; auch bemerkte ich voll Schrecken, wie abgemagert er war. Allerdings stellte sich dann jedesmal heraus, daß seiner Aufmerksamkeit trotz aller Müdigkeit nichts entgangen war, und als er dann auf dem Podium stand, war er sprühend wie immer, begeistert, voll Leben, — man konnte nicht fassen, daß dies der gleiche Mensch sein sollte. Tief beeindruckend war, daß er sowohl in den pädagogischen Vorträgen wie in der Jugendansprache über Schiller und Schillers Tod sprach, über die Begeisterung, in der man sich verzehrt, über Schillers Herz, von dem schließlich kaum mehr physische Substanz vorhanden war. Man mußte den Eindruck haben, daß man vor sich sah, worüber er sprach: die Flamme, die den Leib verzehrte.

Auch damals in Arnhem durfte ich einige Gespräche mit ihm haben und fragte um Rat in dem Dilemma, daß man in der Öffentlichkeit über anthroposophische Inhalte sprechen müsse, von denen man so wenig aus eigener Erfahrung kenne. „Sie können über alle Inhalte meiner Zyklen und Vorträge sprechen, wenn Sie nur darauf achten, daß ein Jahr vorbeigegangen ist, seit Sie sie studiert haben", gab er

zur Antwort. Auch auf ein anderes prinzipielles Problem kamen wir
zu sprechen: daß ich immer fasziniert gewesen sei von allen modernen Kulturerscheinungen, wie sie in Malerei, Literatur zu erleben
sind, und daß es mir schwer würde, dies alles beiseite zu schieben.
„Das sollen Sie so betrachten", sagte er, „immer sollen Sie die aller-
größte Toleranz haben den Erscheinungen der Welt gegenüber und
sich doch dabei üben, die strengste Wahrheit in der Vertretung der
Anthroposophie walten zu lassen." — Ich wußte, daß dies ein Richt-
wort für mich werden sollte.

In jenen Tagen waren wir einmal in kleiner Freundesgesellschaft
abends mit ihm zusammen; es handelte sich darum, daß die „Inter-
nationalen Laboratorien", die Heilmittelerzeugung in Arlesheim,
endlich einen richtigen Namen bekommen sollte. Wir saßen um den
Tisch herum, und einer nach dem andern machte Vorschläge, witzige,
geistreiche und auch weniger geistreiche. Dr. Steiner saß mit seinem
Schreibblock vor sich, den Bleistift in der Hand, und hörte mit einem
leisen, beinahe verschmitzten Lächeln zu. Er begann mit dem Bleistift über dem Block zu spielen. Plötzlich machte er eine wellenartige
Bewegung, die dem Schreibblock immer näher kam, und schließlich
sagte er, indem er aufschrieb: „Welle-da . . . Nicht wahr, das ist die
germanische Priesterin der Heilkunst." So erhielt die „Weleda" ihren
Namen.

Im September 1924 hatten wir alle, die zu den neuen Kursen in
Dornach weilten, das Gefühl, weit über unser normales Bewußtsein
hinaus zu leben; man war in andere Sphären gehoben, wir sahen alle
anders aus, wir sahen und hörten jenseits unserer eigenen Möglichkeiten. Wenn wir uns gegenseitig anschauten, sagten wir uns: Ist das
der? Es war etwas Unglaubliches und Unbeschreibliches. Man lebte
schon in einer geistigen Welt, die man natürlich gar nicht beherrschte.
Es gab Momente bei den letzten Vorträgen des Pastoral-medizini-
schen Kurses, da Rudolf Steiner nur Liebe und Geist ausströmte, —
so sehr, daß es beinahe schwer war, auf das zu hören, was er sprach.
Es war wohl auch ein Auditorium, vor dem er sich ganz hingeben
konnte.

Abends hielt er die großen Vorträge über individuelle karmische Zusammenhänge; für mich war jener, in dem er über Otto Weininger sprach, der letzte.

Am gleichen Nachmittag waren wir, einige Ärzte und Frau Dr. Wegman, bei ihm gewesen. Er lag in eine Decke gehüllt auf dem Lager und gab uns einen letzten Auftrag. Dann mußte ich zurück zu meiner Praxis in Holland.

Und dann, am 30. März 1925, rief uns sein Tod nach Dornach. Wir teilten uns in die Wache an seinem Lager und über die letzte Nacht sei berichtet, was ich damals aus der unmittelbaren Anschauung festhielt:*

Im Atelier lag auf seinem Totenlager Rudolf Steiner. Und was sein Geist im Todesbilde mir offenbarte, das möchte ich versuchen auszusprechen. Es wird ein Stammeln sein, denn nur der begnadete Dichter kann das Unsagbare sagen . . . Es war ein Bild von Götterfreude und Menschenleid. „Der Gottesfreund und Menschheitsführer", wie Albert Steffen ihn benannt, war gestorben. Draußen in der Natur feierten die Götter ein Fest, weil der große Menschheitsführer zu ihnen kam. Drinnen, am Totenlager, trauerten die Menschen, weil der Gottesfreund ihnen genommen war. Draußen kam der Frühling. Die Vögel fingen plötzlich an zu singen. Auferstehungsfreude lebte in Pflanze und Tier. Auferstehungsfreude suchte ihren Weg zum Menschen, zog ein in seine Sinne und senkte sich herab in sein Herz. . . . Drinnen am Totenlager standen die Trauernden und blickten schmerzerfüllt auf das teure Antlitz. Erinnerungen stiegen auf, die edelsten und schönsten aus ihrem Leben. Alle bezogen sich auf dieses Antlitz. Schmerzen durchzuckten ihre Seelen, stauten sich in ihren Herzen. . . . Da begegneten einander Auferstehungsfreude und Todesschmerz. Götterfreude und Menschenleid.

---

* „Was in der Anthroposophischen Gesellschaft vorgeht", 2. Jhg. Nr. 16.

Wie wunderbar er aussah am ersten Tag nach seinem Tode! Wie
im leichten Schlaf, so ruhig und sinnend. Als ob er jeden Augenblick
aufwachen könnte, um uns zu erzählen, was sein Geist erlebte da
oben bei den Göttern. Sein Sterben war ein Beten, so wurde uns erzählt. Stundenlang lag er im tiefsten Nachdenken, in weite Fernen
blickend. Dann wurde mehr und mehr sein Nachdenken zum Gebet.
Er lag unbeweglich still mit gefalteten Händen. Nur einige liebe
Worte hatte er noch gesprochen zu der Freundin und Pflegerin Frau
Dr. Wegman. Nach Stunden erst schloß er die Augen und starb.
Ohne Todeskampf. Sein Gebet auf Erden war vollendet.

Uns aber war es, als ob sein Geist weiter betete. Als ob sein mäch-
tiges Gebet durch unsere trauernden Seelen zog. Und wo in unseren
Herzen Auferstehungsfreude und Todesschmerz sich fanden, da
blühte etwas auf und schwebte, getragen durch sein Gebet, nach oben.
Und was für jeden Einzelnen ein Dankgebet war, für alle zusammen wurde es ein zuversichtliches Zukunftsbild.

Am zweiten Tage schien es mir anders. Es lag jetzt ein Schatten
von Schmerz über seinem durchgeistigten Antlitz. Es war, als ob etwas vom Schmerz der vielen Hunderte von Freunden, die zusam-
menströmten aus allen Ländern, sich in diesem Antlitz spiegelte. Es
war schwerer, jetzt Auferstehungsfreude zu erleben. Aber seiner
leuchtenden Stirn entschwebten feierlich ernst-frohe Gedanken.

Dann kam der dritte Tag. Wiederum hatte sich eine Änderung
vollzogen. Man sah jetzt das Antlitz eines Heiligen vor sich. Schmerz-
los und sündlos. Ein Antlitz, das übermenschlich groß schien, aber
zugleich im kleinen alles enthielt, was schön und gut und wahr ist.
Unerreichbar weit von uns entfernt, aber zugleich ganz nah. Gött-
lich, aber alles Menschliche enthaltend. Seine edle Stirn war leuchtender noch als vorher. Die tiefliegenden Augen bargen Weltgeheim-
nisse. Sein schöner Mund sprach eine Weltensprache. Nie sah man
solche Hände. Sie waren kräftig wie die Hände von einem, der an
schwere Arbeit gewöhnt ist. Aber sie waren vergeistigt bis in die letzten Muskelfasern. Er meißelte mit ihnen ins harte Holz. Er schrieb
mit ihnen seine klare, leichte Handschrift. Zahllosen hat er immer

wieder seine Hand gegeben, und alle haben es als einen Segen empfunden. . . .

Sechs Mediziner und vier andere, Dr. Steiner Nahestehende, durften in der letzten Nacht, je zwei zusammen, die Totenwache halten.
Die Stunden, die wir da verbrachten, waren von unvergeßlicher
Schönheit und Heiligkeit. Es war eine stille, friedliche Frühlings-
nacht. Der Mond leuchtete wie eine Sonne. Schwarze, dämonische
Wolkengestalten versuchten immer wieder, seinen Glanz zu ver-
decken, aber immer heller warf er das Sonnenlicht auf die Erde. Im
Atelier, jetzt im Sarge, der unvergleichliche Leichnam. Ringsherum
brannten die Kerzen und warfen ihren Goldglanz auf den schwarzen
Sarg. Blumenduft stieg auf, eine zarte Seelensprache redend. Groß
und schweigend stand am Fußende die Christusstatue, mit welten-
schicksalweisender Gebärde. Rechts und links vom Sarge standen wir
als Wache und hüteten die Kerzenflammen, damit sie gleichmäßig
und ruhig brennen konnten. Wie fremd und geheimnisvoll sah alles
aus. Und zugleich so bekannt. Bilder aus urferner Vergangenheit
tauchten auf, glitzerten wie Silber im Kerzenschein und verschwanden. Es war dies schon einmal . . .

Dann auf einmal wußten wir: dies ist ein überzeitliches Ereignis.
Es weist in urferne Vergangenheit, es weist in fernere Zukunft. Vergangenheit und Zukunft schmelzen hier zusammen und bilden so,
vereint, ein ewiges, makrokosmisches Bild. Ein Bild von göttlicher
Menschenlenkung und von menschlicher Weltenbestimmung!

Freunde kamen dann herein und gossen eine Totenmaske. Wir
standen schweigend dabei. Und als sich zeigte, daß die Maske gut
geworden war, da dachten wir mit Freude: Gottlob, jetzt werden
viele noch durch Jahrhunderte diesen Ausdruck tiefster Weisheit,
innigster Liebe und größter Heiligkeit sehen können.

Schon früh sangen die Vögel in der Morgendämmerung. Wir wissen, es werden schwere Zeiten kommen. Aber für jeden, der in seinem trauernden Herzen das Fest der Auferstehung miterlebt hat,
werden die schweren Zeiten nur Prüfungen sein, Seelenprüfungen,
die er bestehen wird.

Damals dichtete Albert Steffen die ergreifenden Verse:

> Brach gelegte Ackerkrume
> Winterliche Grabesfeuchte
> Hat verwandelt sich zum Leuchte-
> Leibe einer weißen Blume.
>
> Und es werden Kelch und Krone
> Lichtes Angesicht und Flügel.
> Christus hebt Dich von dem Hügel
> In die heiligsten Aeone.
>
> Wie der Sternenchor erklingt
> Und sich alle Himmelssöhne
> Freuen Deiner ird'schen Schöne,
> Die sich sanft dem Tod entringt!
>
> Ja, Du kommst im Erdgewande,
> Aber von Verwesung ferne,
> Fortan sehen Engel gerne
> Menschen in dem Geisterlande.
>
> Denn die Farben von der Erde
> Lieben sie, durch Dich gereinigt.
> Menschheit hat mit Gott vereinigt
> Deine gütige Gebärde.

RUDOLF STEINER
Themen aus dem Gesamtwerk

Einen sachgemäßen Einstieg und Studiengang in das grundlegende
Gedankengut der Anthroposophie anzuregen, ist der Sinn dieser
neuen Taschenbuchreihe. Sie versucht, die vorwiegend chronolo-
gisch geordnete oder nach den thematisch weitläufigen Vortragszyklen Rudolf Steiners zusammengestellte Gesamtausgabe nach
thematisch einheitlichen Gesichtspunkten aufzuschließen. Jeder
Band bietet eine themenorientierte Auswahl von Vorträgen aus
dem Gesamtwerk Rudolf Steiners, eine Auswahl allerdings, die,
von Kennern der Anthroposophie besorgt, den lebendigen Bezug
zum Gesamtwerk bewahrt und den aktuellen Stand der Forschung
berücksichtigt.

BAND 1: WEGE DER ÜBUNG
12 Vorträge von Rudolf Steiner. Herausgegeben und mit einem Nachwort
versehen von Stefan Leber. 256 Seiten, kart.

BAND 2: SPRECHEN UND SPRACHE
7 Vorträge von Rudolf Steiner. Herausgegeben und mit einem Nachwort
versehen von Christoph Lindenberg. 173 Seiten, kart.

BAND 3: ZUR SINNESLEHRE
8 Vorträge von Rudolf Steiner. Herausgegeben und mit einem Nachwort
versehen von Christoph Lindenberg. 155 Seiten, kart.

BAND 4: VOM LEBENSLAUF DES MENSCHEN
12 Vorträge von Rudolf Steiner. Herausgegeben und mit einem Nachwort
versehen von Erhard Fucke. 256 Seiten, kart.

BAND 5: ERDE UND NATURREICHE
10 Vorträge von Rudolf Steiner. Herausgegeben und mit einem Nachwort
versehen von Hans Heinze. 223 Seiten, kart.

VERLAG
FREIES
GEISTESLEBEN

RUDOLF STEINER THEMENTASCHENBÜCHER

RUDOLF STEINER

Taschenbücher aus dem Gesamtwerk

*In der Taschenbuchreihe werden grundlegende und in die anthro-
posophisch orientierte Geisteswissenschaft einführende Werke
Rudolf Steiners vorgelegt. Es handelt sich dabei grundsätzlich
um ungekürzte Ausgaben gemäß den entsprechenden Bänden
der «Rudolf Steiner Gesamtausgabe». In einzelnen Fällen erfolgte
die Zusammenstellung speziell für die Taschenbuchausgabe.
Jeder Band ist mit Anmerkungen und Hinweisen sowie einer
Lebensübersicht Rudolf Steiners versehen.*

Die Reihe wird fortgesetzt

*Die Ausgaben sind durch den
Buchhandel erhältlich*

RUDOLF STEINER VERLAG, DORNACH/SCHWEIZ

FRIEDRICH RITTELMEYER

Meine Lebensbegegnung mit Rudolf Steiner

9., um mehrere Beiträge wesentlich erweiterte Auflage,
248 Seiten, 7 Abbildungen, kartoniert

Diese früheste Würdigung der Persönlichkeit und Bedeutung Rudolf Steiners aus eigenem Erleben heraus hat nichts an ihrer Frische und Aussagekraft eingebüßt. Sie ist uns heute vielmehr dadurch besonders aufschlußreich, daß Friedrich Rittelmeyer bereits eine bekannte und »gestandene« Persönlichkeit des öffentlichen und Kulturlebens war, als er Rudolf Steiner, zunächst aus kritischer Distanz, begegnete. Aufgrund eigener innerer Souveränität konnte Rittelmeyer die Größe und Bedeutung Rudolf Steiners, mit dem sich eine tiefe, von gegenseitiger Wertschätzung getragene Freundschaft entwickelte, wahrnehmen und anerkennen. So wurde Rittelmeyer einer der mutigsten und besten Verteidiger Rudolf Steiners in den Anfeindungen jener Zeit. So sollten auch diese Erinnerungen seiner »Lebensbegegnung« den Lesern ein gerechtes Bild von Rudolf Steiner vermitteln. Das Buch wurde zu einem Standardwerk für alle, die sich neu oder erneut mit Rudolf Steiner beschäftigen wollen. Die 9. Auflage wurde um einige Dokumente und mehrere fast unbekannte, aber sehr aufschlußreiche Beiträge und Aufsätze Rittelmeyers über Rudolf Steiner erweitert.

VERLAG URACHHAUS STUTTGART

EMIL MOLT

Entwurf meiner Lebensbeschreibung

Nachwort von Johannes Tautz. Anhang mit Dokumenten aus der
Zeit der Schulgründung und Dreigliederungsbewegung.

280 Seiten, 8 Abbildungen, kartoniert

«Das Buch ist ein Geschenk für die deutschen Waldorfschulen! Viele
Menschen fragen, wie es zu der heute bekanntesten und wirksamsten Freien
Schulbewegung in Deutschland gekommen ist. Die neun Kapitel haben
einen eigenartigen Reiz. Sie versetzen den Leser in atemlose Spannung.»

Erziehungskunst

RUDOLF MEYER

Rudolf Steiner

Anthroposophie: Herausforderung im 20. Jahrhundert

3. Auflage, Taschenbuch, 200 Seiten

Dieses Buch berichtet über den Lebensgang Rudolf Steiners und sein
Lebenswerk, die Anthroposophie. Es weist auf neue Wege, die auf vielen
Arbeitsgebieten wie Pädagogik, Landwirtschaft, Heilpädagogik, Medizin
usw. schon beschritten werden und anthroposophisches Denken praktisch
verwirklichen.

ASSJA TURGENIEFF

Erinnerungen an Rudolf Steiner

und die Arbeit am ersten Goetheanum

2. Auflage, 113 Seiten, 4 Abbildungen, kartoniert

«Assja Turgenieff hat mit ihren Erinnerungen etwas Orginäres an die Reihe
der Schriften angefügt, die sich mit Rudolf Steiners Wirken im Irdischen
befassen.»

Mitteilungen aus der anthroposophischen Arbeit in Deutschland

VERLAG FREIES GEISTESLEBEN

Der Lehrerkreis um Rudolf Steiner in der ersten Waldorfschule 1919–1925

Lebensbilder und Erinnerungen

Herausgegeben vom Lehrerkollegium der Freien Waldorfschule
Stuttgart-Uhlandshöhe durch
Gisbert Husemann und Johannes Tautz

320 Seiten, 50 Tafeln nach Porträtfotos, Leinen

Erinnerungen an Rudolf Steiner

Gesammelte Beiträge aus den «Mitteilungen aus der anthroposophischen Arbeit in Deutschland» 1947–1978
Herausgegeben von Erika Beltle und Kurt Vierl

509 Seiten, Leinen

MARGARITA WOLOSCHIN

Die grüne Schlange

Lebenserinnerungen

5. Aufl., erweitert um 16 Seiten Abbildungen auf Kunstdruck,
384 Seiten, Leinen

«Die Verfasserin ist eine russische Malerin, und das Ereignis ihres ganz
gewiß nicht ereignisarmen Lebens war die Begegnung mit Rudolf Steiner.
Was ihr Buch, vom prallen Inhalt abgesehen, so fesselnd macht, ist die
geistige Regsamkeit, mit der diese ungewöhnliche Frau die Geschehnisse
und Gestalten ihres Lebenskreises gesehen und geschildert hat.»

Die Zeit

VERLAG FREIES GEISTESLEBEN